Deutschbuch 9

Trainingsheft für Klassenarbeiten und Kompetenztests

Gymnasium Hessen

Herausgegeben von
Sabine Menzel, Bernd Schurf
und Andrea Wagener

Erarbeitet von
Markus Beck, Gerd Brenner,
Christoph Fischer, Kerstin Förster,
Pia Heucke, Rut Lilje, Sabine Menzel,
Bernd Remmers und Anke Weber

Cornelsen

Inhaltsverzeichnis

SCHREIBEN

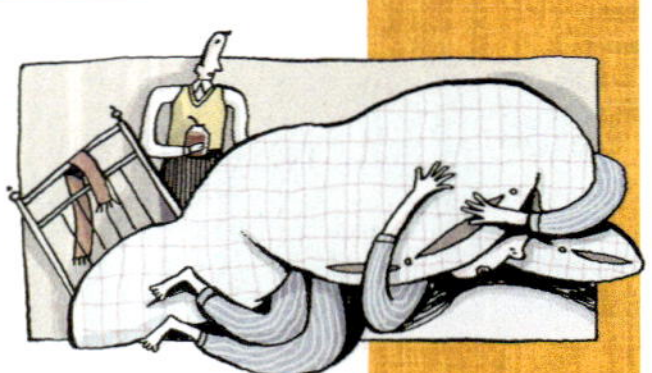

LESEN – UMGANG MIT TEXTEN

TESTE DEIN WISSEN!

Atmosphäre:	Gashülle eines Gestirns
Reibung:	Widerstand, der bei der Bewegung zweier sich berührender Körper auftritt
Dichte:	Verhältnis von Masse zu Volumen
Druck:	auf eine Fläche wirkende Kraft
Stickstoff:	farb- und geruchsloses Gas
Kohlenstoffverbindungen:	Verbindung von Kohlenstoff (nichtmetallisches Element/Grundbestandteil) mit anderen Elementen

4

1997: Start der Cassini-Huygens-Mission
↓
2004: Trennung der Raumsonde Huygens vom Raumfahrzeug Cassini
↓
14. 1. 2005: Landung von Huygens auf dem Titan
↓
Huygens: Erforschung der Titanatmosphäre und der Titanoberfläche
↓
Huygens: Sendung von Daten an Cassini, Cassini: Sendung der Daten an die Erde
↓
Huygens: Ende der Mission, Cassini: Erforschung des Saturns bis 2008

5 B

6 Nein, denn es ist von keiner anderen Raumsonde die Rede, die Huygens und Cassini kurz nach der Trennung hätte fotografieren können.

7 Mögliche Zusammenfassung:
Die Cassini-Huygens-Mission (1997–2008) ist ein Gemeinschaftsprojekt von NASA und ESA und dient der Erforschung des Saturns, seiner Ringe und seiner Monde. Die Raumsonde Huygens trennte sich im Dezember 2004 vom Raumfahrzeug Cassini und landete im Januar 2004 auf dem Titan. Beim Landeanflug und nach der Landung erforschte die Sonde die Atmosphäre und die Oberfläche des Saturnmondes. Die Daten, u. a. viele Bilder, wurden durch Cassini zur Erde übertragen.
Da der Titan mit seiner Atmosphäre der Erde vor Beginn des Lebens ähnelt, lassen sich aus den Daten wichtige Erkenntnisse über die Entstehung des irdischen Lebens gewinnen. Cassini wird bis zum Jahr 2008 in 70 Umrundungen vor allem die Ringe des Saturns erforschen.

Seite 79

8
a) Die Saturnmonde und ihr jeweiliges Entdeckungsjahr werden genannt.
b) Die erste Säule veranschaulicht die Größe des Saturnmondes Titan.
c) Cassini entdeckte Rhea, den zweitgrößten Saturnmond (S. 76, Z. 22).
d) Die größeren Monde wurden früher entdeckt als die kleineren.

9
a) Die Zahl 18 000 gibt die Geschwindigkeit in km/h an, mit der Huygens den Landeanflug auf den Titan begann.
b) In den ersten drei Minuten wurde die Sonde durch die Reibung mit der Atmosphäre extrem stark abgebremst. Danach war die Abbremsung weniger stark, weil die Sonde in den ruhigeren Sinkflug überging.
c) S. 77, Z. 29–41

Seite 81

1

6 einen Einleitungssatz formulieren	4 Sinnabschnitte in Stichworten oder einer Überschrift zusammenfassen
2 beim zweiten Lesen Schlüsselwörter markieren	1 den Text gründlich lesen
5 die W-Fragen beantworten	3 den Text nochmals lesen und in Sinnabschnitte gliedern

2
a) Mögliche unverständliche Wörter:

Barbier:	der Herrenfriseur
kalte Eisen:	Messer
Kirchweihe:	Einweihung einer Kirche; Jahrestag der Einweihung, der oft mit einem Jahrmarkt gefeiert wurde
Zunder:	Feuerschwamm, wurde früher zum Feueranzünden verwendet
Fließpapier:	Löschpapier
Gurgel:	die Kehle

b) Mögliche Schlüsselwörter:
Spätjahr, Wirtshaus zu Segringen, Fremder, Armee starken Bart, Wirt, Barbier, rasieren, Bart abnehmen, kitzlige Haut, nicht … schneidet, vier Kronentaler, stech … tot, erschrockene Mann, springt er fort, Gesellen, springt … fort, Lehrjungen, Ich wag's, glücklich, ohne Blut, Mut, Lehrjunge, wär zuvorgekommen, hätt' Gurgel abgehauen, Schrecken, Todesangst, einen Kronentaler extra zu keinem Barbier mehr gesagt

3
a) ein Fremder von der Armee, ein Wirt, ein Barbier, sein Geselle, sein Lehrjunge

Seite 82

3
b) B, F
c) A, B
d) B, C
e) B

Seite 83

4
b)

Zeile 1–13:	Das Anliegen des Fremden: Rasur gegen gute Bezahlung, aber Erstechen bei Verletzung
Zeile 13–19:	Barbier und Geselle lehnen das Angebot aus Angst ab
Zeile 19–24:	Lehrjunge hat einen Plan und nimmt das Angebot an
Zeile 24–33:	Erfolgreiche Rasur durch den Lehrjungen
Zeile 34–40:	Bezahlung und Nachfrage des Fremden: Woher der Mut?
Zeile 40–46:	Aufdecken des Plans: Lehrjunge hätte den Fremden umgebracht, bevor dieser ihm etwas hätte antun können
Zeile 46–48:	Wirkung auf den Fremden

5 a) Zu 1: Angaben zu Titel und Entstehungszeit fehlen; mit „Mut und Feigheit" sind zwar zwei wichtige Aspekte der Geschichte genannt, sie decken aber nicht das gesamte Geschehen ab.
Zu 2: Ungenaue Textartangabe, Angaben zu Titel und Entstehungszeit fehlen; es wird nicht das Thema, sondern der erste Handlungsschritt genannt.
Zu 3: Angaben zu Textart, Autor und Entstehungszeit fehlen; die Themaformulierung bleibt auf der Oberfläche des Geschehens und ist für jemanden, der die Geschichte nicht kennt, wenig aussagekräftig.
b) In der Kalendergeschichte „Der Barbierjunge von Segringen" von Johann Peter Hebel (erschienen 1811) macht ein pfiffiger und mutiger Lehrling einem fremden Soldaten durch sein Verhalten deutlich, dass man selbst Gewalt fürchten muss, wenn man anderen mit Gewalt droht.

Seite 84

6 b) geholt hatte: geholt hat; wollte: will; schickte: schickt; ließ: lässt; konnte: kann; hat … überwunden: überwindet; hat … eingelassen: lässt sich … ein; wusste: weiß; war: ist; überlegt hatte: überlegt hat

7 Der Fremde fragt den Wirt nach einem Barbier.
Er bietet diesem vier Kronentaler, wenn er ihn ohne Verletzung rasiere. Er droht, ihn andernfalls umzubringen.

Seite 85

7 Nach der Rasur bezahlt der Fremde den Jungen und fragt ihn, woher er – anders als seine Vorgesetzten – trotz der ernst gemeinten Drohung den Mut genommen habe.
Der Lehrjunge erklärt dem Fremden, dass er ihm seinerseits sofort die Gurgel durchgeschnitten hätte, wenn ihm das Messer ausgerutscht wäre. Anschließend droht der Fremde nie wieder einem Barbier, ihn zu erstechen.

8 Unsachliche Formulierungen/grün = unterstrichen
wörtliche Wiedergaben/blau = gestrichelt

Weil der Barbier und sein Geselle ganz schön feige sind und einen kleinen Zusatzverdienst offensichtlich nicht so dringend nötig haben, lehnen sie das Geschäft ab – Pech für sie, Glück für den Lehrling!
Der Herr hält ruhig still und der Lehrjunge spaziert ihm mit dem Rasiermesser durch das ganze Gesicht.
Der Lehrjunge bedankt sich für das schöne Stück Geld und erklärt dem Fremden nun, was er getan hätte, wenn ihm das Messer ausgerutscht wäre.
Da bekommt der Fremde am Ende einen Todesschreck, was ihm nur recht geschieht, weil er selbst auch Angst und Schrecken verbreitet hat.
Er schenkt dem Burschen noch einen Kronentaler extra und hat seitdem zu keinem Barbier mehr gesagt, dass er ihn totsteche, wenn dieser ihn schneide.

9 Die Inhaltsangabe setzt sich zusammen aus:
- Einleitungssatz: vergleiche Aufg. 5b, S. 83
- Hauptteil: Die Geschichte spielt in einem kleinen Ort in Deutschland zu Beginn des 19. Jahrhunderts. In der Geschichte kommt ein Fremder von der Armee in ein Wirtshaus und will sich den Bart abrasieren lassen. Er sagt dem Barbier, er werde ihn bei gelungener Rasur gut bezahlen, aber wie schon einige andere Barbiere erstechen, wenn er ihn schneide. Der Barbier schickt aus Angst seinen Gesellen, der wiederum den Lehrjungen. Der Lehrjunge rasiert den Fremden, ohne ihn zu verletzen. Als der Fremde den Lehrjungen für die Rasur bezahlt und sich über seinen Mut wundert, bedankt sich der Junge und erwidert, er wäre dem Fremden zuvorgekommen und hätte ihm die Kehle durchgeschnitten, wenn er ihn verletzt hätte. Der Fremde ist entsetzt, schenkt dem Lehrjungen jedoch noch mehr Geld und droht fortan keinem Barbier mehr an, ihn zu erstechen. In der Geschichte erfährt man, dass sich derjenige Mensch etwas zutrauen kann, der seinen Verstand benutzt und pfiffig ist.

Seite 86

2 2 + D; 3 + H; 4 + B; 5 + F; 6 + E; 7 + A; 8 + J; 9 + C

Seite 87

3 Lí-as-fór-ma-tion; Plé-si-o-sáu-rus; Pté-ro-dák-ty-lus; Í-gu-a-nó-don; Ích-thy-o-sáu-ra; pé-tre-fák-tisch; fos-sil; Ko-pro-lith

6 a) „mit Tränen im Auge" (Z. 3); „jammert" (Z. 5); „klagte" (Z. 21); „Seufzer" (Z. 23)

Seite 89

1 C

2 Auf den Krämer.
Begründung: Er will sich fremdes Gut (den Rubel des Soldaten) aneignen. Damit riskiert er, sein gesamtes Vermögen zu verlieren (Strafe durch die Polizei).

3 Soldat: redegewandt, geldgierig, hinterlistig
Krämer: geldgierig, einfältig, hinterlistig

4 A

Seite 90

5 C

6 a) Wegen des lauten Streits kommen immer mehr Leute angelaufen und drängen sich vor dem Marktstand ähnlich wie Bienen, die sich in dicken Klumpen an ihren Bienenstock hängen können. Dabei hält sich eine Biene an der anderen fest (dichtes Gedränge).
b) **B**, einen Vergleich

7 **C**, Begründung: Die Geschichte hat zwei Höhepunkte. Zunächst wird es spannend, als der Krämer den Soldaten betrügen will und es zum Streit kommt. Noch spannender wird es aber, als der Soldat wiederum den Krämer betrügt und durch den Polizisten recht bekommt.

8 **B**, Begründung: Der Krämer hätte nicht auf die Idee kommen sollen, den Soldaten zu betrügen („Wer anderen eine Grube gräbt …"), denn jetzt ist er selbst der Betrogene („… fällt selbst hinein").

9 **D**, Begründung: Der Text ist spannend erzählt (Unterhaltung) und schließt mit einer Lehre ab (Belehrung).

Seite 91

10 *A falsch; B richtig; C falsch; D falsch; E richtig; F richtig*

11 *Der Satz bedeutet, dass man sich auch strafbar macht, wenn man nur versucht, jemanden zu betrügen.*

12 *C*

Seite 92

13
- *A „Der Verfasser gebe sich als Mitglied einer gestürzten afrikanischen Königsfamilie aus.*
- *B Er bitte ihn, ihm sein Bankkonto zur Verfügung zu stellen.*
- *C Auf diesem solle eine riesige Geldsumme platziert werden, die in Sicherheit gebracht werden müsse.*
- *D Als Entschädigung biete er ihm 25 % des gesamten Anlagebetrags an.*
- *E Er solle nur seine Bankdaten weitergeben.*
- *F Es handle sich aber laut Verbraucherschutz um eine Masche von Betrügern, die mit der Geldgier ihrer Opfer rechneten."*

Seite 93

14
- *a) Sätze 1, 2 und 4*
- *b) Subjekte: Der Verbraucherschutz, Die Betrüger, Die Polizei*
- *c) 1: Es wird dringend davon abgeraten, merkwürdige Schreiben von angeblich gestürzten Machthabern aus Afrika zu beantworten. Oder: Vom Verbraucherschutz wird dringend davon abgeraten, merkwürdige Schreiben von angeblich gestürzten Machthabern aus Afrika zu beantworten.*
  4: Es wird empfohlen, die dubiosen Briefe zu vernichten oder E-Mails zu löschen. Oder: Von der Polizei wird empfohlen, die dubiosen Briefe zu vernichten oder die E-Mails zu löschen.
- *d) C*

15 *B*

16

Kausalsatz	*5*
Finalsatz	*3*
Konzessivsatz	*4*
Temporalsatz	*1*
Inhaltssatz	*2, 6*

Seite 94

17 *Ein Trickbetrüger hat am vergangenen Donnerstag in Schweinfurt einen achtundsechzigjährigen Mann um tausend Euro gebracht.*
Der Unbekannte hatte den Mann auf dem Parkplatz eines Supermarktes angesprochen und ihm Geschenke angeboten. Der Mann ließ sich unter anderem Besteckkästen und Uhren zeigen und nahm einige davon an. Plötzlich verlangte der Unbekannte für die zunächst kostenlos angebotenen Waren 2800 Euro. Er beteuerte, das Geld bei der Ausreise aus Deutschland als Steuernachweis zu benötigen. Die Männer einigten sich schließlich auf einen Preis von 1000 Euro. Erst zu Hause stellte der Achtundsechzigjährige fest, dass es sich um minderwertige Ware handelte und er betrogen worden war.

Seite 95

18 *Bearbeite deine Geschichte zunächst nach den folgenden Punkten, damit du sie dann leichter bewerten kannst. Vielleicht kann dir auch eine Mitschülerin oder ein Mitschüler bei der Beurteilung der Geschichte helfen.*

Notiere dir zu jedem Bereich, den du als gelungen bewertest, die angegebene Punktzahl:

- ☐ *Knüpft dein Hauptteil gedanklich an den Anfang an und führt er schlüssig zum Ende hin?*
  - *Du solltest zunächst die Reaktion der Leute auf den Gast mit den Schmerzen beschrieben haben (1 P.)*
  - *und erklären, woran er leidet („Hand an den Backen", Z. 21/22 = Zahnschmerzen). (1 P.)*
  - *Da „die zwei Schelme wieder einer nach dem anderen" gingen (Z. 24–25), muss der zweite auch in das Gasthaus gekommen sein. Was hat er dort gemacht, wie hat er auf die Situation reagiert und wie haben die beiden sich zueinander verhalten? (2 P.)*
  - *Mit welchem betrügerischen Trick („Betrug", Z. 8, 15, „Betrogener", Z. 32, „betrogen werden", Z. 38) haben sie es geschafft, an das Geld der Leute zu gelangen; wofür bekamen sie 24 Kreuzer (Z. 28, 36)? (2 P.)*
  - *Spielen die falschen Pillen (Z. 8–12) im Hauptteil eine entscheidende Rolle? (1 P.)*
  - *Hast du den Titel der Geschichte („Der Zahnarzt") berücksichtigt? Wer ist der Arzt bzw. wer gibt sich als Arzt aus? (1 P.)*
  - *Wird in deinem Text deutlich, auf wen sich die Lehre am Ende bezieht (Z. 37–43)? (1 P.)*
- ☐ *Enthält dein Hauptteil eine ideenreiche Wendung und ist er spannend gestaltet? Markiere, wo es unerwartete Wendungen gibt. Es sollte mindestens eine sein (2 P.)*
- ☐ *Unterstreiche mit Rot, wo du die Figuren genau beschreibst (Verhalten, aber auch innere Vorgänge wie Gefühle und Gedanken). Hast du beschrieben,*
  - *wie der „Kranke" sich verhält, was er empfindet und denkt (z. B. Schmerz, Aufregung, Erleichterung)? (1 P.)*
  - *wie der „Arzt"/der andere sich verhält, was er empfindet und denkt (z. B. Selbstbewusstsein Wichtigtuerei, Schadenfreude)? (1 P.)*
  - *wie die Leute sich verhalten, was sie denken und empfinden (z. B. Mitleid, Trost, Erstaunen, Neugierde, Gier, Dummheit, Zufriedenheit)? (1 P.)*
- ☐ *Hast du wichtige Dinge und bedeutsame Einzelheiten anschaulich (d. h. mit vielen Adjektiven) beschrieben? Umkreise die Adjektive in deinem Text; es sollten mindestens fünf sein. (2 P.)*
- ☐ *Unterstreiche mit Blau die wörtliche Rede in deiner Geschichte. Untersuche die wörtliche Rede: Wie oft kommt jeder der Gesprächspartner zu Wort (die Leute können hier als ein Gesprächspartner zählen)? Jeder der Betrüger sollte mindestens zweimal etwas sagen, denn sonst ist es kein Gespräch. (2 P.)*
- ☐ *Sind die redebegleitenden Verben abwechslungsreich (nicht nur „sagen")? (2 P.)*
- ☐ *Hast du das Präteritum durchgängig beibehalten? (1 P.)*
- ☐ *Ist die Rechtschreibung korrekt? (4 P.)*
  Hier kannst du – je nach Anzahl der Fehler – bis zu vier Punkte anrechnen:
  0 Fehler = 4 P., bis zu 3 Fehler = 3 P.,
  bis zu 6 Fehler = 2 P., 7 Fehler und mehr = 0 P.

Punkteverteilung

Nr.	Aufgabenstellung	Punkte	erreichte Punkte
A 1	Wer betrügt?	1 Punkt für das richtig gesetzte Kreuz	
A 2	Lehre	3 (einer für die richtige Antwort, zwei für die Begründung)	
A 3	Eigenschaften	3 (je ½ Punkt für das richtig gesetzte Kreuz)	
A 4	Strafe	3 Punkte für das richtig gesetzte Kreuz	
A 5	Satzbedeutung	2 Punkte für das richtig gesetzte Kreuz	
A 6a	bildhafter Ausdruck	3 Punkte für die richtige Antwort	
A 6b	Fachbegriff	1 Punkt für das richtig gesetzte Kreuz	
A 7	Grafik: Spannungsverlauf	3 (einer für die richtige Antwort, zwei für die Begründung)	
A 8	Sprichwort	2 (einer für die richtige Antwort, einer für die Begründung)	
A 9	Textsorte	3 (einer für die richtige Antwort, zwei für die Begründung)	
A 10	Richtig – Falsch	6 (je 1 Punkt für das richtig gesetzte Kreuz)	
A 11	Satzbedeutung	2 Punkte für die richtige Antwort	
A 12	schwerer Fall von Betrug	3 Punkte für das richtig gesetzte Kreuz	
	Textverstehen: gesamt	**35**	
B 13	indirekte Rede	6 (je 1 Punkt für einen richtig umformulierten Satz)	
B 14	a) Aktivsätze	1,5 (je ½ Punkt für den richtig unterstrichenen Satz)	
	b) Subjekte	1,5 (je ½ Punkt für das richtig umkreiste Subjekt)	
	c) Passivsätze	2 (je 1 Punkt für den richtigen Satz)	
	d) Wirkung	1 Punkt für das richtig gesetzte Kreuz	
B 15	Passivform	2 Punkte für das richtig gesetzte Kreuz	
B 16	Gliedsätze	6 (je richtig eingesetzter Ziffer: 1 Punkt)	
C 17	Rechtschreibung	10 (je entdecktem Fehler: ½ Punkt)	
	Nachdenken über Sprache: gesamt	**30**	
D 18	Schreiben	25 (Verteilung: siehe Hinweise im Lösungsteil)	
	Schreiben: gesamt	**25**	
	Summe	**90**	

Bewertungsschlüssel

Textverstehen	35–27 Punkte	26–18 Punkte	17–0 Punkte
Nachdenken über Sprache	30–21 Punkte	20–14 Punkte	13–0 Punkte
Schreiben	25–18 Punkte	17–12 Punkte	11–0 Punkte
	Du löst die Aufgaben hervorragend.	**Einiges gelingt dir recht gut, manches musst du aber noch einmal üben.**	**Du musst vieles wiederholen und noch einmal gründlich üben.**
	Vielleicht siehst du dir aber trotzdem noch einmal die Stellen an, an denen du dich noch verbessern kannst.	Versuche anhand des Tests Fehlerschwerpunkte zu entdecken, damit du gezielt wiederholen kannst.	Vielleicht überlegst du auch gemeinsam mit deinen Eltern oder deinem Lehrer/deiner Lehrerin, wo besondere Fehlerschwerpunkte liegen und wie du vorgehen kannst, um dich zu verbessern.

P9612261/06

Deutschbuch

Arbeitsheft

Neue Ausgabe

Lösungen 7

Seite 5

2 a) *Der Text ist verständlich und interessant, logisch richtig und sinnvoll gegliedert.*
b) *Miriam sollte mehr Abwechslung in den Satzbau und den Wortschatz bringen.*

3 *B; Begründung: In diesem Abschnitt geht es um die äußeren Merkmale der Oma. Das wird durch die hervorgehobene Stellung am Satzanfang betont.*

4 a) *Das Verb „haben" kommt häufig vor (sieben Mal).*
b) *Miriam hat das Verb „haben" fünf Mal durch verschiedene andere ausdrucksstarke Verben ersetzt. Sie hat vier neue Sätze formuliert.*

5 *[…] Es gibt keinen Aufzug. Sie muss also jedes Mal, wenn sie nach draußen geht, all die Treppen hinunter und wieder hoch. Meine Großmutter lebt dort allein, da ihr Mann schon lange gestorben ist. Sie führt ihren Haushalt noch selbstständig, nur zum Putzen kommt inzwischen eine „jüngere Frau" – wie Oma sagt –, weil sie selbst nicht mehr so gut in die Ecken kommt. […]*

6 a) *„Sie ist 68 Jahre alt."*
b) *Begründung: Das Pronomen ist missverständlich, da es sich auf die Oma oder ihre Putzhilfe beziehen kann.*

7 *Es ist aber keine Oma, die jeden Tag mit ihren Freundinnen einen Kaffeeklatsch veranstaltet und bei den Familienfesten von allen Enkeln ein Küsschen haben will. Obwohl ich mir kaum vorstellen kann, wie sie alles Obst hochschleppt, kocht sie doch tatsächlich für die ganze Verwandtschaft die gesamte Marmelade ein, die wir das Jahr über essen. […]*

Seite 6

8 *HS – NS (Relativsatz); NS (Adverbialsatz) – NS (Adverbialsatz) – HS – NS (Relativsatz); HS – NS (Relativsatz)*

9 a) *Trotz dieses hohen Alters ist meine Oma im Grunde noch gar nicht pensioniert. Bis zum Alter von 63 Jahren arbeitet sie als Einkäuferin in einem großen Modehaus, das heißt, sie kaufte bei den Großhändlern die neue Ware ein. Und heute geht sie immer noch mit allen Enkeln und Urenkeln einzeln im Frühling und im Herbst los, um ihnen Sachen zum Anziehen zu kaufen. Sie hat einen wirklich guten Geschmack. Sie wird gar nicht müde. Sie geht von einem Geschäft ins nächste. Sie hält durch, bis wir das Richtige gefunden haben. Und meist fragen mich meine Mitschülerinnen, wenn ich die Sachen dann trage, wo ich denn diese „coolen Sachen" gefunden hätte.*
b) *arbeitet → arbeitete, Sachen zum Anziehen → Kleidung, die Sachen → Hosen und Pullover, „coolen Sachen" → „coolen Klamotten"*
c) *Sie hat einen wirklich guten Geschmack und wird gar nicht müde, von einem Geschäft ins nächste zu gehen, bis wir das Richtige gefunden haben.*

d) *Wortwiederholungen – aussageschwache oder unpassende Wörter – monotoner oder falscher Satzbau – Tempusfehler*

Seite 7

11 a) *Mein Opa hat sich seit seiner Pansionierung ganz auf Sterne spetzialisiert. Er hat ein Fernror mit Stativ auf seinem Flachdach stehen. Mit einer Leiter klettert er mühsam vom Balkon aus nach Oben. Meine Oma hat schon vor Jahren beschlossen, einfach nicht zu zu schauen, wenn er sich wackelich nach oben schiebt. Dann sitzt er oft stundenlang und beobachtet alles, was er am Himmel erkennen kann. Seid ich auch nach oben kletern darf weiss ich erst, wie interessant Sterne sind. Opa kann mir genau erklähren, wie alt wel-che Sterne sind und welche eigentlich schon erloschen sind. Bei den Planeten lassen sich – dank Opas Fernrohr – sogar Strukturen auf der Oberfläche erkennen. Ich kann mir gut vorstellen, dass dort fremde Wehsen haußen und das da oben erstaunliches pasiert. Opa allerdings hält nichts von meinen Geschichten über Außerirdische.*

12

Fehlerschwerpunkt Rechtschreibung	Korrigierte Wörter	Häufigkeit
Groß- und Kleinschreibung (Übungen s. S. 46–52)	*nach oben, Erstaunliches*	*II*
Getrennt- und Zusammenschreibung (s. S. 54–57)	*zuzuschauen*	*I*
Fremdwörter (s. S. 59–61)	*Pensionierung, spezialisiert, Strukturen*	*(III)*
Silbentrennung (s. S. 62)	*welche*	*I*
Kurze Vokale (s. S. 64/65)	*klettern*	*I*
Lange Vokale (s. S. 66–70)	*Fernrohr, erklären, Wesen*	*(III)*
s-Laute/das/dass (s. S. 71–73)	*weiß, hausen, dass, passiert*	*(IIII)*
Ähnlich oder gleich klingende Laute (d-t, g-k, …)	*wackelig, Seit*	*II*

Seite 8

1 b) *Weltkindergipfel 2002 in New York* — *Was? Wann? Wo?*

Eingeladen:
- *Regierungen aller Mitgliedsländer der UN* — *Wer?*
- *Nicht-Regierungsorganisationen, die sich für Kinderrechte einsetzen* — *Wer?*
- *Kinder und Jugendliche aus allen Mitgliedsländern der UN* — *Wer?*

Thema: *Kinderrechte: Voraussetzungen für gute Entwicklungschancen für alle Kinder* — *Was?*

Ablauf: *5.–7. 5. Kinderforum (Kinder und Jugendliche ...)*	*Wann? Was? Wer?*
8.–10. 5. UN-Konferenz der Regierungschefs	*Wann? Was? Wer?*
8. 5. Präsentation der Ergebnisse des Kinderforums [...]	*Wann? Was? Wer?*
8.–10. 5. Diskussionsrunden mit Kindern und Politikern zu unterschiedlichen Themenbereichen [...]	*Wann? Was? Wer?*
10. 5. Abstimmung über das Abschlussdokument „World fit for children", das alle Länder umsetzen sollen	*Wann? Was? Mit welchen Folgen?*

Seite 9

2 *b) Beispiele:*
Arshela aus Pakistan betont, dass ihr besonders das Schicksal von Kindern am Herzen liege, die zu Kinderarbeit gezwungen werden oder als Kindersoldaten kämpfen müssen.
Audrey aus Monaco ist sich sicher, dass Politiker Kindern erst dann zuhören werden, wenn diese sich zusammenschließen.
Gabriela aus Bolivien fordert, alle Kinder sollten lesen und schreiben können. Sie fügt hinzu, dass ihr Traum eine eigene Schule mit Zweigschulen für Straßenkinder in Lateinamerika sei.
Laura aus Kanada erläutert, sie gehe zu dieser Konferenz, um darauf aufmerksam zu machen, wie viele Mädchen auf der Welt brutal behandelt werden und gar keine Rechte haben.
Alexandru aus Rumänien findet, Kinder seien auf Konferenzen oft nur Statisten. Er äußert den Wunsch, dass er am liebsten gleichberechtigt mit den Politikern diskutieren möchte.

4 *c) Beispiel:*
Der Weltkindergipfel der Vereinten Nationen
Vom 5. bis zum 10. 5. 2002 nahmen in New York Kinder und Jugendliche aus allen Mitgliedsländern der UN am Weltkindergipfel teil. Das Thema des Gipfels lautete: „Kinderrechte: Voraussetzungen für gute Entwicklungschancen für alle Kinder". Die Kinder und Jugendlichen diskutierten miteinander und mit Politikern über Themen wie Gesundheit, Bildung, Missbrauch und Gewalt. Ein Delegierter aus Deutschland sagte, die Begegnung mit Kindern aus anderen Kulturkreisen habe bei ihm trotz der Sprachschwierigkeiten zu einem neuen Blick auf die Probleme der Welt geführt. Die Kinder forderten ihr Recht auf Schutz, Bildung und Mitbestimmung ein. Diese Forderungen flossen in das Abschlussdokument „World fit for children" ein.

Seite 10

1 *a) Gesichtsform: oval/Stirn: niedrig/Wangen: blass/Kinn: rund/Nase: schmal, lang/Augen und Augenausdruck: traurig, geschminkt/Augenbrauen: dunkel, dicht/Mund und Lippen: zusammengepresst, geschminkt, voll/ Mundwinkel und Ausdruck: herabgezogen, schmollend/ Haare: seidig, hochgesteckt, dunkel, gescheitelt/ Besondere Merkmale: Zeichen, Schmuck/Figur und Körperhaltung: schlank, gekrümmt/Kleidung: elegant, geschmückt, traditionell, bunt*

b) + c) ***Anlass A:*** *ausschmückend und gefühlvoll, denn du beschreibst die Person deiner Freundin/deinem Freund. Die Inderin ist jung und schön, aber sie sieht sehr traurig aus und scheint sich gerade eine Träne von der Wange zu wischen. Sie ist schlank und ihre Körperhaltung wirkt gekrümmt. Sie trägt ein prächtiges, traditionelles indisches Gewand, ein mit Goldfäden besticktes, rotes Tuch über den Haaren und sehr viel Schmuck. An ihrem rechten Arm prangen unzählige Armreifen, an ihrem Finger steckt ein riesiger Ring, und in ihre Stirn baumelt ein herzförmiger Anhänger. Um ihre Schultern liegt ein Blumenkranz. Ihre schwarzen Haare schimmern seidig und sind hochgesteckt. Sie hat ein ovales Gesicht mit blassen Wangen. Unter ihrer niedrigen Stirn wölben sich dichte, schwarze Augenbrauen mit einem roten Zeichen dazwischen. Ihre großen Augen sind kräftig mit schwarzem und blauem Kajal umrandet. Sie hat eine lange, schmale Nase, einen vollen, rot geschminkten Schmollmund und ein rundes Kinn.*
Anlass B: *sachlich und nüchtern, denn es kommt nur auf äußere Kennzeichen an, mit denen die Frau eindeutig identifiziert werden kann.*
Die Frau ist Inderin, schlank und ca. 25 Jahre alt. Sie trägt ein rotes, golden besticktes Tuch um den Kopf, einen Blumenkranz um die Schultern und viel Schmuck. Sie hat schwarze, hochgesteckte Haare, ein ovales, blasses Gesicht, eine niedrige Stirn, eine lange, schmale Nase und rot geschminkte Lippen. Zwischen ihren Augenbrauen befindet sich ein kleines, rotes Zeichen.

Seite 11

2 *a)* ***Teil(e):*** *Räder, Deichsel, Dynamo, Lenker, Aufbau, Pedale, Handbremse, Kette, Lampe, Nabe, Sattel, Zahnrad, Markise, Speichen, Schutzblech, Sitz, Stange, Klingel*
Material: *Aluminium, Stoff, Gummi, Stahl, Kunststoff*
Eigenschaft: *verziert, gemustert, poliert, glänzend, lackiert, gepolstert*
Form: *gerade, breit, gebogen*
Farben: *schwarz, golden, silbern, rot, blau*
b) Die Rikscha ist ein Fahrrad aus Stahl mit drei Rädern, mit dem ein Fahrer einen oder mehr Fahrgäste befördern kann. Ihr vorderer Teil sieht aus wie ein normales Fahrrad, doch statt eines Hinterrades hat sie eine Deichsel mit zwei Rädern, über denen sich ein breiter Aufbau befindet. Er hat einen gepolsterten Sitzplatz aus blauem Stoff und eine Markise aus rotem Kunststoff, die den Fahrgästen Schutz vor Sonne oder Regen bietet. Die Markise wird von einer Bordüre aus blau-rot gemustertem Kunststoff umsäumt. Der untere Teil des Aufbaus wirkt golden und ist auf Hochglanz poliert. Der Fahrer sitzt vor den Gästen auf dem schwarzen Sattel. Der Lenker der Rikscha ist silbern, gebogen und hat Griffe aus schwarzem Gummi. An ihm sind außerdem die Klingel und die Griffe für die Handbremse befestigt. Am Vorderrad befindet sich ein Dynamo. Er erzeugt durch Reibung am Reifen die Energie für die Lampen der Riksch. Die Schutzbleche sind aus glänzendem Aluminium und verhindern, dass der Schmutz, den die Reifen aufwirbeln, den Fahrer oder die Gäste trifft. Aluminium wird verwendet, weil es leicht ist. Auch die Speichen der Räder bestehen aus Aluminium und sind kreisförmig um die Naben angeordnet. Die Stahlrohre des Fahrradrahmens sind gerade, dunkel lackiert und

mit bunten Mustern verziert. Wenn der Fahrer in die Pedale tritt, bewegt er damit das Zahnrad, das die Kette antreibt. Die Kette überträgt die Bewegung dann auf die Hinterräder.

3 a) **Körper/Gestalt:** Mann, gedrungener Körperbau, gewinkelte Arme, kräftige Beine
Ausstattung: Helm, Brustschmuck, Umhang, Waffen (Pfeil und Bogen, Schwert), Rock, Fuß- und Armbänder
Farben und Muster: Haut rötlich braun, Gewand und Ausstattung in Erdfarben

b) Beispiel:
Die indische Stockpuppe ist aus stabilem Material geschnitten, vermutlich Leder, und an einem Stock befestigt. Mit diesen wird sie auf der Bühne bewegt. Die Figur ist ein bewaffneter Mann, der von der Seite gezeigt wird. Er hat einen gedrungenen Körperbau, kräftige Beine mit großen Füßen und muskulöse Arme. Sein Gesicht wird von einem großen Auge bestimmt, sein langes, dunkles Haar ist zu einem Knoten gewunden. Der Mann hat eine rötlich braune Haut. Auf dem Kopf trägt er einen kunstvoll verzierten Helm. Brust, Arme und Beine sind mit Bändern und Schmuck behangen. Um die Schultern trägt der Krieger einen lockeren Schal, um die Hüften einen Rock, beide Kleidungsstücke sind mit Mustern bemalt. Als Waffen trägt er auf dem Rücken einen Köcher mit Pfeilen, den Bogen hat er im Arm hängen, sein Schwert griffbereit auf der linken Hüfte befestigt. Die linke Hand hält das Schwert, die rechte eine Blüte. Der Mann schaut geradeaus über diese Blüte in die Ferne. Die gesamte Figur ist in rötlich braunen Erdfarben gehalten.

Seite 12

4 b) **Bildgegenstand oder Thema:** indische Frau mit weißer Schlange
Figur: blaue Haut, schwarzes Haar, viel Schmuck, traditionelles Gewand, sitzt auf Felsen
Tiere: viele Schlangen (weiß, grün, gemustert), vier bunte Vögel auf dem Wasser, zwei auf dem Berg, zwei am Ufer, zwei Störche im Wasser, weiße Fische im Wasser, zwei Skorpione am Felsen, auf dem die Frau sitzt
Natur: Fluss, darauf Seerosen, vom Fluss umspülter Felsen, mehrere Bäume (grün, rot, gelbgrün), ein Berg
Stimmung, Gesamtwirkung: friedlich, harmonisch

Seite 13

5 **Vordergrund:** Wasser mit Seerosen, Vögeln, Störchen und Fischen
Mittelgrund: Felsen mit Frau, Bäume und Schlangen
Hintergrund: Berg mit Vögeln, Himmel

6 a)

b) Der Kopf der Frau liegt im Mittelpunkt des Bildes.
c) oval, vertikal, weich, symmetrisch, diagonal, gewellt, gebogen, rund

7 b) **Blau:** Himmel und Wasser, oberer und unterer Bildrand, die Frau, Bildmitte
Grün: je ein Baum am linken und am rechten Bildrand
Rosa: der Felsen unten im Bild, der Berg oben im Bild
Gelb: die Bodenfläche in der Mitte des Bildes, ein Streifen am Himmel

8 Das Bild „Die Schlangenbeschwörerin“ stammt von einem unbekannten Künstler aus Bundi (Indien) aus der ersten Hälfte des 17. Jahrhunderts. Es ist eine Miniatur mit dem Format 19 x 12 cm. Das Hauptmotiv des Bildes ist eine junge, schwarzhaarige, blauhäutige Frau, die auf einem Felsen sitzt. In der rechten Hand hält sie einen Stab, in der linken eine weiße Schlange. Im Vordergrund des Bildes befindet sich ein Fluss mit Seerosen, weißen Fischen, vier bunten, entenähnlichen Vögeln und zwei Störchen. Am Ufer des Flusses stehen zwei weitere Vögel. Im Mittelgrund, auf der gelben Bodenfläche, erhebt sich der rosafarbene Felsen, auf dem die Frau sitzt. Ihre Kleidung besteht aus einem knielangen Rock und einem kurzärmeligen Mieder, das den Bauch freilässt. Sie trägt Ohrringe, Halsketten, Arm- und Fußreifen und scheint mit der Schlange zu sprechen. Links neben ihr liegt ein Stab mit Widerhaken, rechts kringelt sich eine weitere, grüne Schlange. Am rechten und linken Bildrand ragen Bäume empor, um deren Stämme sich viele weiße, grüne und gemusterte Schlangen winden. Schlangen kriechen auch über den Boden auf den Felsen und die Frau zu. Im Hintergrund des Bildes erhebt sich in der Mitte ein rosafarbener Berg, auf dem ein Vogel sitzt. Der Vogel neigt seinen Kopf einem zweiten Vogel zu, der auf einem hinter den Bäumen kaum sichtbaren Felsen sitzt. Hinter dem Berg verläuft ein gelber Streifen, darüber wölbt sich der blaue Himmel.
Das Bild ist symmetrisch aufgebaut. Der blaue Himmel und der blaue Fluss am oberen und unteren Rand rahmen es ein, ebenso die Bäume am rechten und linken Bildrand. Wenn man die Diagonalen zieht, liegt der Kopf der blauen Frau genau in der Mitte des Bildes. Die in der Miniatur vorkommenden Formen sind weich und rund.
Die Farben und der Aufbau des Bildes lassen es friedlich und harmonisch wirken. Die Frau scheint mit der Natur eins zu sein.

Seite 14

9 a) – c) 1. Der Tanz hat eine jahrtausendealte Tradition in Indien.
2. Mit dem Tanz werden die Gottheiten verehrt.
3. Der Tanz ist eine heilige Handlung.
4. Der Tanz wurde in Tempeln aufgeführt.
5. Die Tänzerinnen erhielten im Tempel ihre Ausbildung.
6. Die Tänzerinnen wurden mit der Tempelgottheit vermählt.
7. Bei Aufführungen haben die Tänzerinnen traditionellen Brautschmuck.
8. Die Tänzerinnen haben einen verzierten Seidensari, der sich bei Bewegungen fächerartig öffnet.
9. Die Tänzerinnen haben Halsketten, Hüftgürtel, Armringe und Fußglöckchen.
10. Die Tänzerinnen haben auf den Handflächen und Fußsohlen Glück verheißende Symbole.
11. Der Tanz hat viele festgelegte Körperhaltungen, Bewegungen und Schrittfolgen.
12. Der Tanz hat unterschiedliche bedeutsame Gesten und eine ausgeprägte Mimik.
13. Im Tanz werden Gefühle dargestellt

d) Einleitung mit möglicher Verbesserung:
Der indische Tempeltanz „Bharatanatyam" hat eine jahrtausendealte Tradition. Mit dem Tanz werden die Gottheiten verehrt. **Weil er** eine heilige Handlung ist, wurde **er** in Tempeln aufgeführt.
Die Tänzerinnen erhielten im Tempel ihre Ausbildung und wurden **schließlich** mit der Tempelgottheit vermählt. Bei Aufführungen **ziert sie deshalb** traditioneller Brautschmuck. **Außerdem tragen die jungen Frauen** einen verzierten Seidensari, der sich bei Bewegungen fächerartig öffnet. **Geschmückt** sind **sie auch** mit silbernen Halsketten, Hüftgürteln, Armringen **und** Fußglöckchen. **Ihre** Handflächen und Fußsohlen sind mit Glück verheißenden Symbolen **bemalt.**
Der Tanz **besitzt** viele festgelegte Körperhaltungen, Bewegungen und Schrittfolgen. **Dazu gehören** unterschiedliche bedeutsame Gesten und eine ausgeprägte Mimik. **Denn** beim **Tanzen** werden Gefühle dargestellt.

Seite 15

10 a) Alapadma: Die Handfläche der linken Hand zeigt nach oben. Der Zeigefinger ist horizontal ausgestreckt und gerade, der Mittelfinger ist ebenfalls gerade, befindet sich jedoch in einem 45-Grad-Winkel zum Zeigefinger. Der Ringfinger ist gerade und steht in einem spitzen Winkel zum Mittelfinger, der kleine Finger steht gerade nach oben, in einem 90-Grad-Winkel zur Handfläche. Der ausgestreckte Daumen befindet sich neben der Handfläche und ein wenig oberhalb der Linie, die der Zeigefinger mit der Handfläche bildet. Die Fingeranordnung gleicht einer geöffneten Blüte.

11 a) **1.:** Körperhaltung: Oberkörper aufrecht – Beinstellung: in den Knien tief gebeugt – Mudra: Alapadma – linker Arm: vor der Brust angewinkelt – rechter Arm: vor der Brust angewinkelt – Kopfhaltung/Blickrichtung: nach vorn, geradeaus – Fußstellung: Zehen zeigen nach außen

2.: Körperhaltung: bleibt – Beinstellung: rechtes Bein leicht angehoben – Mudra: bleibt – linker Arm: bleibt – rechter Arm: senkrecht nach oben, leicht gebogen – Kopfhaltung/Blickrichtung: bleibt – Fußstellung: bleibt

3.: Körperhaltung: bleibt – Beinstellung: rechtes Bein wieder auf dem Boden – Mudra: bleibt – linker Arm: bleibt – rechter Arm: bleibt – Kopfhaltung/Blickrichtung: leicht nach rechts geneigt – Fußstellung: bleibt

4.: Körperhaltung: bleibt – Beinstellung: linkes Bein steht gekreuzt hinter rechtem – Mudra: bleibt – linker Arm: bleibt – rechter Arm: nach rechts ausgestreckt, in 45-Grad-Winkel zum Hals – Kopfhaltung/Blickrichtung: ganz nach rechts gedreht, Blick geradeaus – Fußstellung: rechter Fuß: Zehen zeigen nach außen, linker Fuß: nur Zehen berühren den Boden

5.: Körperhaltung: bleibt – Beinstellung: linkes Bein wieder neben rechtem, in den Knien noch tiefer gebeugt – Mudra: bleibt – linker Arm: bleibt – rechter Arm: waagerecht nach rechts ausgestreckt, in 90-Grad-Winkel zum Hals – Kopfhaltung/Blickrichtung: bleibt – Fußstellung: rechter Fuß: bleibt, linker Fuß: steht auf dem Boden, die Zehen zeigen nach außen

b) Zunächst steht man mit aufrechtem Oberkörper da. Der Kopf zeigt gerade nach vorn, die Augen blicken geradeaus. Die Knie sind tief gebeugt, die Füße stehen hüftweit auseinander, mit den Fersen zueinander, die Zehen zeigen nach außen. Man hält die Unterarme waagerecht und überkreuzt vor der Brust angewinkelt, sodass die Hände mit den Handflächen nach oben und die Fingerspitzen zueinander zeigen. Beide Hände formen während der gesamten Schrittfolge das Mudra Alapadma, das eine geöffnete Lotusblüte symbolisiert. (vgl. Aufg. 10a) Zuerst hebt man das rechte Bein ein kleines Stück an und streckt den rechten Arm senkrecht, aber in sich leicht gebogen nach oben. Dann stellt man das rechte Bein wieder auf den Boden und senkt die rechte Schulter, sodass sich der rechte Arm leicht zur Seite neigt. Der Kopf wird ein wenig nach rechts geneigt, die Augen blicken nach oben rechts. Nun verlagert man das Gewicht auf das rechte Bein und kreuzt das linke Bein hinter das rechte. Nur die Zehen des linken Fußes dürfen den Boden berühren. Die Zehen des rechten Fußes zeigen weiterhin nach rechts außen. Der rechte Arm wird gerade nach rechts gestreckt, bis er sich in einem 45-Grad-Winkel zum Hals befindet. Der Kopf wird ganz nach rechts gedreht, der Blick geht geradeaus nach rechts. Im Anschluss daran tritt das linke Bein wieder hüftweit neben das rechte. Die Zehen des linken Fußes zeigen nach außen, der Ballen wird auf den Boden gestellt. Schließlich geht man noch tiefer in die Knie als am Anfang. Danach senkt man den rechten Arm zur Seite, bis er einen 90-Grad-Winkel zum Hals bildet.

Seite 16

1 a) These 1: C, These 2: B, These 3: C
b) These 1: A: nicht verallgemeinerbar, zu persönlich; B: nicht passend, wäre nur ein Gegenargument für eine andere These
These 2: A: nicht passend; C: zu persönlich
These 3: A: zu persönlich; B: zu wenig konkret; D: nicht bedeutsam

Seite 17

2 Schülerinnen und Schüler der Klasse 7 sollten nicht auf Klassenfahrt fahren,
- ☐ **damit** ihnen mehr Zeit bleibt, ausreichend zu lernen.
- ☐ **weil/da** ihre Eltern sie zu sehr vermissen würden.
- ☐ **sondern** lieber kurze Tagesausflüge unternehmen.
- ☐ **denn** sie beachten Regeln und Absprachen meist nicht.

3 a) + b)
1. Es ist wichtig, dass sich auch die Schüler/-innen etwas besser kennen lernen, die bisher kaum etwas zusammen gemacht haben. A 5
2. Solche Lebensmittel sind einfach gesünder. A 6
3. Dafür zahlen meine Eltern gern etwas mehr. Bsp 6
4. So muss man nicht immer sein Geld dabeihaben, das ist doch viel unkomplizierter. A 9
5. Die Gruppen für die Zimmereinteilung sollten gewürfelt werden. Th
6. Wir sollten umweltverträglich produzierte Nahrungsmittel kaufen. Th
7. Tagsüber sind wir mit allen zusammen, aber abends auf dem Zimmer sammeln sich die Cliquen. Manche Kinder bleiben dann allein, dagegen sollte man etwas tun. A 5
8. Bei unserem letzten Grillfest hat das doch gut geklappt, da gab es einfach Sprudel und Limo für alle. Bsp 9
9. Wir sollten auf der Fahrt die Getränke für alle kaufen und dann die Kosten umlegen. Th
10. Das ist ein guter Beitrag zum Umweltschutz, denn Düngung z.B. ist schädlich für unser Trinkwasser und die Umwelt. Auf beides sind wir doch alle angewiesen. Bsp 6
11. Bei der letzten Weihnachtsfeier waren am Ende sieben Saftpackungen angebrochen, die alle weggeworfen werden mussten. Bsp 9
12. Wenn man die Getränke nicht bezahlen muss, geht man damit auch nicht ordentlich um. A 9

Seite 18

1 Tätigkeitswort: Verb, Substantiv: Nomen, Stellvertreter: Pronomen, Begleiter: Artikel, Eigenschaftswort: Adjektiv, Bindewort: Konjunktion, Umstandswort: Adverb, Verhältniswort: Präposition

Seite 19

1 Indikativ = unterstrichen
Konjunktiv = gestrichelt

„Man sei auf Reisen immer vorsichtig!", warnte der Großvater. „Wer in die weite Welt reist, der kommt mit neuen Erfahrungen im Gepäck zurück. Es wäre zu hoffen mein lieber Enkel, dass es bei dir nur gute sein werden." Der Enkel schaute verwundert. „Mögest du an meine Worte denken!", gab ihm der Großvater schließlich mit auf den Weg. Der Enkel erzählte dies seinem Freund: „Opa Ernst ermahnte mich, ich solle an seine Worte denken." Der erwiderte: „Seine Hoffnung auf gute Erfahrungen möge in Erfüllung gehen!"

2 sein – war, fliegen – flog, schwimmen – schwammen, tragen – trugen

Seite 20

3 Konjunktiv = unterlegt – Redeeinleitung = unterstrichen

Der Berliner Musiker Andy Reimer, 38, ist Klingeltonkomponist. Er hat einige der bekanntesten Melodien geschrieben, die sich vor allem Jugendliche gegen Gebühr auf ihr Handy laden. Von Reimer stammt auch die Musik zu „Sweety". Das Küken tanzte zeitweise bis zu 150 Mal täglich durch die Werbepausen von Musiksendern und trällerte, dass es zwar klein und süß sei, aber auch wisse, wie man seine Füße bewege. Das fluffige Vögelchen ist zum Hassobjekt vieler Zuschauer geworden. Reimer hört davon nichts. Das sei müßig, heißt es bei der Berliner Firma. Positive Anrufe überwögen ohnehin. Der Nervfaktor sei Teil des Erfolgs. Je mehr sich Erwachsene aufregten, dass die Handys ihrer Kinder statt dezenter Töne das Geräusch furzender Frösche oder quäkender Küken aussenden, desto beliebter seien sie bei Jugendlichen. Ein Sprecher sagt, dass es „Handy-Junkies" gebe, die sich täglich einen neuen Klingelton zögen. Dass er derlei Lockrufe fabriziert, habe ihm anfangs ein schlechtes Gewissen gemacht, sagt Reimer. Aber am Ende seien Klingeltöne doch nichts anderes als Fußballsammelbilder.

4 Herr Ohrenschutz meint, Handyklingeltöne nervten und gehörten abgeschafft. – Frau Nervenschon findet, es sollte nur noch Vibrationsalarm geben. – Wenn sie traurig sei, erzählt Jule, stelle sie ihr Handy mit einer traurigen Melodie ein, und wenn sie fröhlich sei mit einer lustigen. – Sie liebe es, immer wieder neue Klingeltöne herunterzuladen, wirft Nathalie ein. – Simon behauptet, je lauter und ausgefallener ein Klingelton sei, desto cooler sei er auch. – Max bemerkt, es sei ihm vollkommen egal, wie sein Handy klingle, Hauptsache, es funktioniere.

Seite 21

1 Aktiv = unterstrichen – Passiv = gestrichelt

Kartoffelchips werden aus Kartoffeln hergestellt. In entsprechenden Werken	V Herstellung
werden die Kartoffeln gewaschen, geschält und erneut gewaschen.	V Wascher, Schälen
Dann wandern sie in eine große	H Kartoffeln
Maschine, werden dort in ganz dünne Scheiben geschnitten und anschließend in einer riesigen Fritteuse ausgebraten.	V Schneiden, Braten
Weil die Kartoffelscheiben beim Frittieren Wasser verlieren, ziehen sie sich zusammen und wellen sich. So	H Kartoffelscheiben
entsteht die „krumme" Form der Chips.	H Form
Die frittierten Chips werden sorgfältig kontrolliert, dabei werden mangelhafte Chips (z.B. mit schwarzen Flecken) aussortiert.	V Kontrolle, Sortierung
Beim Durchlaufen großer Gewürztrommeln kommt die Gewürzmischung dazu.	H Gewürzmischung
Anschließend werden die Chips noch einmal kontrolliert und dann verpackt.	V Kontrolle, Verpackung
In Tüten kommen sie ins Geschäft.	H Chips

Seite 22

2 1 Daniel friert **die frisch gepflückten Erdbeeren** ein.

Die frisch gepflückten Erdbeeren werden von Daniel eingefroren.

2 Nach ein paar Monaten holt Daniel **die Früchte** aus dem Tiefkühlfach.

Die Früchte werden nach ein paar Monaten von Daniel aus dem Tiefkühlfach geholt.

4 Während des Gefrierprozesses bildet das im Zellkern vorhandene Wasser **Eiskristalle.**

Während des Gefrierprozesses werden von dem im Zellkern vorhandenen Wasser **Eiskristalle** gebildet.

5 Die Eiskristalle durchstoßen **das Pflanzengewebe** und durchlöchern **das Zellgerüst.**

Das Pflanzengewebe wird von den Eiskristallen durchstoßen, **das Zellgerüst** durchlöchert.

6 Aus den matschigen Früchten kocht Daniel **Erdbeermarmelade.**

Aus den matschigen Früchten wird von Daniel **Erdbeermarmelade** gekocht.

Satz 3 lässt sich nicht umwandeln.

Seite 23

3 Max' Freunde waren von ihm zum Kuchenessen eingeladen worden.
Kleine Geschenke wurden von den Freunden mitgebracht.
Der Kuchen ist von Max professionell serviert worden.
Nächste Woche werden von Max verschiedene Desserts angeboten werden.

4 Benni lädt Sabine zum Pizza-Essen ein. Infinitiv: einladen / Präsens Passiv: Sabine wird von Benni zum Pizza-Essen eingeladen. / Futur I Aktiv: Benni wird Sabine zum Pizza-Essen einladen.
Sabine bestellt eine Pizza mit Spinat. Infinitiv: bestellen / Präsens Passiv: Eine Pizza mit Spinat wird von Sabine bestellt. / Futur I Aktiv: Sabine wird eine Pizza mit Spinat bestellen.

Seite 24

5 Zwei maskierte Menschen, die durch den Lüftungsschacht einstiegen, wurden beobachtet. (Informationsriegel)
Offensichtlich wurden alle Delikatessen eingepackt und abtransportiert. (Informationsmangel)
Merkwürdigerweise wurden vier Bananen liegen gelassen. (Informationsmangel)

6 a) die Infinitiv-Form
b) **man-Form:** Man schält … halbiert längs; Man legt; Man heizt … vor; Man hackt; Man mischt … und verteilt; Man gießt … darüber; Man gibt; man backt; Man beträufelt
Imperativ-Form: Schäle und halbiere; Leg; Heize … vor; Hacke; Mische; verteile; Gieße; Gib; backe; Beträufele
Sie-Aussage: Sie schälen; Sie halbieren … längs; Sie legen; Sie heizen; Sie hacken; Sie mischen … und verteilen; Sie gießen darüber; Sie geben, Sie backen, Sie beträufeln

Seite 25 – Teste dich!

1 richtig ist:
a) Der Konjunktiv — 3
☐ ist ein Modus,
☐ drückt einen Wunsch aus,
☐ drückt die indirekte Rede aus.
b) „Möge dir das neue Jahr Glück bringen." — 2
Simon glaubte, das neue Jahr werde erfolgreich sein.

2 Ein Feuerwehrmann erklärt, an Weihnachten und Silvester gebe es die meisten Hausbrände. — 2
Lilo sagt, zu Silvester nähme sie sich immer vor, alles besser zu machen.

3 wird … gezündet; wird … abgestimmt; wird … erzeugt — 3

4 wird … verwendet — 3
wurde … entwickelt
darauf geachtet worden war

erreichbare Punkte: 13

Seite 26

1 Satzglieder (von links nach rechts): Subjekt, Prädikat, Objekt, adverbiale Bestimmung

Seite 27

2 | Viele Schüler | wollten | die üblichen Bundesjugendspiele | abschaffen. |
Die üblichen Bundesjugendspiele wollten viele Schüler abschaffen.

| Alle | wünschten sich | einen zusätzlichen Anreiz. |
Einen zusätzlichen Anreiz wünschten sich alle.

| Deshalb | wurden | Mannschaftsspiele | ins Programm | aufgenommen. |
Ins Programm wurden deshalb Mannschaftsspiele aufgenommen.

| Trotz einiger Anlaufschwierigkeiten | erklärten sich | | viele Eltern | zur Mithilfe bereit. |
Viele Eltern erklärten sich trotz einiger Anlaufschwierigkeiten zur Mithilfe bereit.
Zur Mithilfe erklärten sich trotz einiger Anlaufschwierigkeiten viele Eltern bereit.
Trotz einiger Anlaufschwierigkeiten erklärten sich zur Mithilfe viele Eltern bereit.

| Die Schülerband | spielte. |
Dieser Satz besteht nur aus Subjekt und Prädikat. Das Prädikat steht immer an zweiter Stelle. Deshalb lässt sich hier die Umstellprobe nicht durchführen.

3 a) Wer oder was wollte die Bundesjugendspiele abschaffen? Viele Schüler. (Subjekt)
Wen oder was wollten viele Schüler abschaffen? Die Bundesjugendspiele. (Akkusativobjekt)
b) Deshalb wurden Tanzvorführungen ins Programm aufgenommen. / Deshalb wurden Akrobatikkunststücke ins Programm aufgenommen. / Deshalb wurden Jongliereinlagen ins Programm aufgenommen.

c) Viele Eltern erklärten sich zur Mithilfe bereit.
d) In den Pausen spielte die Schülerband zur Unterhaltung des Publikums Jazzmusik.

Seite 28

4 Subjekte = unterstrichen, Prädikate = **fett**
Objekte = gepunktet (DO = Dativobjekt, AO = Akkusativobjekt, PO = Präpositionalobjekt)
adverbiale Bestimmungen = gestrichelt

Vielen (DO) **ist** der Slogan „KEINE MACHT DEN DROGEN" **bekannt**. Seit über 15 Jahren (adv. Best. der Zeit) **setzt** der gemeinnützige Verein erfolgreich (adv. Best. der Art und Weise) auf aktive Freizeitgestaltung (PO). Der Verein **möchte** keine Schäden (AO) **reparieren**. Er **will** Suchtvorbeugung (AO) **betreiben**. Kinder und Jugendliche **sollen** frühzeitig (adv. Best. der Zeit) über die Gefahren von Drogen (PO) **informiert und aufgeklärt werden**. Die CD-ROM „Drogenprävention interaktiv" (AO) **haben** Schülerinnen und Schüler des Amos-Comenius-Gymnasiums in Bonn/Bad Godesberg **mit entwickelt.** Im Mittelpunkt des Geschehens (adv. Best. des Ortes) **stehen** Drogenkonsum und Drogenschmuggel. Ein im Jugendmilieu spielender Kriminalfall **soll aufgeklärt**, Informationen **müssen recherchiert** und knifflige Fragen **beantwortet werden.**
Weitere Informationen (AO) **findest** du im Internet (adv. Best. des Ortes). Die Adresse **lautet:** www.kmdd.de.

5 = Attribut, ——▸ = Bezugswort

| Die Aktion „Im Laufschritt gegen Gewalt und Drogen" |
Subjekt

will | den ausrichtenden Schulen | finanzielle Mittel
Prädikat — Dativobjekt — Akkusativobjekt

| zur Verfügung stellen.
Prädikat

| Die gelaufenen Kilometer | entscheiden | über den Erfolg.
Subjekt — Prädikat — Präpositionalobjekt

| Viele engagierte Läuferinnen und Läufer | können |
Subjekt — Prädikat

für eine Schule | Gelder in Höhe mehrerer tausend Euro |
Präpositionalobjekt — Akkusativobjekt

bekommen. |
Prädikat

Seite 29

1 a) Vor über 2000 Jahren erfand der Chinese Cai Lun die Technik des Papierschöpfens | die Faserstoffe des chinesischen Papiers waren Bast, Baumwolle, Chinagras und Seide | die Herstellung war geheim | das Wissen um die Papiermacherei wurde als Staatsgeheimnis bewahrt | nach Grenzstreitigkeiten nahmen Araber im 8. Jahrhundert chinesische Kriegsgefangene | vermutlich unter Folter verrieten diese Chinesen ihre Kenntnisse | so kam das Wissen um die Papierherstellung nach Samarkand | Papier war und blieb eine Kostbarkeit | es wurde von Hand gefertigt und in aufwändigen Schritten verfeinert | man benötigte für seine Anfertigung bestimmte Ressourcen, Energie und Spezialisten |

b) Vor über 2000 Jahren erfand der Chinese Cai Lun die Technik des Papierschöpfens. Die Faserstoffe des chinesischen Papiers waren Bast, Baumwolle, Chinagras und Seide. Die Herstellung war geheim (,) und das Wissen um die Papiermacherei wurde als Staatsgeheimnis bewahrt. Nach Grenzstreitigkeiten nahmen Araber im 8. Jahrhundert chinesische Kriegsgefangene, und vermutlich unter Folter verrieten diese Chinesen ihre Kenntnisse. So kam das Wissen um die Papierherstellung nach Samarkand. Papier war und blieb eine Kostbarkeit, denn es wurde von Hand gefertigt und in aufwändigen Schritten verfeinert. Man benötigte für seine Anfertigung bestimmte Ressourcen, Energie und Spezialisten.

2
A Das Wort kommt aus dem Englischen (,) und es bezeichnet dünne, weiche, saugfähige Papiere. = Tissue
B Dieses Papier muss sehr glatt und reißfest sein, denn es muss ohne Probleme riesige Druckmaschinen durchlaufen. = Zeitungsdruckpapier
C Das Papier hat eine Zeichnung oder ein Muster, aber man sieht dies nur im Gegenlicht. = Wasserzeichen
D Man könnte auf diesem Papier schreiben, doch es wird eher zum Einpacken von Obst oder Backwaren benutzt. = Tütenpapier
E Dieses Papier wird aus Baumwolle und Zellstoff hergestellt (,) und du hast (hoffentlich) ein Blatt davon in jedem Heft liegen. = Löschpapier

Seite 30

1 a) Die Brille ist ein Gestell, das vor den Augen getragen wird.
Weil die Brille meist auf der Nase aufliegt, spricht man auch von einem „Nasenfahrrad".
Jemand, der sich in der Nähe befindende Gegenstände oder Personen schlecht erkennt, ist weitsichtig.
Menschen, die in der Ferne Liegendes nur verschwommen sehen, sind kurzsichtig.

Hauptsätze/grün = unterstrichen
Nebensätze/blau = gestrichelt

b) Die Brille ist ein Gestell, das vor den Augen
—— HS ——, —— NS ——
getragen wird.
—— NS ——.
Weil die Brille meist auf der Nase aufliegt, spricht man
—— NS ——, —— HS ——
auch von einem „Nasenfahrrad".
—— HS ——.

Jemand, der sich in der Nähe befindende Gegenstände
— HS —, —— NS ——
oder Personen schlecht erkennt, ist weitsichtig.
—— NS ——, —— HS ——.
Menschen, die in der Ferne Liegendes nur verschwom-
— HS —, —— NS ——
men sehen, sind kurzsichtig.
— NS —, —— HS ——.

Seite 31

1 *Seit langer Zeit ist bekannt, dass Sonnenlicht, das unangenehm grell ist, dem Auge schaden kann.*
Der Schutz des Menschen, der natürlich ist – die Verengung der Pupille mittels der Iris und das Blinzeln –, war besonders bei Naturvölkern nicht immer ausreichend.
Besonders jene Menschen, die in Eis und Schnee leben, sind durch die intensive Lichteinwirkung gefährdet, die durch Reflexion hervorgerufen wird.
Sie halfen sich schon früh durch „Schneebrillen" aus Knochen oder anderen Materialien, die das Licht nur durch einen engen Schlitz hindurchlassen.

2 *Es gibt Sonnenbrillen, welche einen Markennamen tragen.*
Aber nicht alle Brillen, die einen hohen Preis haben, schützen auch gegen die Sonne.
Ein Verbraucher, der nicht nur preisbewusst sein will, muss auch auf die Qualität der Gläser achten.
Nicht jedes Glas, das getönt ist, bietet auch einen Schutz vor UV-Strahlen.
Wenn du aber deine Sonnenbrille nur in die Haare stecken willst, dann kannst du auch eine auswählen, die keinen besonderen Schutz gegen Sonnenstrahlung aufweist.

Seite 32

1 *Adverbialsätze = unterstrichen*
adverbiale Bestimmungen = gestrichelt

Obwohl es mittlerweile sehr schicke Brillengestelle in allen Farben gibt, wollen manche Menschen keine Brille tragen.
Aus Eitelkeit entscheiden sie sich für Kontaktlinsen.
Die kleinen Kunststoffschalen werden direkt auf die Pupille gesetzt, sodass man sich selbst ins Auge fassen können muss.
Weil Linsen auf der Tränenflüssigkeit schwimmen, dürfen die Augen nicht zu trocken sein.
Wegen einer möglichen Unverträglichkeit kommen manche nicht damit klar.
Wenn besonders empfindliche Kunden kommen, sind die Optiker vorsichtig.
Athleten benutzen lieber Sportlerbrillen, da z.B. bei einem schnellen Lauf leicht ein Sandkorn unter die Linse geraten könnte.
Während Brillen alle Gegenstände stark vergrößern oder verkleinern, sind diese Effekte bei Kontaktlinsen wesentlich geringer ausgeprägt.

2 *Indem du getönte Linsen verwendest, kannst du deine Augenfarbe verändern.*
Nach dem Tragen der Linsen muss man sie säubern.
Bei Rötung der Augen die Kontaktlinsen ablegen.

Seite 33

3 *a) + b) unterordn. Konjunktion = unterlegt*
Personalform d. Verbs = ***fett***
Adverbialsätze = unterstrichen

Du kennst das Problem vielleicht: Obwohl du beim Milchkochen immer gut umgerührt ***hast,*** *entsteht eine Haut. Milch besteht aus Wasser, Fett und Eiweißen. Wenn Eiweiße heiß* ***werden,*** *verändern sie ihre Form. Das heißt: Indem Hitze zugeführt* ***wird,*** *bilden sich aus den kugeligen Eiweißen längliche Eiweißfäden. Diese Fäden steigen an die Oberfläche und verkleben dort, sodass eine Art Haut* ***entsteht.***

4 *Wenn du diese Eiweißhaut nicht magst, kannst du einen Trick anwenden.*
— NS —, — HS —
— HS —.

Du musst die Milch kurz abkühlen, damit die Eiweißfäden nicht verkleben.
— HS —, — NS —
— NS —.

Du hältst einfach, kurz nachdem die Milch aufgekocht ist, einen Eiswürfel in die Milch.
— HS —, — NS —,
— HS —.

Damit dir die Milch nicht überkocht, kannst du übrigens dasselbe Verfahren anwenden.
— NS —, — HS —
— HS —.

Seite 34 und 35

5 *Alle Kanaldeckel auf Straßen sind rund, weil man ein Hineinfallen des Deckels in den Schacht vermeiden möchte.*
Frage: *Warum sind in der Straßenmitte alle Kanaldeckel rund? /* ***Satztyp-Bestimmung:*** *Kausalsatz /* ***Konjunktion:*** *weil*

Nur am Rand der Straße – am Bordstein – macht man eine Ausnahme, damit das Wasser besser abfließen kann.
Frage: *Zu welchem Zweck/Wozu macht man am Rand der Straße eine Ausnahme? /* ***Satztyp-Bestimmung:*** *Finalsatz /* ***Konjunktion:*** *damit*

Falls du diese Aussagen überprüfen möchtest, kannst du selbst ein kleines Experiment zu Hause durchführen.
Frage: *Wann (unter welcher Bedingung) kannst du selbst ein kleines Experiment zu Hause durchführen? /* ***Satztyp-Bestimmung:*** *Konditionalsatz /* ***Konjunktion:*** *falls/wenn*

6 *Indem du scheiterst, führst du den Beweis.*
Warum fällt der Deckel nicht ins Glas?
Weil er einen größeren Durchmesser hat als die Öffnung, fällt der Deckel nicht ins Glas.
Jetzt nimm einen Schuhkarton: Obwohl der Deckel größer ist als der Karton, ist es kein Problem, den Deckel diagonal hineinzustecken.
Wozu gibt es die Regel: „Kanaldeckelweitwurf ist strengstens untersagt"?
Diese Regel besteht, damit kein Unsinn mit Kanaldeckeln passiert.

7 *Im Frühjahr kommt es häufig zu Hochwasser, weil die Schneeschmelze die Flüsse ansteigen lässt.*
Obwohl Schutzvorkehrungen getroffen werden, etwa Sandsack-Mauern, bekommen die Anwohner manchmal nasse Füße.
Manchmal stehen in Ufernähe ganze Stadtteile unter Wasser, sodass die Menschen dort ihre Häuser nur mit Booten erreichen.
Weil das Grundwasser steigt, können Kanäle die Wassermassen nicht mehr aufnehmen.
Wenn die Kanäle volllaufen, heben sich die Kanaldeckel und gefährden den Straßenverkehr.

Seite 36

8 1 Seitdem Menschen einen Regenbogen beobachteten, machten sie sich Gedanken über seine Entstehung. 2 Physiker fanden heraus: Ein Regenbogen entsteht, sobald sich das Sonnenlicht an der Grenzfläche zwischen Luft und Wassertropfen bricht und an der Innenfläche dieser Tropfen reflektiert, also gespiegelt wird. 3 Regenbögen sind nicht alltäglich, sondern eher selten, denn ein Regenbogen setzt eine bestimmte Wettersituation voraus. 4 Es muss einiges zusammenkommen, bevor dieses beeindruckende Naturereignis entsteht. 5 Es muss regnen, und zugleich muss auch die Sonne scheinen. 6 Erst nachdem die Sonne aufgegangen ist, sind auch Regenbögen möglich: Dann muss es in westlicher Richtung regnen. 7 Der größte Regenbogen, ein Halbkreis, entsteht, wenn die Sonne am tiefsten steht, also bei Sonnenuntergang oder -aufgang. 8 Während der Regenbogen deutlich sichtbar ist, kann man sieben Farben erkennen: Rot, Orange, Gelb, Weiß, Grün, Blau und Violett. 9 Tatsächlich fließen diese Spektralfarben sanft ineinander. 10 Da aber unser Auge nur eine begrenzte Sehschärfe hat, werden sieben voneinander getrennte Farbstreifen wahrgenommen. 11 Übrigens: Halbkreisförmig sind Regenbögen nur deshalb, weil der Horizont den unteren Teil vor unseren Augen verbirgt. 12 Regenbögen sind eigentlich ganze Regenkreise.

9 a)

Satz Nr.	Zeitliches Verhältnis	Konjunktion
1	G	seitdem
2	G	sobald
4	N	bevor
6	N	nachdem
7	G	wenn
8	G	während

b) Beispiele:
Satz 4: Vor diesem beeindruckenden Naturereignis muss einiges zusammenkommen.
Satz 6: Erst nach dem Sonnenaufgang sind auch Regenbögen möglich.

Seite 37

1 (Jemand ist hasenfüßig.) –
Wer ängstlich ist, der ist ein Hasenfuß.
— Subjektsatz —, — Hauptsatz —.

(Ich hoffe auf etwas.) – Ich hoffe darauf, dass ich niemandem mit meiner Direktheit auf die Füße trete.
— Hauptsatz —, — Objektsatz —
— Objektsatz —.

(Es hängt mir zum Halse heraus.) – Dass wir so viele Klassenarbeiten schreiben, hängt mir zum Halse heraus.
— Subjektsatz —
— Subjektsatz —, — Hauptsatz —.

(Das ist doch zu dumm.) – Dass wir noch am vorletzten Schultag Hausaufgaben aufhaben, ist doch zu dumm.
— Subjektsatz —
— Subjektsatz —, — Hauptsatz —.

(Man glaubte früher vieles.) –
Man glaubte früher, dass in den Nieren das Gewissen sitzt.
— Hauptsatz —, — Objektsatz —.

Seite 38

2 [...] In einer Vorlesung der Kinder-Uni erklärte ein Hals-Nasen-Ohren-Spezialist, ab welchem Alter wir hören können. (Os) Zunächst stellte sich die Frage, was das Erste ist, (Os) was man als Mensch in seinem Leben hört. Viele denken, dass es die Stimme der Hebamme ist (Os), die „Juhu!“ und „Endlich!“ und „Supi!“ ruft, wenn man auf die Welt kommt. Aber: Der erste Laut ist der Herzschlag der Mutter – schon im Alter von vier Monaten hört der Embryo ihn. Allerdings weiß niemand wie er mit seinem nagelneuen Ohr hört. (Os) Viel anfangen kann der Embryo mit den Lauten noch nicht. Er weiß nicht, woher sie kommen und wer sie erzeugt. (Os) Alles, was das Baby hört, wird über Schallwellen zu ihm gebracht. Wer das Hören verstehen will, (Ss) muss sich deshalb gründlich mit ihnen beschäftigen.

3 Ab welchem Alter können wir hören?
Was ist das Erste, was man als Mensch in seinem Leben hört?
Wie hört der Embryo mit seinem nagelneuen Ohr?
Woher kommen die Laute und wer erzeugt sie?
Will jemand das Hören verstehen?

Seite 39

4 Was Schallwellen eigentlich sind, ist nicht ganz klar. Indirekter Fragesatz (Was ...?)
Jeder weiß, dass Schallwellen entstehen, wenn Michael Schumacher seinen Ferrari auf Touren bringt, die Berliner Philharmoniker die Fünfte von Beethoven spielen oder der Lehrer sich auf ein Furzkissen setzt. dass-Satz
Doch wie die komischen Wellen ins Ohr kommen und was sie da machen, ist ziemlich rätselhaft. Indirekter Fragesatz (Wie? Was?)

5 Beispiele: Die jungen Studenten wollten wissen, was eigentlich ein Tinnitus sei.
Der Professor antwortete, dass jeder Mensch ein Eigengeräusch des Ohres habe, das normalerweise vom Gehirn herausgefiltert werde.
Dann erklärte der Professor, dass bei einem Menschen mit Tinnitus diese Filter nicht mehr funktionierten und (dass) sie ständig Pfeifen, Sirren und Zischen hörten (das lateinische Wort heiße: „Geklirre“).
Jemand fragte, wodurch ein Tinnitus eigentlich ausgelöst werde.
Da erfuhren sie, dass sowohl Stress als auch laute Musik zu einem Tinnitus führen können.
Viele nahmen sich daraufhin vor, nicht mehr so laut Discman zu hören.

Seite 40

1 Infinitiv = **fett**
Infinitivsatz = unterstrichen
hinweisende Wörter = unterlegt

Gold ist selten, weil es meistens sehr viel Arbeit braucht, dieses Metall aus der Erde **zu holen**, und auch, weil es gehortet wird. Gold wurde zu Geld, und viel Geld **zu haben** bedeutet, reich **zu sein**. Deshalb fielen die Könige und Fürsten des Mittelalters immer erneut auf Scharlatane herein, die ihnen versprachen, Gold künstlich **herzustellen**. Diese Scharlatane nannte man Alchimisten, und ihre

„Kunst", die „Alchimie", blühte vor allem in Deutschland und Nordeuropa.
Ihre Versuche, das heißbegehrte Metall aus irgendwelchen anderen Stoffen **herauszukochen** oder **zusammenzubrennen**, ließen sich die Alchimisten fürstlich bezahlen.
Bisweilen neigten sie dazu, ihren Auftraggebern golden aussehende Substanzen **vorzuzeigen**, zum Beispiel Metallkrümel oder Kupfermischungen, die aber bald zerfielen. Aber dann hatten sich die Meister dieser „Geheimkunst" oft bereits aus dem Staube gemacht, nicht ohne sich vorher aus der Geldschatulle des geleimten Königs ein üppiges Honorar auszahlen **zu lassen**. Zumindest für ihren eigenen Bedarf war es ihnen mit ihrer Quacksalberei gelungen, Gold **herbeizuschaffen**.
Einer der Alchimisten hat es immerhin dazu gebracht, für seinen Scheinerfolg **geadelt zu werden**. Kaiser Friedrich der Dritte ernannte seinen Hofalchimisten Richthausen zum „Baron von Chaos".

2 Die Goldgräber bemühten sich(,) auf eine Goldader zu stoßen.
Sie träumten davon, reich zu werden.
Ein Alchimist versuchte(,) Gold herzustellen.

Seite 41 und 42 – Teste dich!

1 a) HS + NS — 1
b) 1: A; 2: A, C; 3: B, H; 4: B, H; 5: B, E — 10

2 Lachen verbindet jene, die miteinander lachen. — 3
Relativsatz
Lachen kann so herzhaft sein, dass es ansteckend wirkt.
Konsekutivsatz (Folge: so … dass)
Der Wert dieses Signals erhöht sich, wenn es sich in der Gruppe ausbreitet. Konditionalsatz (Bedingung: wenn/falls)

3 Wer nicht lacht, wird als störend empfunden. — 3
Subjektsatz
Wir bedauern, dass die eben aufgebauten Lachmuskeln wieder abschlaffen. Objektsatz
Wer zuletzt lacht, lacht am besten.
Subjektsatz

4 Zum Beispiel: — 3
Uns Menschen ist **das Lachen** als Verhaltensmerkmal genetisch einprogrammiert worden.
Es beruht auf einem Mechanismus zwischen den Nervenzellen eines bestimmten Gehirnareals. Einem Tier ist **das Lachen** nicht eigen, weil es diesen „Lach-Schaltkreis" nicht hat.

5 — 14

Subjekt	1, 13
Prädikat	3
Dativobjekt	14
Akkusativobjekt	2, 12
Präpositionalobjekt	9
adverbiale Bestimmung	4, 5, 6, 7, 8, 10, 11

erreichbare Punkte: 34

Seite 43

1 Wenn die Mama morgens schreit:
„Aufstehn, Kinder, höchste Zeit!" –
sagt ein richtig braves Kind:
„Die spinnt!"

Zähneputzen, frische Socken
und zum Frühstück Haferflocken,
Vaters Sprüche: „Das macht stark!" –
alles Quark!

Wer am Morgen ohne Schimpfen,
Fluchen, Stinken, Naserümpfen
etwa brav zur Schule geht –
der ist blöd.

Lärmen, prügeln, Türen knallen,
allen auf die Nerven fallen,
grunzen, quieken wie ein Schwein –
das ist fein!

Und wenn Papa abends droht:
„Schluss mit Fernsehn, Abendbrot!" –
schreit doch jedes Kind im Haus:
„Raus!"
Trotzdem: Kinder, schützt eure Eltern!

b) Wenn Kinder immer sagen würden, was sie über die Erziehungsversuche ihrer Eltern denken, wäre das für die Eltern unerträglich. Deshalb sollen sich die Kinder ein wenig mit ihren Kommentaren zurückhalten.

2 Eines Nachmittags bat Felix seinen Vater: „Spiel mit mir Fußball, Vati!" Doch dieser antwortete: „Ich hab keine Zeit." – „Dann kauf dir doch Zeit, Vati!", konterte Felix schlagfertig. Aber der Vater ließ sich nicht beirren und beendete das Gespräch mit der Versprechung: „Ich kauf mir ein Fahrrad, dann komme ich früher nach Hause und habe auch Zeit." Wenige Tage später – bei herrlichem Sommerwetter – versuchte Felix es erneut: „Geh mit mir schwimmen, Vati!" „Ich hab keine Zeit", erwiderte der Vater. Felix protestierte: „Du hast doch ein Fahrrad!" Aber der Vater vertröstete seinen Sohn erneut: „Das macht mich zu müd. Ich kauf mir ein Auto, dann bin ich ganz schnell zu Haus und habe auch Zeit." – „Zeigst du mir Bilder, Vati?", fragte Felix, der schon etwas mutlos war. Und wieder antwortete der Vater: „Ich hab keine Zeit." – „Aber du hast doch ein Auto!", jammerte Felix. „Das kostet viel Geld", fiel der Vater ihm ins Wort, „ich arbeite länger, bis es bezahlt ist. Dann habe ich Zeit." Da sparte der Junge die Zeit, sammelte alle verlorene Zeit – und als die Zeit gekommen war und der Vater das Zeitliche segnete, da kaufte der Junge einen Kranz für den Vati und die Zeit.

Seite 44

1 Behandeln alle Eltern auf der Welt ihr Baby gleich, weil es ein spontanes inneres Wissen darüber gibt, wie der Umgang mit Babys funktioniert? Oder werden zum Beispiel in afrikanischen Ländern Säuglinge ganz anders großgezogen als in Europa?
Es gibt Verhaltensweisen, bei denen sich Mütter in allen Ländern gleichen, aber Forschungen haben doch ergeben, dass die Unterschiede erstaunlich groß sind. So wurden zum Beispiel Frauen aus dem westafrikanischen Nso-Stamm Filmaufnahmen von deutschen Müttern gezeigt, die ihr Baby auf den Boden legten. In Deutschland ist dies ein völlig normales Verhalten, das das kleine Kind anregen soll zum eigenständigen Spiel und zum Erproben der eigenen Fähigkeiten. Die afrikanischen Frauen hingegen ließen den deutschen Frauen, nachdem sie den Film gesehen hatten, ausrichten, dass sie dieses herzlose Verhalten doch unterlassen sollten. Sie hatten das Gefühl, dass eine Mutter, die ihr Kind liebt, es niemals so hilflos auf

dem Boden liegen lassen könne. Andersherum waren deutsche Mütter völlig empört, als sie sahen, wie afrikanische Frauen ihre Säuglinge schüttelten und rüttelten. Dieses in unseren Augen recht grobe Verhalten empfinden Afrikaner als Ausdruck besonderer Zuneigung. Im Nso-Stamm werden schon halbjährige Babys mit Stützen versehen, damit sie sehr früh laufen lernen, während man bei uns so lange wartet, bis das Kind auch wirklich selbst laufen möchte. Das dauert oft mehr als 15 Monate. Ein halbjähriges Kind in Deutschland kann meist gerade ein wenig über den Boden robben. Westafrikanische Frauen fragen deutsche Eltern, wie diese es fertigbringen, ihr Baby allein in seinem Bettchen schlafen zu lassen. Sie tragen ihre Säuglinge den ganzen Tag auf dem Rücken mit sich herum (,) und sie nehmen sie auch selbstverständlich mit zu sich ins Bett.

2 *Beispiele:*
Damit die Kinder möglichst früh ihr ganz individuelles Wesen ausprägen, sprechen deutsche Eltern von Anfang an viel mit ihrem Säugling und achten auf seine Reaktion.
In Westafrika ist ein frühes Laufenkönnen wichtig, da die Kinder möglichst früh kleine Aufgaben für die Gemeinschaft erledigen sollen.
In Deutschland hat ein Kind meist nur zwei Bezugspersonen, während im Nso-Stamm die ganze Großfamilie beim Aufziehen der Kinder mithilft.
In Deutschland suchen viele Mütter, die sich bei ihrer Erziehungsaufgabe allein gelassen fühlen, Rat bei Erziehungshandbüchern.

Seite 45 – Teste dich!

1 *„Du kannst es dir aussuchen: Entweder du gehst ins Gefängnis(,) oder du kommst nach Camp Green Lake", sagt der Richter. Stanley entscheidet sich für das Camp, denn er will auch gern einmal Spaß haben wie in einem Feriencamp üblich. Da hat er sich aber gründlich getäuscht, mit Ferien hat dieses Camp nichts zu tun. Die ersten Worte von Mr Sir sind: „Du hast jeden Tag ein Loch zu graben." Das Camp liegt mitten in der brütend heißen Wüste, wo es nirgends Schatten gibt. Mal wieder scheint es zu stimmen, dass bei Familie Yelnats alles schlecht läuft. Ausgerechnet Stanley wird diesen Fluch, der schon seit hundert Jahren auf der Familie liegt, aber schließlich brechen. Zuerst allerdings muss er sich im Lageralltag mit all den schweren Jungs behaupten. Er freundet sich mit Zero an, weil dieser von Stanley das Lesen lernen will. Es folgt eine atemberaubende Flucht, bei der Stanley sein Leben riskiert, weil er seinen Freund nicht im Stich lassen will. Wer aber aus dem Camp abhaut, trifft auf Skorpione und Klapperschlangen (,) und die Geier warten schon. Am Ende wendet sich Stanleys Schicksal durch seinen großen Mut …*
Unglaublich ist diese Geschichte und so spannend, dass man beim Lesen alles um sich herum vergisst. 13

2 **1** *C;* **2** *B;* **3** *A;* **4** *A;* **5** *C* 5

3 **1:** *Der nachgestellte NS wird vom HS durch Komma getrennt.* 3
2: *Der eingeschobene NS wird vom HS durch Komma abgetrennt.*
3: *Ein eingeschobener Redebegleitsatz wird von der wörtlichen Rede durch Komma getrennt. Die wörtliche Rede steht in Anführungszeichen.*

erreichbare Punkte: 21

Seite 46

1

Alarm im Kottenforst	*1, 2*
Nur kahle Äste zeigen zum Himmel. Es ist Frühling und der sonst so grüne Kotten-	*2, 1, 1, 3, 1, 2*
forst bei Bonn ist nahezu entblättert. Nicht saurer Regen bzw. Autoabgase machen	*2, 3, 1, 1*
dem Laubwald zu schaffen, sondern unzählige Raupen, die lautlos über den Wald	*1, 1, 1*
herfallen. Das Wegfressen der Blätter ist für sie ein Werk von wenigen Tagen. Der	*3, 6, 1, 1, 1, 3*
Leiter der land- und forstwirtschaftlichen Bundesanstalt in Darmstadt, Max Mül-	*1, 2, 2, 2, 2*
ler, macht jedoch Hoffnung: „Seien Sie unbesorgt. Es sind die Larven des Frostspan-	*1, 3, 5, 3, 1, 1*
ners, die sich von frischen Knospen und Blättern ernähren. Aber da sie sich jetzt	*1, 1, 3*
verpuppen, können sich die Bäume im Sommer wieder erholen."	*1, 1*

2 *Frostspannerraupen, kleinen, wenigen, Beinen, grünen, Blatt, megasatt, Doch, Blatt, Blüten, Blättern, Apfelbaum, ordentlich, Der, Apfelbaum, anzuschaun, Blätter, Äste, Traum, Doch, Raupen, fett, Seidenbett, Eingesponnen, Träumen, hohen, Apfelbäumen, Mahlzeit, Raupenschlund, kugelrund, So, Raupenkinder, Sommer, Herbst, Winter, Doch, Frost, Schmetterling, Welt*

Seite 47

3 *a) + b) Beim Frostspanner handelt es sich um einen Vertreter der Schmetterlinge. Die männlichen Falter haben im* ***Allgemeinen*** *hellgraue und graubraune Flügel, während die Stummelflügel der weiblichen Falter nicht zum* ***Fliegen*** *geeignet sind. Die Weibchen* ***legen*** *im Herbst 100 bis 200 Eier in Rindenvertiefungen der Bäume* ***ab****. Das* ***Schlüpfen*** *der kleinen Raupen, die sofort mit dem* ***Fressen*** *von Blättern und Blüten beginnen, erfolgt im Frühjahr. Man schmunzelt immer wieder über das komische* ***Kriechen*** *oder* ***Laufen****. Diese spannerartige Fortbewegung ist bedingt durch die Bauchfüße der Raupe, wobei sie bei Berührung auch einen Buckel macht („Katzenbuckel"). Im Herbst* ***schlüpfen*** *die Falter. Wegen der ersten Nachtfröste in dieser Schlüpfzeit nennt man sie Frostspanner. Etwas* ***Leckeres*** *sind Raupen für die Vögel, die sie für ihre Jungenaufzucht im Frühjahr benötigen. Aber auch Hühner* ***picken*** *die Raupen unter den Bäumen* ***auf****.*

c) ***Artikel:*** das Schlüpfen, dem Fressen
Präposition: im Allgemeinen, zum Fliegen
vorangestelltes Adjektiv: das komische Kriechen oder Laufen
Pronomen oder Mengenangabe: etwas Leckeres

Seite 48

4 *Agathe:* *Ihre großen Ohrringe waren das Eleganteste, was ich je gesehen habe.*
Jedenfalls bemühte sie sich auf das Eifrigste um Dettmer.
Dass sie sich am Schluss endlich küssten, war das Schönste in der Sendung.
Gerade diese Doppeldeutigkeiten sind mir am liebsten.
Nun, der Kuss am Ende war doch das Beste der Sendung.
Evelyn: *Igitt! Das Netteste an der Inge war, dass sie nur kurz in der Serie auftauchte.*
Sie ist am elegantesten, wenn sie nicht so sehr mit Schmuck behängt ist.
Am eifrigsten übte sie eher den verführerischen Augenaufschlag.
Am schönsten aber fand ich den eigenartigen Gesichtsausdruck Dettmers.
Das Liebste sind mir Ehrlichkeit, Geradlinigkeit, Zuverlässigkeit.
Am besten war das Ende der Sendung.

Seite 49

5 *seit einigen Tagen, gestern, samstags abends, übermorgen, die nächsten Wochen, nachmittags, am Dienstag, ein langer Nachmittag, am Sonntag*

6 *Der Unterricht geht morgen bis zur fünften Stunde. Anschließend treffe ich mich am Mittag mit Juliane in der Imbissbude „Paprika". Danach interviewe ich nachmittags die Jonglier-AG wegen der Talentshow. Die Geburtstagsparty bei Juliane ist morgen Abend.*

Seite 50

7 *Neues, Allgemeinen, Aufregendes, neue, Nützliche, große, Überzeugendes, Eigenes, Unangenehmes, Gutes, gezeichneten, richtig, Ärgerliches, Liebe*

8 *allerlei Interessantes, viel Ungerechtes, nichts Gutes, viel Freches, etwas Kleinliches*

Seite 51

9 *Zum diesjährigen Wettbewerb unserer Schule mit dem Thema „Gewalt – warum?" wurden insgesamt 45 Arbeiten aus der Jahrgangsstufe fünf bis zehn abgegeben und nur drei aus der Oberstufe. Zwar haben viele literarische Texte gewählt, von einigen kamen aber gestalterische Arbeiten. Davon haben einige Skulpturen angefertigt, andere Bilder gezeichnet. Die Jury erkannte einstimmig der Arbeit von David aus der neunten Klasse den ersten Preis zu, da diese von allen Arbeiten die beeindruckendste war. David hatte schon zweimal am Wettbewerb teilgenommen und diesmal zum ersten Mal einen Preis gewonnen. Nicolette aus der siebten Klasse war die Zweite, Elisabeth aus der sechsten Klasse war die Dritte. Das Preisgeld ging zwar nicht in die Millionen, betrug aber immerhin 300 Euro.*

	Kleinschreibung	Großschreibung	Ziffern
Kardinalzahlen	*fünf, zehn, drei, zweimal*	*Millionen*	*45, 300*
Ordinalzahlen	*neunten, ersten, ersten, siebten, sechsten*	*die Zweite, die Dritte*	
Unbestimmte Zahlbegriffe	*viele, einigen, einige, andere, allen*		

10 *vier (K), zwei (K), einem (K), einer (K), Erste (O), ein Drittel (K), Zweite (O), Dritte (O), ein Drittel (K), zwei Sechstel (K), vier (K), zehn (K)*

Seite 52

11 ***Ableitungen auf -er:*** *Thüringer Bratwürste, Lübecker Marzipan, Nürnberger Lebkuchen, Kölner Karneval*
Ableitungen auf -isch: *spanische Tortilla, holländischer Käse, analytische Geometrie, böhmische Dörfer*
Eigennamen: *Französische Republik, Mecklenburgische Seenplatte, Pazifischer Ozean*

12 *Fränkische Schweiz, Schwäbische Alb, Karibische Inseln, Griechische Republik, Atlantischer Ozean*

Seite 53 – Teste dich!

1 *b)* ***1:*** *Wörter, die auf* ***-heit, -keit, -nis, -ung, -tum, -schaft*** *enden, sind Nomen und werden deshalb großgeschrieben.* 6
2: *Herkunftsbezeichnungen mit Ableitungen auf -isch werden kleingeschrieben, wenn sie nicht Bestandteil eines Eigennamens sind.*
3: *Siehe 1.*
4: *Herkunftsbezeichnungen mit Ableitungen auf -isch werden großgeschrieben, wenn sie Bestandteil eines Eigennamens sind.*
5: *Bei kombinierten Tageszeitangaben schreibt man die Adverbien klein und die Nomen groß.*
6: *Verben und Adjektive werden großgeschrieben, wenn sie im Satz als Nomen verwendet werden.*

2 *Erst im zweiten Anlauf gelang dem* ***b****ritischen Tauchroboter das* ***D****urchtrennen der Kabel, in denen sich das* ***r****ussische Klein-U-Boot* ***v****orgestern Abend verfangen hatte. Nach dem* ***H****eben des Bootes konnte die Besatzung aus eigener* ***K****raft aussteigen. Konteradmiral Pepeljajew teilte mit: „Die Aktion zeigte viel* ***E****rfreuliches, denn wir haben in Taten erlebt, was* ***B****rüderlichkeit bedeutet."* 11

3 *Der britische Tauchroboter wurde auf Bitte der russischen Marine eingeflogen. Auch die USA taten ihr Bestes und schickten Rettungsausrüstung, die aber nicht mehr zum Einsatz kam. Der Marinestab in Moskau betonte: „Die Rettung der sieben Matrosen ist im Wesentlichen den britischen Spezialisten zu verdanken."* 7

erreichbare Punkte: 24

Seite 54

1 *Das Au-pair-Mädchen muss Kinder hüten. / Die Haushälterin muss Wäsche bügeln. / Die Lehrerin muss Noten geben. / Der Nachbar muss die Straße kehren. / Alle müssen Zähne putzen. / Die Kinder müssen Hausaufgaben machen. / Die Putzhilfe muss Staub saugen.*

2 *das Radfahren, das Zähneputzen, das Klavierspielen, das Haarekämmen, das Segelfliegen*

Seite 55

3 *blank reiben, fernsehen, ernst nehmen, gründlich säubern, lästig fallen, hochheben, blaumachen*

4 *freigesprochen, frei sprechen, groß schreiben, großschreiben, gut schreiben, gutgeschrieben*

Seite 56

5 *Mein Bruder muss jetzt fahren lernen. / Die Arbeit darf heute liegenbleiben. / Lass uns schnell etwas essen gehen. / Bei dem Wetter soll man lieber baden gehen. / Die Dame hat ihn sitzenlassen. / Das sollten wir ruhen lassen. / Die Briefmarke will nicht kleben bleiben. / Mein Federmäppchen darf nicht liegen bleiben.*

6 *los sein, da sein, fertig sein, zurück sein, leid sein, zusammen zu sein, vorbei sein*

Seite 57

7

Präsens	*Perfekt*	
Wir übernehmen die Aufgabe.	*Wir haben die Aufgabe übernommen.*	*u*
Sie durchqueren die Wüste.	*Sie haben die Wüste durchquert.*	*u*
Der Hund wirft mich um.	*Der Hund hat mich umgeworfen.*	*t*
Er läuft davon.	*Er ist davongelaufen.*	*t*
Sie macht viel durch.	*Sie hat viel durchgemacht.*	*t*
Sie stimmen absolut überein.	*Sie haben absolut übereingestimmt*	*t*
Das spiegelt ihre Einstellung wider.	*Das hat ihre Einstellung widergespiegelt.*	*t*
Er widerspricht dem Vorwurf.	*Er hat dem Vorwurf widersprochen.*	*u*

u = untrennbar, t = trennbar

8 *stattgegeben, heimgehen, kundgegeben, fehlgeschlagen, standhalten, wettgemacht*

Seite 58 – Teste dich!

1 *Meine Eltern, meine beiden Brüder und ich wollen heute, am Sonntag, einmal die ganze Zeit* ***zusammen sein.*** *Morgens* ***frühstücken*** *wir gemeinsam, Papa und Mama dürfen heute nicht* ***Zeitung lesen!*** *Dann gehen wir in die Kirche* ***Gottesdienst feiern.*** *Da der Pastor noch ziemlich* ***jung ist,*** *uns Kinder* ***ernst nimmt*** *und in der Predigt mit uns* ***frei spricht*** *und auch* ***Witze macht,*** *muss man ihn einfach* ***gut finden.*** *Nach der Kirche wollen Mama und Papa* ***spazieren gehen,*** *aber wir Kinder möchten lieber* ***Rad fahren.*** *Bevor wir* ***losfahren,*** *müssen wir noch Proviant und Badesachen* ***zusammenpacken,*** *damit wir* ***baden gehen*** *und ein* ***Picknick machen*** *können. Am See kann man* ***sonnenbaden, Wasser treten*** *und den Surfern* ***zugucken,*** *und auch sonst gibt es viel* ***zu sehen.*** *Bevor wir* ***heimfahren,*** *gehen wir noch* ***Eis essen.*** *Papa und Mama möchten lieber* ***Kaffee trinken.*** *Als wir zu Hause* ***ankommen,*** *ist die Sonne schon fast* ***untergegangen.*** 24

2 *Nur Regel 2 ist falsch.* 3

erreichbare Punkte: 27

Seite 59

1 *interkulturellen, Teamarbeit, Gymnasium, Collage, Thema, Nationen, Kulturen, individuell, Aktion, präsentieren, kreative, konventionell, mobile Laptop-Einheit, Chance, digital, integrieren, resümiert, experimentiert, Genie, originellen, Dialogs, Kulturen, Collage, Foyer, installiert*

Seite 60

2

Nomen	*Adjektiv*	*Bedeutung*
Physik	*physikalisch*	*Naturwiss., die die Grundgesetze der unbelebten Natur untersucht*
Technik	*technisch*	*Einrichtungen und Verfahren, die dazu dienen, naturwiss. Erkenntnisse nutzbar zu machen*
Zoologie	*zoologisch*	*Tierkunde*
Musik	*musikalisch*	*Tonkunst*
Mechanik	*mechanisch*	*Wiss. vom Gleichgewicht und von der Bewegung der Körper unter dem Einfluss der Kräfte*
Akustik	*akustisch*	*Lehre vom Schal*
Ökologie	*ökologisch*	*Wiss. von den Beziehungen der Lebewesen zu ihrer Umwelt*
Informatik		*Wiss. von den elektronischen Datenverarbeitungsanlagen und ihrer Anwendung*
Optik	*optisch*	*Wiss. vom Licht, seiner Entstehung, Ausbreitung und Wahrnehmung*
Biologie	*biologisch*	*Wiss. von der belebten Natur (Pflanze Tier, Mensch)*
Genetik	*genetisch*	*Vererbungslehre*

3 *Generalmusikdirektor, Reggae, Sound, Akkord, Dirigent, Sonate, Etuede*

Seite 61

4 a)

Nomen	*Verb*	*Ergebnis*
Addition	*addieren*	*Summe*
Subtraktion	*subtrahieren*	*Differenz*
Multiplikation	*multiplizieren*	*Produkt*
Division	*dividieren*	*Quotient*

b) *Die Produkte ihrer mehrtägigen Projektarbeit präsentierten die Klassen am Tag der offenen Tür. Die Einnahmen aus den verschiedenen Aktionen an diesem Tag addierten sich zu einer Summe in Höhe von 800 Euro. Allerdings gab es später Differenzen zwischen verschiedenen Schülervertretern, was mit den Einnahmen zu machen sei.*

c) *Geometrie, Trapez, Quadrat, Pyramide, Symmetrie, Parallelogramm, Koordinatensystem, Tabellenkalkulation, Rechenoperation, Relation Tangente, Variable, Potenz, Parabel*

Seite 62

1 Ader, Igel, über – En-de, Au-to, Do-se – Rit-ze, Wie-se, Wes-pe – Elend, Acker, Abend – Ap-fel, Bo-xer, le-sen – Stra-ße, erns-te, Schu-he – op-fern, di-cker, nä-hern – imp-fen, rei-ßen, Kat-zen

2 Haupt-stadt, Haupt-städ-te, Haupt-weg, Haupt-we-ge, Haupt-teil, Haupt-tei-le, Rück-sicht, Rück-sich-ten, Rück-weg, Rück-we-ge

Seite 63 – Teste dich!

1 a) -logie, -ion, -iv, -ieren, -ik, -ie — 6
b) + c) — b) 18 c) 18
-logie: Psy|cho|lo|gie, Ter|mi|no|lo|gie, Ar|chäo|lo|gie
-ion: Lek|ti|on, Sta|ti|on, Re|vo|lu|ti|on
-iv: in|for|ma|tiv, ob|jek|tiv, ar|gu|men|ta|tiv
-ieren: stu|die|ren, mar|schie|ren, gar|nie|ren
-ik: Sta|tik, Gram|ma|tik, Rhe|to|rik, Fan|tas|tik
-ie: Che|mie, Fo|to|gra|fie, In|dus|trie

2 Klas-sen-ar-beits-no-ten-spie-gel, The-ater-ar-beits-ge-mein-schafts-ge-ne-ral-pro-be, Fuß-ball-welt-meis-ter-schafts-über-tra-gungs-zen-trum — 3

erreichbare Punkte: 45

Seite 64

1 b) + c) **Wörter mit zwei oder mehr verschiedenen Konsonanten nach betontem kurzem Vokal:** ich, verfilzt, und, ist, Waschpulver, gründlich, schrumpelt
Wörter mit „ch" nach betontem kurzem Vokal: ich, doch, gedacht, macht, sich
Wörter mit „sch" nach betontem kurzem Vokal: gewaschen, Waschwanne, Waschpulver, gewaschen
Sonderformen tz/ck: verschmutzt, trocknen, jetzt
Wörter mit verdoppeltem Konsonanten nach betontem kurzem Vokal: Schatten, all, Waschwanne, reingeschüttet, Sonne, lassen, hätte, dass

Seite 65

2 Stofffetzen, Mettwurst, Zifferblatt, Balletttänzer, Schlussstrich, Schutttransporter, Müllsack, Kompottschüssel, Sauerstoffflasche

3 Klassenarbeit, Vanessa, mürrisch, ganzen, Nachmittag, geackert, soll, Dutzend, Eselsbrücken, gilt, kann, wenn, Bammel, isst, mitten, Stunde, Butterbrot, schmatzt, trommelnde, will, schnell, Schluck, Geräuschkulisse, platzt, Neumann, fast, rollt, knurrt, Interessen, entgegenkommt

4

M	O	K	K	A				
A	K	K	U	S	A	T	I	V
K	A	K	E	R	L	A	K	E
K	O	L	L	E	K	T	I	V
A	K	K	O	R	D	E	O	N
R	E	K	O	R	D			
O	K	T	O	B	E	R		
N	E	K	T	A	R	I	N	E
I	N	T	A	K	T			

Seite 66

1 **hl:** kahl, wählen, besohlen, Frühling, kühl, Fohlen, befehlen, Kehle
hm: Rahm, zähmen, rühmen, Rahmen
hn: Hühner, Fahne, Lohn, Mohn, Zahn
hr: ausführlich, Gefährte, bohren, Zufuhr
langer Vokal: Gelegenheit, Tun, überlegen, Ebene, Puderdose, Minute, Menü, Kajüte, Besuch, Betrug, planen

Seite 67

2 Schokolade, Kokosfett, rühren, mehrere, Bananen, schälen, nehme, Porzellanschüssel, Bananengeschmack, Schneebesen, sahnige, Creme, rühren, lagenweise, Schokoladensoße, Glasschalen

3

Verben/ Adjektive	Nomen	Verben/ Adjektive	Nomen
wahr	die Wahrheit	strahlen	die Strahlung
einführen	die Einführung	vermählen	die Vermählung
zahm	die Zähmung	kühlen	die Kühlung
verjähren	die Verjährung	sehnen	die Sehnsucht
sühnen	die Sühne	wähnen	der Wahn
rühren	die Rührung	hohl	die Höhle
erfahren	die Erfahrung	fühlen	das Gefühl
wählen	die Wahl	belohnen	die Belohnung
sahnig	die Sahne	fahren	die Fahrt
kühl	die Kühle	früh	die Frühe
wühlen	das Gewühl	nähen	die Naht
rühmen	der Ruhm	erzählen	die Erzählung
mehlig	das Mehl	befehlen	der Befehl

Seite 68

4 Ohne Moos nix los.
Der Vergleich der beiden Personen ist an den Haaren herbeigezogen.
Die beiden Kinder wurden später ein verliebtes Pärchen.
Die Welt ist klein, wir sitzen alle in einem Boot.
Die Zuschauer lobten die Theateraufführung über den grünen Klee.
In der nächsten Woche ist der Inhalt der Zeitung längst Schnee von gestern.
Alle Flüsse fließen ins Meer.
Er legte jedes Wort auf die Goldwaage.

5 Segelboot, Mittelmeer, Maat, Mahl, bot, zögernd, Kaffee, Bohnen, mahlen, mehr, leer, wahr, Kapitän, quer, Speisesaal, zweimal, Tee, viermal, Beerensaft, Lehre, Maat, nehme, dreimal, mehr, Ware

Seite 69

1 ZIEREN → ZIEHEN → ZIELEN → SCHIELEN
SCHIEBEN → LIEBEN → LIEGEN → BIEGEN
WIEGEN → SIEGEN → STIEGEN → STIEREN

2

	Nomen	Verb
Tonkunst	die Musik	musizieren
Widerspruch	der Protest	protestieren
Gerichtsverhandlung	der Prozess	prozessieren
Fernsprecher	das Telefon	telefonieren

3

				P	A	N	T	O	M	I	M	E
					P	I	L	O	T			
					F	I	G	U	R			
				M	E	D	I	Z	I	N		
		V	I	O	L	I	N	E				
			K	U	S	I	N	E				
			K	L	I	N	I	K				
R	O	U	T	I	N	E						
				T	E	R	M	I	N			

Seite 70

4 *1. widerrufen; 2. widerrechtlich; 3. wiederholen; 4. Wider besseres Wissen; 5. widerspenstig; 6. widersprach, widerstrebt mir, wiederum; 7. den Widerstand, Wiederholung; 8. den Widerspruch; 9. wieder tun*

Seite 71

1 *a) Schreibe einfaches s, wenn es bei Verlängerungen stimmhaft wird.*
b) Kreis → Kreise, Fuß → Füße, Greis → Greise, Floß → Flöße, Gans → Gänse, Strauß → Sträuße, Hausschlüssel → Häuser, Grasbüschel → Gräser, Spaßvogel → Späße, Preisschild → Preise, Losverkäufer → Lose, Fußstapfen → Füße

2 ***ss:** Lassen, Schlussverkauf, muss, Wasser*
***ß:** Groß, genießen, Spaß*
***stimmloses s:** Alles, ist, preiswerter, sorglos, des, Geldes*
***stimmhaftes s:** Sie, sich, Gesundheit, sein, Sonne, sorglos*

Seite 72

3

Infinitiv	*Präsens Singular*	*Präteritum Singular*	*Nomen*
müssen	*sie muss*	*er musste*	*das Muss*
wissen	*er weiß*	*sie wusste*	*das Wissen*
schießen	*sie schießt*	*er schoss*	*der Schuss*
essen	*er isst*	*sie aß*	*das Essen*
hassen	*sie hasst*	*er hasste*	*der Hass*
gießen	*er gießt*	*sie goss*	*der Guss*
fließen	*sie fließt*	*er floss*	*der Fluss*
stoßen	*er stößt*	*sie stieß*	*der Stoß*
schließen	*sie schließt*	*er schloss*	*der Schluss*
fassen	*er fasst*	*sie fasste*	*das Fass*
erlassen	*sie erlässt*	*er erließ*	*der Erlass*

4 *fast, Samstag, Wasserkuppe, vorhergesagt, los, eisige, fast, Schleusen, durchnässt, Passhöhe, schließlich, Glücklicherweise, wusste, wies, aufriss, fahrlässig, Straßenkreuzung, organisierte, das*

Seite 73

5 ***Das (D)** ist **das (A)** nette Mädchen, in **das (R)** sich Karsten angeblich verliebt hat. Er hat mir **das (D)** jedenfalls im Vertrauen erzählt. **Das (A)** Mädchen weiß wohl schon von seinem Glück, obwohl es sich **das (D)** nicht anmerken lässt. Karsten hat auch schon ein cooles Geschenk gekauft, **das (R)** er nun voller Stolz in eine kleine Kiste eingepackt hat. **Das (A)** Geld, **das (R)** er für die kleine Überraschung benötigte, hatte er zwar nicht ganz flüssig, aber da ihm seine jüngere Schwester aushalf, ließ sich **das (D)** alles machen. Ist **das (D)** alles aufregend!*

6 *Demonstrativpronomen (D), Konjunktion (K), Relativpronomen (R)*

***Dass (K)** das möglich ist!*
*Die Schülerinnen und Schüler der Klasse 7c wollten das erste Wochenende, **das (R)** es im Mai gab, gemeinsam in der Eifel verbringen. **Dass (K)** es im Mai sein sollte, hatten sie mit ihrem Klassenlehrer, Herrn Meurer, bereits vor den Weihnachtsferien beschlossen. Dieses Mal würde das Zusammensein, **das (R)** als Selbstversorgerprojekt geplant war, vermutlich zu einer echten Herausforderung werden. Darauf deutete auch hin, **dass (K)** der Ausflug sie alle in die tiefste Eifel führen würde.*
***Dass (K)** die Planung schon so viele Überlegungen, aber auch Spaß mit sich bringen würde, **das (D)** hätte niemand vorher erwartet. Alle waren sich einig, **dass (K)** angefangen vom Einkaufen bis hin zum Spülen alles gemeinsam gemacht werden sollte. **Das (D)** würde nicht immer ohne Konflikte über die Bühne gehen. Doch alle waren sicher, **dass (K)** das gemeinsame Tun letztendlich die Klassengemeinschaft stärken würde.*
*Somit beschloss die Klasse, **dass (K)** sie das Unternehmen im nächsten Jahr gern wiederholen würde, sofern es diesmal gelänge.*

Seite 74 – Teste dich!

1 *Der Anblick eines Raben, der auf einem Baum saß, und der Geruch des Käses, den er im Schnabel hatte, erregten die Aufmerksamkeit eines Fuchses. „Wenn du ebenso schön singst, wie du aussiehst", sagte er, „dann bist du der beste Sänger, den ich je erspäht und gewittert habe." Der Fuchs hatte irgendwo gelesen – und nicht nur einmal, sondern bei den verschiedensten Dichtern –, dass ein Rabe mit Käse im Schnabel sofort den Käse fallen lässt und zu singen beginnt, wenn man seine Stimme lobt. Für diesen besonderen Fall und diesen besonderen Raben traf das jedoch nicht zu.* 22

2 *„Man nennt dich schlau, und man nennt dich verrückt", sagte der Rabe, nachdem er den Käse vorsichtig mit den Krallen seines rechten Fußes aus dem Schnabel genommen hatte. „Aber mir scheint, du bist zu allem Überfluss auch noch kurzsichtig. Singvögel tragen bunte Hüte und farbenprächtige Jacken und helle Westen, und von ihnen gehen zwölf aufs Dutzend. Ich dagegen trage Schwarz und bin absolut einmalig."* 16
„Ganz gewiss bist du einmalig", erwiderte der Fuchs, der zwar schlau, aber weder verrückt noch kurzsichtig war. „Bei näherer Betrachtung erkenne ich in dir den berühmtesten und talentiertesten aller Vögel, und ich würde dich gar zu gern von dir erzählen hören. Leider bin ich hungrig und kann mich daher nicht länger hier aufhalten."

3 „Bleib doch ein Weilchen", bat der Rabe. „Ich gebe dir auch etwas von meinem Essen ab." Damit warf er dem listigen Fuchs den Löwenanteil vom Käse zu und fing an, von sich zu erzählen. „Ich bin der Held vieler Märchen und Sagen", prahlte er, „und ich gelte als Vogel der Weisheit. Ich bin der Pionier der Luftfahrt, alle Wissenschaftler und Gelehrten wissen, dass meine Fluglinie die kürzeste Entfernung zwischen zwei Punkten ist. Zwischen beliebigen zwei Punkten", fügte er stolz hinzu. „Oh, zweifellos zwischen allen Punkten", sagte der Fuchs höflich. „Und vielen Dank für das Opfer, das du gebracht, indem du mir den Löwenanteil vermacht hast." Gesättigt lief er davon, während der hungrige Rabe einsam und verlassen auf dem Baum zurückblieb. 18

erreichbare Punkte: 56

Seite 75

1 Zeile 1/2: Name, Beruf, Lebensdaten
Zeile 3–7: Entdeckungen und Forschungen
Zeile 8–10: Beruflicher Werdegang
Zeile 11–13: Veröffentlichungen/Werke

2 a) Thema: Leben und Entdeckungen des Forschers Cassini
b) Mögliche Fragen:
1. Wann lebte Cassini?
2. Wo lebte und arbeitete er?
3. Welchen Beruf hatte er?
4. Welche Karriere machte er? / Welchen beruflichen Werdegang hatte er?
5. Welche Entdeckungen machte er?

c) Schlüsselwörter:
Cassini, 1625, 1712, französischer Astronom und Mathematiker, 1650, Professur für Mathematik und Astronomie, Universität von Bologna, geozentrischen Theorie, Sternwarte, Kometen, Rotationsdauer von Jupiter, Venus, Mars, Oberflächen der Planeten, Abplattung des Jupiters, Polkappen des Mars, 1669, König Ludwig XIV., Akademie der Wissenschaften, Paris, 1670, Direktors, Sternwarte, Iapetus, Rhea, 14 Himmelskörper, Verherrlichung, Ludwig XIV., 1675, Cassini-Teilung, 1683, Zodiakallicht, zwei weitere Saturnmonde, Dione, Tethys, 1684

Sinnabschnitte und mögliche Überschriften:
Z. 1–4: Name, Lebensdaten, Beruf
Z. 5–10: Professur in Bologna
Z. 11–14: Beobachtungen und Entdeckungen
Z. 15–20: Beruflicher Werdegang
Z. 21–33: Entdeckungen

Seite 76

3 Planeten sind große Himmelskörper, die sich auf kreisähnlichen Bahnen um die Sonne drehen.
Monde sind Himmelskörper, die sich um Planeten drehen.
Kometen sind kleine Himmelskörper, die sich auf langgestreckten Bahnen um die Sonne bewegen.

4 Ja, denn Cassini und Huygens arbeiteten zur gleichen Zeit an der Akademie der Wissenschaften in Paris (Huygens: 1666–81, Z. 9/10; Cassini: 1669–1712, Z. 2, 16).

5

Fachwort, Fremdwort	Mögliche Bedeutung im Kontext	Erklärung laut Wörterbuch
geozentrisch (Z. 7)	alle Planeten und die Sonne drehen sich um die Erde	auf die Erde als Mittelpunkt bezogen
Rotationsdauer (Z. 12)	Rotation = Drehung der Planeten	Dauer der Drehung der Planeten um die eigene Achse
Abplattung (Z. 14)	Abflachung der Planeten	im Vergleich zur Kugelform stellenweise abgeplattete Oberfläche
Zodiakallicht (Z. 28)	Licht zwischen den Planeten durch reflektierendes Sonnenlicht	pyramidenförmiger Lichtschein in der Richtung des Tierkreises

6 Möglicher Lexikonartikel:

Cassini, Giovanni Domenico: *Name*
französischer Astronom und Mathematiker *Beruf*
(1625–1712). *Lebensdaten*
Er berechnete die Rotationsdauer von Jupiter, Venus und Mars und entdeckte die Abplattung des Jupiters sowie die Polkappen des Mars. 1671/72 entdeckte er die Saturnmonde Iapetus und Rhea. 1675 beobachtete Cassini eine Lücke im Ring des Saturns, die Cassini-Teilung. Außerdem beschrieb er 1683 das Zodiakallicht. 1684 gab er die Entdeckung der Saturnmonde Dione und Tethys bekannt. *Entdeckungen*
Cassini war seit 1650 Professor für Mathematik und Astronomie in Bologna, wurde 1669 Mitglied der Französischen Akademie der Wissenschaften und übernahm 1670 die Direktion der Pariser Sternwarte. *Beruflicher Werdegang*

Seite 77

2 D

Seite 78

3 a) Mögliche Schlüsselwörter:
2004, Trennung, 1,2 Milliarden Kilometer, 14. Januar 2005, Landeflug, 18 000 km/h, enorm abgebremst, 1.400 km/h, Hitzeschild, Reibung, 180 Kilometern Höhe, 300 km/h, Sinkflug, Fallschirme, Erforschung, Atmosphäre, Temperatur, Dichte, Druck, Windstärke, Zusammensetzung der Titanatmosphäre, Bildaufnahmen, Aufprall, 18 km/h, Mondoberfläche, 350 Bilder, Rückschlüsse, Entstehung von erdähnlichen Himmelskörpern, Stickstoff, Kohlenstoffverbindungen, minus 180 Grad, Windgeschwindigkeiten von ca. 700 km/h, Erkenntnisse, Leben

b) Mögliche unbekannte Wörter:

Mission:	Auftrag, Entsendung
NASA:	**N**ational **A**eronautics and **S**pace **A**dministration (Nationale Luft- und Raumfahrtbehörde der USA)
ESA:	**E**uropean **S**pace **A**gency (europäische Weltraumbehörde)
Raumsonde:	unbemannter Flugkörper für wissenschaftliche Messungen im Weltraum

Wie du mit diesem Trainingsheft arbeiten kannst

Liebe Schülerin,
lieber Schüler,

in den neun Kapiteln dieses Trainingsheftes findest du neun Beispiele für alle Klassenarbeiten und den Kompetenztest.
Alle Kapitel enthalten schrittweise Übungen von der Themenstellung bis zur Überarbeitung des Aufsatzentwurfs und haben denselben Aufbau:

- Das eingerahmte **Thema der Klassenarbeit** eröffnet das Kapitel.
- Es folgen die **Materialien,** mit denen du arbeiten kannst; etwa ein Gedicht oder eine Geschichte, Zeitungstexte, Tabellen und Fotos.
- Im Abschnitt **A Die Aufgabe verstehen** lernst du, alle wichtigen Aspekte des Klassenarbeitsthemas zu erfassen.
- In **B Ideen sammeln** trainierst du Verfahren, gute Ideen, Materialien und Stoff zum Thema zu finden.
- In Abschnitt **C Übungen** bearbeitest du wichtige Aufgaben der Klassenarbeit.
- **D Einen Schreibplan aufstellen** zeigt dir, wie du deine Materialien, Überlegungen und Notizen in eine übersichtliche, wirkungsvolle Ordnung bringen und anschließend die vollständige Klassenarbeit schreiben kannst.
- In **E Den Textentwurf überarbeiten** trainierst du, aus einem ersten, unvollständigen Aufsatzentwurf eine möglichst vollständige Reinschrift zu machen.

Sicher hast du schon bemerkt, in welcher **Reihenfolge** du die Abschnitte der einzelnen Kapitel in diesem Trainingsheft am besten bearbeitest: Beginne mit dem Thema der Klassenarbeit und arbeite dich dann schrittweise durch die Abschnitte A–E.

Oft kannst du deine Lösungen direkt in das Trainingsheft eintragen. Manchmal reicht dafür der Platz nicht und du musst dein Heft oder ein eigenes Blatt (am besten DIN A4) verwenden. Vermerke deutlich, wozu es gehört; z. B.: zu Aufgabe 4, S. 15

Ein Wort zum beiliegenden **Lösungsheft:** Dort findest du Vorschläge und Lösungen zu den meisten Aufgaben und eine mustergültige Klassenarbeit. Selbstverständlich solltest du hier erst nachschlagen, wenn du eine eigene Lösung gefunden hast. Am besten nicht nach jeder Aufgabe, sondern erst nach jedem Abschnitt oder Unterkapitel.

Und in welcher **Reihenfolge** bearbeitest du die neun Kapitel des Trainers?
Das hängt von der Klassenarbeit ab, auf die du dich vorbereiten möchtest. Frage deine/n Deutschlehrer/in.

In Kapitel 9 kannst du zeigen, was du im 9. Schuljahr gelernt hast. Dazu wertest du einen Sachtext aus, untersuchst eine Satire und löst verschiedene Aufgaben.

Aber selbst wenn gerade keine bestimmte Klassenarbeit oder Prüfung „ansteht“: Jedes Kapitel, mit dem du übst, macht dich fit im Schreiben.

Viel Erfolg!

PS: Übersieh nicht die **Umschlagseiten** vorn und hinten: Sie enthalten wichtige Regeln, Tipps und Techniken zur erfolgreichen Bearbeitung aller Kapitel dieses Heftes.

1 Staatliche Überwachung – Eine Pro-und-Kontra-Erörterung verfassen

Aufgabenstellung

Angesichts einer wachsenden Terrorbedrohung muss der Staat auch ohne richterliche Anordnung Kommunikation am Telefon oder in E-Mails und die Nutzung des Internets überwachen, um die Sicherheit seiner Bürger gewährleisten zu können. Erörtere diese These und nimm begründet Stellung.

A Die Aufgabe verstehen

1 *Was ist bei einer Pro-und-Kontra-Erörterung zu beachten?*
a) Verbinde die folgenden Satzbausteine zu sieben vollständigen Sätzen.
Achtung: *Manchmal bilden zwei, manchmal drei Teile einen vollständigen Satz.*
b) Schreibe die fünf Aussagen unten auf, die für eine Pro-und-Kontra-Erörterung zutreffend sind.

A Die Sprache ist **B** muss am Ende deutlich erkennbar sein.
C Kontra-Argumente formulieren. **D** Die Einleitung kann mit
E zwischen Pingpong- und Sanduhr-Prinzip. **F** Meine eigene Meinung
G sehr bildhaft gehalten sein. **H** durchgängig das Präsens.
I Positionen Pro- und **J** Die Sprache sollte **K** Ich muss für beide
L Das Tempus ist **M** einem aktuellen Bezug oder einem **N** Aufbau die Wahl
O Ich habe beim **P** sachlich gehalten. **Q** Zitat beginnen.

1. ______________________________

2. ______________________________

3. ______________________________

4. ______________________________

5. ______________________________

2 *Wie sollte man bei einer Pro-und-Kontra-Erörterung vorgehen? Ordne die folgenden Arbeitsschritte, indem du sie nummerierst.*

- ☐ die Erörterung kritisch durchlesen und überarbeiten
- ☐ das Thema erschließen und eine Ideen- und Stoffsammlung anlegen
- ☐ Beispiele zu den Argumenten suchen
- ☐ die Einleitung und den Schlussteil planen
- ☐ die Erörterung schriftlich formulieren
- ☐ sich auf eine Position festlegen
- ☐ die Argumente für den Hauptteil ordnen
- ☐ Argumente für beide Seiten suchen

B Material sammeln

1 *Notiere zunächst in einer Mind-Map alle Ideen, Argumente, Beispiele und aktuellen Bezüge, die dir zu dem Thema „Überwachung durch den Staat" einfallen.*

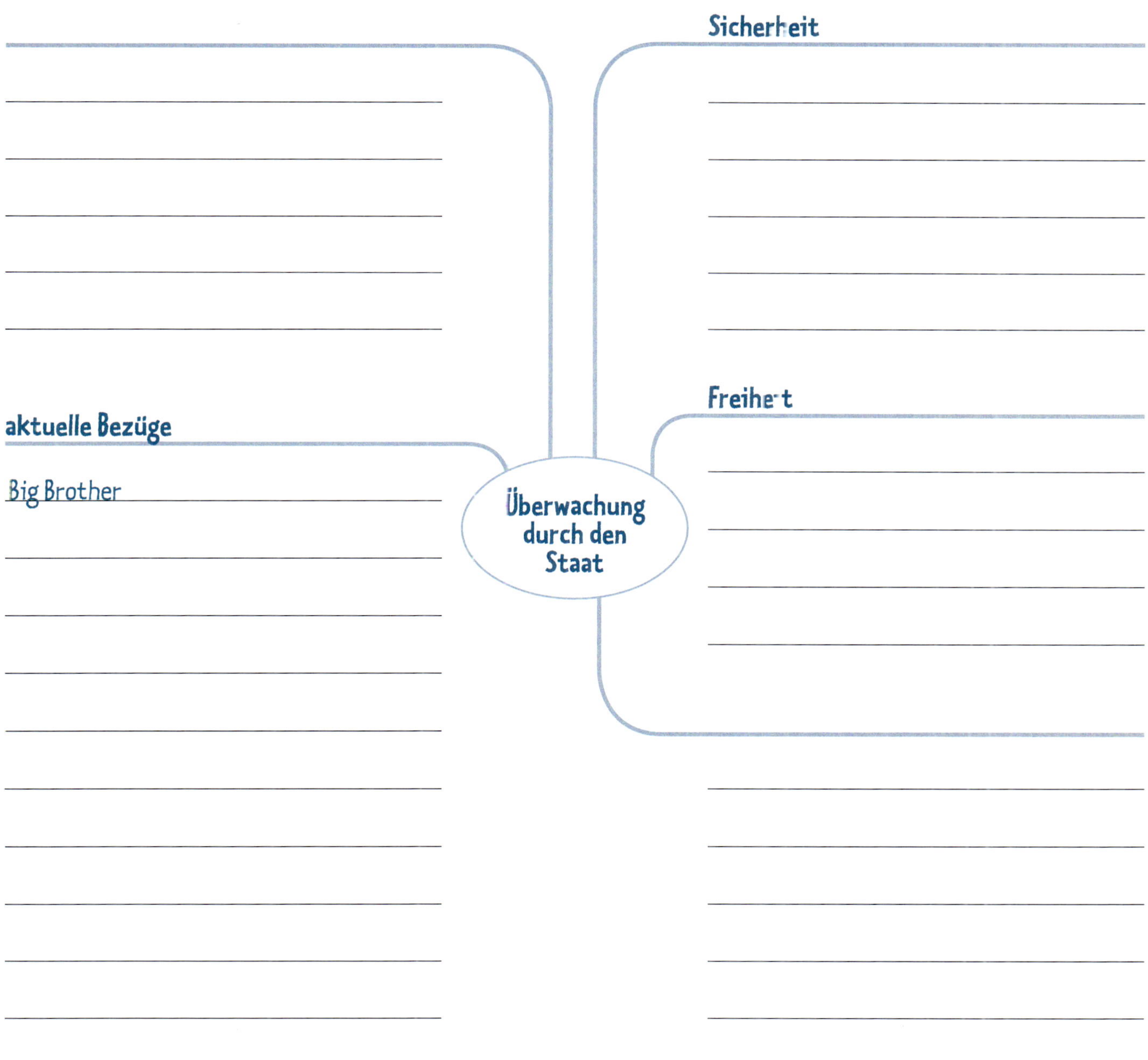

2 *In einer Klassendiskussion haben Schülerinnen und Schüler die folgenden Aussagen gesammelt, die sie teilweise im Internet oder in Zeitungen gefunden und teilweise selbst formuliert haben. Lies ihre Sammlung durch und ergänze deine Mind-Map mit den Aspekten, die du für sinnvoll erachtest.*
Vielleicht fallen dir ja anschließend auch noch weitere eigene Argumente oder Beispiele ein.

Die Aufgabe des Staates ist es, alles zu tun, um die Sicherheit der Bürger zu schützen.

Terroristen hinterlassen bei der Planung ihrer Verbrechen Spuren. Wenn diese im Internet oder auf privaten Computern abgefangen werden, können durch präventive Maßnahmen Verbrechen verhindert und so Menschenleben gerettet werden.

Schutz der Privatsphäre

Videoüberwachung an öffentlichen Plätzen ist unbedenklich, denn solange nichts vorfällt, werden die Aufnahmen nicht ausgewertet und wieder gelöscht. Auf Flughäfen geschieht das bereits jetzt ohne Probleme.

Diskussion nach Terroranschlägen

In Artikel 13 des Grundgesetzes steht, dass die Unverletzlichkeit der Wohnung garantiert ist. Das heißt, dass niemand ohne Zustimmung des Bewohners die private Wohnung betreten darf.

Wer nichts zu verbergen hat, der muss auch nichts fürchten.

Der Innenminister argumentiert, dass es für die Aufklärung oder Verhinderung von Verbrechen notwendig sei, das Private einzuschränken. Er plant „Sicherheitsgesetze", die beispielsweise das Ausspionieren von Computern ermöglichen.

Der „gläserne Bürger" muss verhindert werden, da man nie ganz sicher sein kann, wer die gesammelten Daten missbrauchen könnte.

Verbrechen werden nun einmal nicht in der Öffentlichkeit geplant. Daher muss die Privatsphäre von Verdächtigen untersucht werden dürfen.

Ein Ministerpräsident (SPD): „Was der Innenminister auf den Tisch gelegt hat, gefährdet die Balance zwischen Freiheit und Sicherheit."

Es ist nicht einzusehen, dass Fingerabdrücke auf Pässen gespeichert werden, da so alle Menschen im Voraus unter Generalverdacht gestellt werden.

Der Lehrer darf zwar abgefangene Zettelchen einsammeln, aber lesen oder gar vorlesen darf er sie nicht. Warum sollte der Staat dann das Recht haben, in viel größerem Maßstab die Korrespondenz zwischen Bürgern zu kontrollieren?

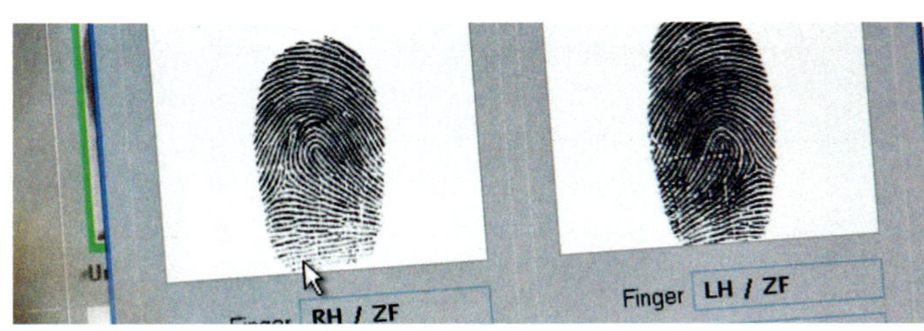

3 *Welche Meinung vertrittst du? Lege deine Haltung zum Thema „Staatliche Überwachung" in einer These dar.*

Ich vertrete die These, dass ... ____________________

____

____

C Übungen

Argumente und Beispiele formulieren

TIPP

Bei einer Argumentation reicht es nicht, jedes Argument in einem Satz abzuhandeln. Wichtig ist, dass die **Argumente zu Ende gedacht und** entsprechend **formuliert** werden. Dazu sollte man z. B.

- ☐ wichtige **Begriffe erklären** (Was heißt das genau?),
- ☐ nach den **Gründen** (Warum ist das so?) und
- ☐ nach den **Folgen** (Was folgt daraus?) fragen.

1 *Katrin argumentiert gegen staatliche Überwachung, formuliert ihr Argument aber nicht gut:*

„Die Überwachung von privater Korrespondenz ist abzulehnen, da es sich um einen Eingriff in die Privatsphäre handelt."

a) Schreibe Stichwörter zu den folgenen Fragen auf, um das Argument formulieren zu können.

☐ Was gehört alles zur Privatsphäre eines Menschen?

Private Briefe, z. B. an Freunde, ...

☐ Warum ist es wichtig, dass Privates nicht jedermann zugänglich ist?

☐ Welche Folgen – mitunter auch emotionaler Art – hat es für einen Betroffenen, wenn seine Privatsphäre nicht mehr geschützt ist?

b) Formuliere nun das Argument aus, indem du die Sätze mit Hilfe deiner Stichworte fortsetzt.

Die Überwachung privater Bereiche ist abzulehnen, da die Privatsphäre des Bürgers ...

→ Zur Privatsphäre gehören ja nicht nur relativ unwichtige E-Mails, sondern auch ...

→ Diesen Bereich zu schützen ist für den Betroffenen wichtig, da ...

→ Wenn dieser Schutz wegfiele ...

→ Daraus folgt ...

Gegenargumente formulieren

2 *Hier siehst du zwei Argumente für die staatliche Überwachung. Ergänze zu jedem Argument ein Gegenargument mit Beispielen.*
Tipp: *Markiere jeweils die wichtigsten Aspekte der Pro-Argumente, um dir zu verdeutlichen, worauf du im Gegenargument eingehen solltest.*

TIPP

Wenn zwei Argumente einander gegenübergestellt werden, ist es wichtig, dass
- sie sich auch inhaltlich aufeinander beziehen, also im Gegenargument die wichtigsten Aspekte des Pro-Arguments entkräftet werden, und dass
- die Kontrastierung sprachlich deutlich gemacht wird, z. B. durch Formulierungen wie: *Auch wenn … muss gesehen werden, dass … Auf der anderen Seite ist zu bedenken, dass … Dem kann gegenübergestellt werden, dass …*

Pro	Kontra
Zum einen hat es das Internet heute Kriminellen leicht gemacht, sich in Sekunden zu verständigen, sich zu koordinieren und Pläne notfalls zu ändern. Unsere Sicherheitskräfte müssen das Recht haben, eben die technischen Mittel, die Terroristen nutzen, zu überwachen, um genauso rasch eingreifen zu können, wie die Pläne sich ändern. Wenn für jede Überwachung ein neuer Antrag beim Richter benötigt wird, dann sind die geplanten Verbrechen, die es zu verhindern gilt, längst ausgeführt.	→ Auch wenn …
Es muss auch gesehen werden, dass die Sicherheit von Tausenden von Menschen im Zweifelsfall immer höher zu gewichten ist als das Recht auf Privatsphäre des Einzelnen. Wenn er nichts zu verbergen hat, dann hat er auch nichts zu befürchten. Was sollte die Polizei bei der Überwachung eines unbescholtenen Bürgers entdecken außer ein paar E-Mails an seine Kollegen mit der Bitte, ihm zum Geburtstag kein Ständchen zu singen, oder der Aufforderung, pünktlich zu sein? Zudem fehlt es der Polizei an Zeit, privaten Vorlieben nachzugehen.	→ Andererseits gilt es zu bedenken, dass …

Argumente gewichten

3 *Verdeutliche jeweils die Wichtigkeit der zwei gegenüberstehenden Argumente. Die Formulierungsbausteine aus dem Wortspeicher helfen dir dabei.*

TIPP
Ob du mit einem Argument wirklich überzeugen willst oder ob du es nur nennst, um es bald wieder zu entkräften, kannst du auch durch die **sprachliche Gewichtung** kenntlich machen.

Wortspeicher

Absolut ausschlaggebend ist aber ...
Andererseits ist es so, dass ...
Ein weiteres Argument für...
Man darf nicht unbeachtet lassen, dass ...
Noch bedeutsamer ist ...
Zu erwähnen wäre außerdem ...
Allerdings muss man auch die andere Seite zur Sprache bringen ...

Zwar stimmt es, dass ..., aber ...
Allerdings gilt es zu bedenken, dass ...
Des Weiteren ...
Entscheidend aber ist ...
Weniger wichtig ist ...
Man muss auch sehen, dass ...
Zunächst kann angeführt werden, dass ...
Auch wenn ..., muss gesehen werden, dass ...

a) Zeige **überzeugend:**
Der „gläserne Mensch“ muss verhindert werden.

↔

Stelle als **weniger überzeugend** gegenüber:
„Unbescholtene“ Bürger haben nichts zu befürchten.

→ **Vor allem muss gesehen werden,** dass der „gläserne Mensch“, also der vollständig überwachte Mensch, auf jeden Fall zu verhindern ist. **Dagegen kann auch nicht eingewendet werden,** dass der unbescholtene Bürger nichts zu befürchten habe, denn gerade die Tatsache, dass unschuldige Bürger wie Verdachtspersonen behandelt werden, ist ja ein zentraler Kritikpunkt.

b) Stelle als **weniger wichtig** dar:
Man kann nicht kontrollieren, in wessen Hände die Daten gelangen und ob sie missbraucht werden.

↔

Präsentiere demgegenüber **sehr überzeugend:**
Videoüberwachung an öffentlichen Plätzen ist unbedenklich, da die Aufnahmen gelöscht werden, wenn nichts vorfällt.

____

____

____

____

c) Formuliere **recht aussagekräftig:**
Die Unverletzlichkeit der Wohnung ist gesetzlich garantiert.

↔

Stelle als **noch wichtiger** dar:
Die Privatsphäre ist ein hohes Gut, das es zu schützen gilt.

____

____

____

____

D Einen Schreibplan erstellen

1 *Hier siehst du die beiden Aufbauprinzipien für eine Pro-und-Kontra-Erörterung. Überlege, welche Vor- und Nachteile sie deiner Meinung nach jeweils haben.*

„Sanduhr-Prinzip“

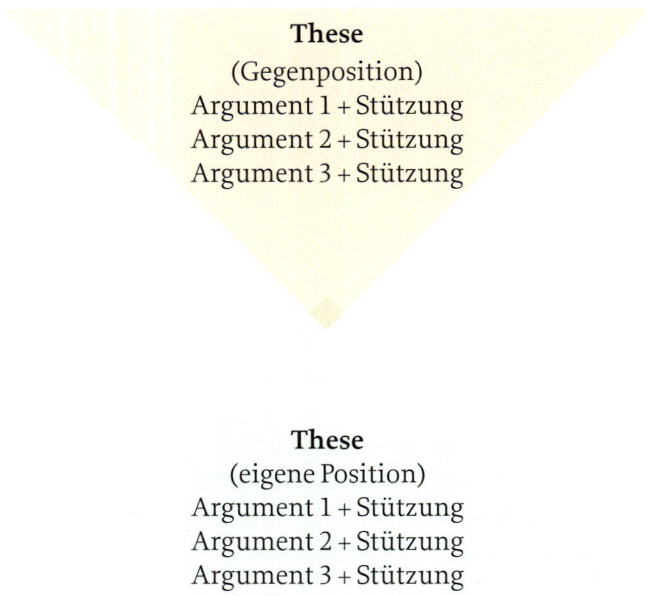

„Pingpong-Prinzip“

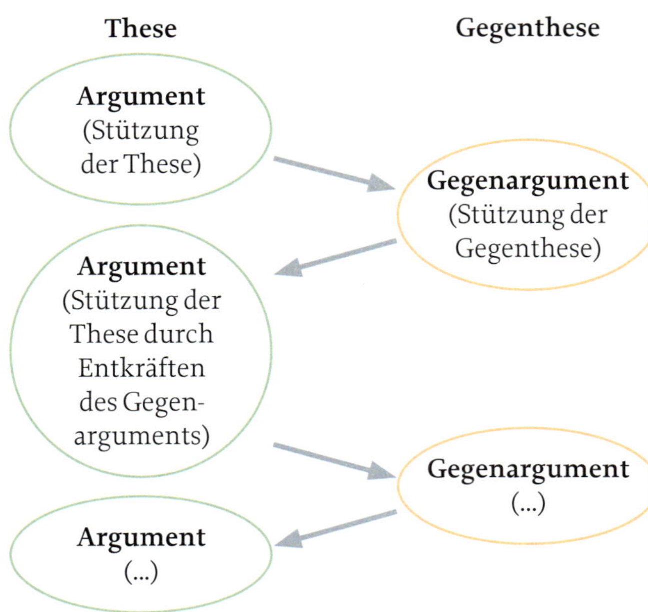

2 *Schau dir noch einmal deine Stoffsammlung zum Thema „Staatliche Überwachung“ von Seite 5 an. Welches Prinzip scheint dir für deine Erörterung geeigneter? Begründe deine Wahl in einem Satz.*

3 *Ordne je vier bis fünf Argumente und Beispiele in zwei Spalten an. Greife dazu auf deine Sammlung von Seite 5 zurück. Wenn du dich für das Pingpong-Prinzip entschieden hast, dann stelle jedem Argument das passende Gegenargument gegenüber. Baust du den Hauptteil nach dem Sanduhr-Prinzip auf, dann achte vor allem auf die gewichtende Anordnung der Argumente.*
Versichere dich, dass die von dir festgelegte Anordnung der Argumente mit deiner Position übereinstimmt.

Pro – Staatliche Überwachung	Kontra – Staatliche Überwachung

Einleitung und Schluss planen

4 *Welche der von dir gesammelten Aspekte aus der Ideensammlung (Seite 10) eignen sich für die Einleitung? Notiere diese stichwortartig.*

TIPP

Die **Einleitung** soll den Leser zum Weiterlesen anregen, das heißt zum einen
- **das Interesse wecken** (z. B. durch den Bezug auf ein aktuelles Ereignis, eine Diskussion oder ein pfiffiges Zitat), aber auch
- **zum Thema hinführen** (die Themafrage stellen und schwierige oder nicht eindeutige Begriffe erläutern).

5 *Notiere für den Schlussteil in Stichworten*
- *deine eigene Meinung und*
- *einen Aspekt aus der Einleitung, den du abschließend noch einmal aufgreifen könntest.*

TIPP

Im **Schluss** fasst du die Hauptargumente noch einmal zusammen und stellst deine **eigene Meinung,** die aus der Argumentation im Hauptteil hervorgeht, dar.
Außerdem **rundest** du **den Gedankengang ab.** Dies wirkt besonders gelungen und schlüssig, wenn du noch einmal auf einen in der Einleitung genannten Punkt zurückgreifst.

6 *Schreibe eine vollständige Pro-und-Kontra-Erörterung zu dem Thema „Staatliche Überwachung" in dein Heft.*

E Den eigenen Text überarbeiten

1 *Überarbeite deinen Text nach einer kurzen Pause mit Hilfe der folgenden Checkliste.*

☑ Checkliste: „Pro-und-Kontra-Erörterung"

ja	nein	Aufbau
☐	☐	Ich habe meine Erörterung klar in Einleitung, Hauptteil und Schlussteil gegliedert.
☐	☐	Die Einleitung führt zum Thema hin und weckt das Interesse der Leserinnen und Leser.
☐	☐	Im Schluss habe ich die Hauptargumente noch einmal zusammengefasst, meine Meinung genannt und den Gedankengang abgerundet.
		Meine Vorgehensweise im Hauptteil
☐	☐	Die Argumente sind alle gründlich durchdacht und auch sprachlich bis zu Ende ausformuliert.
☐	☐	Ich habe die Argumente schlüssig angeordnet, entweder nach dem Sanduhr- oder nach dem Pingpong-Prinzip. Die Gewichtung der Argumente habe ich auch sprachlich deutlich gemacht.
☐	☐	Die Argumente und Beispiele sind logisch und sprachlich flüssig miteinander verbunden.
☐	☐	Die Gewichtung der Argumente lässt meine Haltung zum Thema erkennen.
		Sprachlich-formale Aspekte
☐	☐	Die Sprache ist sachlich, ich habe keine umgangssprachlichen Ausdrücke verwendet.
☐	☐	Im Hauptteil habe ich die gedankliche Gliederung durch Absätze optisch deutlich gemacht.
☐	☐	Ich habe abschließend die Rechtschreibung und die Zeichensetzung kontrolliert.

2 *Margaret Mitchell:* Vom Winde verweht – Eine Parodie verfassen

Aufgabenstellung

Verfasse eine Parodie zu dem Textauszug aus „Vom Winde verweht".

1 Entscheide, wie du den Originaltext parodistisch verändern willst und schreibe die Parodie.

2 Benenne die von dir eingesetzten parodistischen Mittel und begründe, mit welcher Absicht du welche parodistischen Mittel gewählt hast.

Margaret Mitchell

Vom Winde verweht (1936)

„Gone with the wind" ist der erfolgreichste Roman der US-amerikanischen Literatur. Hauptfigur des Romans ist Scarlett O'Hara, eine junge Frau irischer Abstammung, die in den Wirren des amerikanischen Bürgerkrieges das Landgut Tara ihres Vaters Gerald verteidigt und in Ashley Wilkes, einen kultivierten Pflanzer, verliebt ist.

[...] Da stand er und sah zu ihr hinauf, lachend und die verträumten grauen Augen weit geöffnet. Die Sonne schien so hell auf sein blondes Haar, dass es wie eine glänzende Silberkappe aussah. Dann hatte er gesagt: „Nun bist du also erwachsen, Scarlett", war die Stufen heraufgesprungen und hatte ihr die Hand geküsst. Ach, seine Stimme! Nie konnte sie vergessen, wie ihr Herz geklopft hatte, als hörte sie zum ersten Mal die gedehnten klangvollen Laute. In jenem ersten Augenblick hatte sie ihn begehrt, einfach und ohne alle Überlegung nach ihm verlangt, wie sie nach Speisen verlangte, nach Reitpferden und nach ihrem weichen Bett, darin zu schlafen.

Zwei Jahre lang war er in der Provinz ihr Verehrer gewesen, auf Bällen, bei Picknicks und auf Gerichtstagen, nicht so oft wie die Zwillinge Tarleton oder Cade Calvert, nicht so aufdringlich wie die Brüder Fontaine, aber immerhin war keine Woche vergangen, ohne dass Ashley auf Tara vorsprach.

Gewiss, erklärt hatte er sich ihr nie, und in seinen klaren grauen Augen war nie etwas von jener Hitze erschienen, die Scarlett so gut bei anderen Männern kannte. Und dennoch wusste sie, dass er sie liebte, sie konnte sich nicht irren. Der Instinkt, der stärker war als die Vernunft, und ein Wissen, das aus Erfahrung stammte, sagten es ihr. Zu oft war sie seinem Blick begegnet, wie er sie ansah mit einer Sehnsucht und zugleich einer Traurigkeit, die ihr rätselhaft war. Sie wusste doch, dass er sie liebte, aber warum sagte er es ihr nicht? Das konnte sie nicht begreifen, und es gab so viel an ihm, das sie nicht begreifen konnte. Er war immer höflich, aber fern und unnahbar. Nie wusste jemand, woran er dachte, und sie am allerwenigsten In einem Land, wo jeder zu sagen pflegte, was er dachte, sobald ihm ein Gedanke nur kam, konnte Ashleys Zurückhaltung sie zur Verzweiflung bringen. [...] Ach, warum sah er so gut aus und war so blond, warum so unnahbar und höflich und so aufreizend langweilig in seiner Unterhaltung über alles Mögliche, das sie nicht interessierte – und dabei doch so liebenswert! Nacht für Nacht, wenn Scarlett mit ihm im Halbdunkel auf der Veranda vor der Eingangstür gesessen hatte und dann zu Bett ging, warf sie sich stundenlang ruhelos herum und tröstete sich nur mit dem Gedanken, dass er ihr das nächste Mal einen Antrag machen würde. Aber das nächste Mal kam und ging, und es geschah nichts – nichts, als dass das Fieber in ihren Adern immer heißer wurde. Sie liebte ihn, sie begehrte ihn, und sie begriff ihn nicht. [...]

A Die Aufgabe verstehen

1 *Hast du die Aufgabe verstanden?*
a) Markiere in den Teilaufgaben die Schlüsselbegriffe der Aufgabenstellung.
b) Kreuze unten an, welche Aussagen zutreffen und welche nicht.

Ich soll	trifft zu	trifft nicht zu
a) ... den Text lesen und weiterschreiben.	☐	☐
b) ... die Darstellungsweise der Autorin erkennen und übertrieben nachahmen.	☐	☐
c) ... selbstständig entscheiden, welche Aspekte des Ausgangstextes ich parodistisch verändern möchte.	☐	☐
d) ... eine Parodie verfassen, in der die Textvorlage vollständig verändert wird	☐	☐
e) ... die Textsorte „Parodie“ erläutern.	☐	☐

2 *Kreuze an, was du bei dieser Klassenarbeit beachten musst. Achtung: Nur fünf Aussagen sind richtig!*

	richtig	falsch
a) Ich lese den Text gewissenhaft und markiere Textpassagen, die sich für eine parodistische Veränderung eignen.	☐	☐
b) Ich bemühe mich, den Originaltext so gering wie möglich zu verändern.	☐	☐
c) Durch Ähnlichkeiten beim Titel und Textanfang kann ich die Wiedererkennbarkeit des Originals gewährleisten.	☐	☐
d) Im Hauptteil habe ich viele Freiheiten, vom Original abzuweichen.	☐	☐
e) Die Hauptfiguren sollten wegen der parodistischen Bearbeitung neue Namen bekommen.	☐	☐
f) Meine Parodie sollte einen originellen, unterhaltsamen Charakter haben. Deshalb verwende ich die Stilmittel der Ironie, des Klischees und der Verzerrung der Realität.	☐	☐
g) Der Schluss sollte sich deutlich von der Vorlage unterscheiden.	☐	☐
h) Wesentliche Aspekte des Ausgangstextes müssen beibehalten werden, damit der Leser das Original erkennen kann.	☐	☐
i) In die Parodie gehören übersteigerte Phrasen ebenso wie Vergleiche und Metaphern.	☐	☐

B Erstes Textverständnis/Vorwissen aktivieren

1 *Auf welches Vorwissen über die Textsorte kannst du zurückgreifen? Streiche unter den unten abgedruckten Aussagen jene durch, die falsch sind.*

Eine Parodie nutzt Ironie (Verfremdung, Über- und Untertreibung) als Gestaltungsmittel.

Als Parodie bezeichnet man einen Text, der sich inhaltlich und stilistisch erkennbar auf einen anderen Text bezieht.

In der Parodie sollten einige Aspekte des Bezugstextes als Erkennungszeichen beibehalten werden.

In einer Parodie wird eine Textvorlage sachlich kritisiert, ähnlich wie in der Literaturkritik.

Als Parodie bezeichnet man eine nicht gelungene Interpretation einer Textvorlage.

Wenn eine (oft sehr populäre) Vorlage lächerlich gemacht wird, spricht man von einer Parodie.

2 *Mache dir zunächst klar, um welche Textart (z. B. Abenteuerroman, Fantasy-Roman, ...) es sich beim Ausgangstext handelt. Denn typische Textartmerkmale lassen sich leicht parodieren. Kreuze die falsche Antwort an. Bei dem Textauszug handelt es sich um ...*

TIPP
- trivial: bekannt, banal, abgedroschen
- Klischee: Abklatsch, einfallslose Nachahmung

a) ☐ einen populären Roman aus der Epoche der Romantik (19. Jahrhundert).

b) ☐ Trivialliteratur, d. h. „leichte Kost", die viele Leser findet.

c) ☐ eine typische Liebesgeschichte, wie jede andere auch.

d) ☐ eine kitschige Romanze voller abgedroschener Klischees.

3 *Damit für den Leser erkennbar bleibt, welchen Text die Parodie lächerlich macht, müssen einige wesentliche Aspekte des Ausgangstextes* ***beibehalten*** *(b), andere dagegen konsequent parodistisch* ***verändert*** *(v) werden. So hat der Leser den Ausgangstext immer vor Augen und nimmt zugleich die parodistischen Veränderungen wahr.*

a) Kreuze in den mittleren Spalten der Tabelle auf S. 15 an, welche Aspekte des Ausgangstextes du unverändert übernehmen und welche Aspekte du parodieren möchtest.

b) Wie willst du die einzelnen Aspekte parodistisch verändern? Notiere die Eingriffe in der Spalte ganz rechts. Achte insgesamt darauf, dass der Bezug zum Ausgangstext nicht völlig verloren geht.

TIPP
Sprachliche und inhaltliche Merkmale des Bezugstextes parodiert man durch
- **Untertreibung** (z. B. in Beschreibungen),
- **Übertreibungen** (z. B. bei Verhaltensweisen von Figuren),
- **Verfremdung** (z. B. durch Wahl einer unpassenden Stilebene oder durch eine unangemessene Bildlichkeit).

Benenne Aspekte des Ausgangstextes	unverändert übernehmen	b	v	parodistisch verwandeln (wie?)
Was sind **Ort und Zeit** des Geschehens?	das Landhaus Tara in den Jahren des Amerikanischen Bürgerkriegs	x	☐	ohne
Aus welcher **Erzählperspektive** wird erzählt?		☐	☐	
Was ist der **Handlungskern** des Textauszuges?		☐	☐	
Wie stehen die Figuren zueinander **(Figurenkonstellation)**?		☐	☐	
Wie wird die **Hauptfigur** (Scarlett) charakterisiert?		☐	☐	
Wie werden **weitere Figuren** charakterisiert (z. B. Ashley)?		☐	☐	
Welche **sprachlichen Besonderheiten** fallen im Text auf?		☐	☐	
Welche **Bilder** (Vergleiche, Metaphern) werden verwendet?		☐	☐	

4 *Notiere in den folgenden Leerzeilen weitere Aspekte des Textes, die sich deiner Meinung nach für eine parodistische Veränderung eignen.*

Aspekte des Ausgangstextes	parodistische Verwandlung

C Übungen

Textsortenmerkmale parodieren

1 *Nicht immer musst du Liebesromane parodieren. Bestimmte Textsorten haben so prägnante Merkmale, dass man sie sofort (wieder-)erkennt. Welche der folgenden Textsorten lassen sich parodistisch verfremden?*

a) ☐ Leserbriefe
b) ☐ gereimte Gedichte
c) ☐ Lieder, die jeder kennt
d) ☐ historische Romane
e) ☐ Todesanzeigen
f) ☐ Steckbriefe
g) ☐ Werbetexte
h) ☐ Kontaktanzeigen

Sprache und Stil parodieren

2 *Ein zentrales Merkmal von Trivialliteratur sind gängige Klischees, d.h., in Beschreibungen werden bestimmte Adjektive verwendet. Dieses Erkennungszeichen lässt sich in Parodien verstärken, indem man klischeehafte Adjektive übertreibt oder gehäuft verwendet.*
a) Unterstreiche in der Textvorlage alle Adjektive, die sich in der Parodie treffend steigern lassen.
b) Ergänze die folgende Sammlung:

TIPP
Adjektive **kreativ steigern** (heiß ▷ heißer ...), d. h. in ihrer Bedeutung übertrieben verstärken:
- ☐ brüllend heiß
- ☐ glühend heiß
- ☐ heiß wie ein Vulkan
- ☐ ...

A Haut: seidig zart, ______

______

B Gesicht: zuckersüß, ______

______

C Augen: rehbraun, ______

______

D Blick: glühend, ______

______

E Temperament: feurig, ______

______

F Umarmung: innig, ______

______

3 *Auch Gefühle werden in trivialen Texten oft mit „abgedroschenen Phrasen" beschrieben. Wichtig sind hier Verben und Nomen.*
a) Kennzeichne im Text Passagen, in denen Gefühle der Figuren beschrieben werden.
b) Ergänze die folgende Aufstellung so, dass Phrasen entstehen.

Widerstreitende Gefühle tobten in seiner Brust.

Sein Lachen ...

Seine Stimme ...

Es bricht ihr ...

Das Blut ...

Vor Sehnsucht ...

4 *Vermutlich ist dir schon aufgefallen, dass sprachliche Bilder in Parodien eine große Rolle spielen. Auch kitschige Metaphern und Vergleiche lassen sich gut parodieren. Ergänze die Aufstellung.*

Ihre Augen funkelten wie Diamanten, wenn sich das Kerzenlicht in ihnen brach.

Sein Blick durchfuhr ihren Körper wie ...

Die Glut des Augenblicks ...

Vor Erleichterung und Freude ...

In ohnmächtiger Wut ...

5 *Prüfe, ob und wo du Teile dieser Materialsammlung im Ausgangstext einfügen kannst. Kennzeichne die entsprechenden Stellen am Rand der Textvorlage auf S. 12 f.*

D Einen Schreibplan erstellen

1 *Nummeriere die folgenden Arbeitsschritte in einer sinnvollen Reihenfolge.*

Ich muss ...

a) ☐ festlegen, welche Aspekte des Textes unverändert beibehalten werden.

b) ☐ die Darstellungsweise der Autorin erkennen und übertrieben imitieren.

c) 1 erkennen, wie die Figuren zueinander stehen (Figurenkonstellation).

d) ☐ festlegen, welche Aspekte des Ausgangstextes ich parodieren möchte.

e) ☐ bestimmen, wie ich den Ausgangstext verändern möchte, d. h. welche parodistischen Mittel genutzt werden sollen.

f) ☐ die Situation erschließen, in der sich die handelnden Figuren befinden.

g) ☐ die Einstellungen, Beweggründe und Ziele der Figuren aus dem Text ableiten.

2 *Die Tabelle auf den Seiten 14 f. kann dir als Ideensammlung für deine Parodie dienen. Überlege, bevor du die Parodie verfasst, welche Absicht du mit deinen Texteingriffen verfolgst.*
Hilfe erhältst du, wenn du im folgenden Lückentext die Wörter aus dem Wortspeicher sinnvoll einsetzt.

Wortspeicher
lächerlich
Emotionalität
Parodie
identifizieren
zum Schmunzeln

Meine ______________________ soll die bereits im Ausgangstext erkennbare übersteigerte ______________________ der Hauptfigur Scarlett noch einmal verstärken und den Leser so ______________________ bringen. Während man sich im Ausgangstext möglicherweise noch mit der Figur ______________________ kann, weil ihre Gefühle als unglücklich Verliebte nachvollziehbar sind, soll es nun ______________________ wirken.

3 *Prüfe, ob die geplanten Texteingriffe wirklich zu dem gewünschten Ziel führen. Wähle dazu einen Absatz im Ausgangstext aus und überarbeite ihn, wie in deiner Tabelle vorgesehen (im Heft). Beschreibe und begründe die parodistischen Mittel, die du an dieser Stelle verwendest.*

Meine Parodie basiert hauptsächlich auf ...

Weitere parodistische Mittel, die ich verwende, sind ...

4 *Überprüfe für zwei weitere Textabschnitte, ob die parodistischen Mittel, die du dort einsetzt, dieselbe beabsichtigte Wirkung haben. Notiere die Ergebnisse in deinem Heft. Im Zweifelsfall gilt: Weniger ist mehr. Beschränke dich auf einige plakative, aufeinander abgestimmte Mittel und lege sie in deiner Tabelle fest.*

5 *Verfasse nun mit Hilfe aller deiner Vorarbeiten eine Parodie auf den Textauszug aus „Vom Winde verweht".*

E Den eigenen Text überarbeiten

1 *Anhand der folgenden Checkliste kannst du überprüfen, ob du beim Verfassen deiner Parodie an alle wichtigen Aspekte gedacht hast.*

☑ Checkliste: „Eine Parodie verfassen"

ja	nein	
☐	☐	Folgen deine parodistischen Mittel einem einheitlichen Konzept?
☐	☐	Hast du benannt, welche Aspekte du mit der Parodie verfolgst?
☐	☐	Sind die parodistischen Veränderungen in Bezug auf den Ausgangstext deutlich genug?
☐	☐	Erläuterst du, was du durch die Verwendung der parodistischen Mittel bewirken willst?
☐	☐	Kann der Leser/die Leserin den Ausgangstext trotzdem noch erkennen?
☐	☐	Hast du beim Durchlesen auf Rechtschreibfehler und Zeichensetzung geachtet?

3 *Wolfgang Borchert:* Die Kirschen – Einen inneren Monolog gestalten

Aufgabenstellung

Versetze dich in die Rolle des Jungen in Wolfgang Borcherts Kurzgeschichte „Die Kirschen".

1 Gestalte in einem inneren Monolog die Empfindungen und Gedanken, die der Junge am Ende des Textes hat, als er den Kopf unter die Decke steckt (Z. 51–53).

2 Begründe die Haltung, die du den Jungen in dem inneren Monolog einnehmen lässt. Weise dabei nach, dass der innere Monolog sich sprachlich und inhaltlich schlüssig aus der Kurzgeschichte ergibt.

Wolfgang Borchert

Die Kirschen (1945)

Nebenan klirrte ein Glas. Jetzt isst er die Kirschen auf, die für mich sind, dachte er. Dabei habe ich das Fieber. Sie hat die Kirschen extra vors Fenster gestellt, damit sie ganz kalt sind. Jetzt hat er das Glas hingeschmissen. Und ich hab das Fieber.

Der Kranke stand auf. Er schob sich die Wand entlang. Dann sah er durch die Tür, dass sein Vater auf der Erde saß. Er hatte die ganze Hand voll Kirschsaft.

Alles voll Kirschen, dachte der Kranke, alles voll Kirschen. Dabei sollte ich sie essen. Ich hab doch das Fieber. Er hat die ganze Hand voll Kirschsaft. Die waren sicher schön kalt. Sie hat sie doch extra vors Fenster gestellt für das Fieber. Und er isst mir die ganzen Kirschen auf. Jetzt sitzt er auf der Erde und hat die ganze Hand davon voll. Und ich hab das Fieber. Und er hat den kalten Kirschsaft auf der Hand. Den schönen kalten Kirschsaft. Er war bestimmt ganz kalt. Er stand doch extra vorm Fenster. Für das Fieber. Er hielt sich am Türdrücker. Als der quietschte, sah der Vater auf.

Junge, du musst doch zu Bett. Mit dem Fieber, Junge. Du musst sofort zu Bett.

Alles voll Kirschen, flüsterte der Kranke. Er sah auf die Hand. Alles voll Kirschen.

Du musst sofort zu Bett, Junge. Der Vater versuchte aufzustehen und verzog das Gesicht. Es tropfte von seiner Hand.

Alles Kirschen, flüsterte der Kranke. Alles meine Kirschen. Waren sie kalt?, fragte er laut. Ja? Sie waren doch sicher schön kalt, wie? Sie hat sie doch extra vors Fenster gestellt, damit sie ganz kalt sind. Damit sie ganz kalt sind.

Der Vater sah ihn hilflos von unten an. Er lächelte etwas. Ich komme nicht wieder hoch, lächelte er und verzog das Gesicht. Das ist doch zu dumm, ich komme buchstäblich nicht wieder hoch.

Der Kranke hielt sich an der Tür. Die bewegte sich leise hin und her von seinem Schwanken. Waren sie schön kalt? flüsterte er, ja?

Ich bin nämlich hingefallen, sagte der Vater. Aber es ist wohl nur der Schreck. Ich bin ganz lahm, lächelte er. Das kommt von dem Schreck.

Es geht gleich wieder. Dann bring ich dich zu Bett. Du musst ganz schnell zu Bett.

Der Kranke sah auf die Hand.

Ach, das ist nicht so schlimm. Das ist nur ein kleiner Schnitt. Das hört gleich auf. Das kommt von der Tasse, winkte der Vater ab. Er sah hoch und verzog das Gesicht. Hoffentlich schimpft sie nicht. Sie mochte gerade diese Tasse so gern. Jetzt hab ich sie kaputt gemacht. Ausgerechnet diese Tasse, die sie so gern mochte. Ich wollte sie ausspülen, da bin ich ausgerutscht. Ich wollte sie nur ein bisschen kalt ausspülen und deine Kirschen da hineintun. Aus dem Glas trinkt es sich so schlecht im Bett. Das weiß ich noch. Daraus trinkt es sich ganz schlecht im Bett.

Der Kranke sah auf die Hand. Die Kirschen, flüsterte er, meine Kirschen?

Der Vater versuchte noch einmal, hochzukommen. Die bring ich dir gleich, sagte er. Gleich, Junge. Geh schnell zu Bett mit deinem Fieber. Ich bring sie dir gleich. Sie stehen noch vorm Fenster, damit sie schön kalt sind. Ich bring sie dir sofort.

Der Kranke schob sich an der Wand zurück zu seinem Bett. Als der Vater mit den Kirschen kam, hatte er den Kopf tief unter die Decke gesteckt.

A Die Aufgabe verstehen

1 *Zunächst solltest du dir klarmachen, was beim Verfassen eines inneren Monologs von dir verlangt wird.*
a) Achte auf die Schlüsselbegriffe in der Aufgabenstellung auf S. 20 und markiere sie.
b) Lies dir die folgenden Vorschläge durch und kreuze jeweils an, ob die Aussagen richtig oder falsch sind.

Du sollst ...	richtig	falsch
a) einen Brief aus der Sicht des Jungen an den Vater verfassen.	☐	☐
b) das Gespräch zwischen Vater und Sohn fortsetzen.	☐	☐
c) das offene Ende des Textes durch einen inneren Monolog fortsetzen.	☐	☐
d) die Situation aus der Perspektive des Vaters wiedergegeben.	☐	☐
e) aus Sicht des Jungen einen Tagebucheintrag formulieren.	☐	☐
f) die Gefühle und Gedanken des Jungen am Textende wiedergeben.	☐	☐
g) ein Zwiegespräch des Jungen mit seiner Mutter verfassen.	☐	☐

2 *Die Textsorte, um die es hier geht, legt dich auf besondere Textmerkmale fest.*
Welche Aussage ist richtig?

Ein innerer Monolog ...

a) ☐ ... steht in der Ich-Form.

b) ☐ ... steht in der Er-Form.

c) ☐ ... nutzt beide Formen.

3 *Für die Zeichensetzung im inneren Monolog ist zu beachten, dass ...*	richtig	falsch
a) Gedanken in Anführungsstriche gesetzt werden müssen.	☐	☐
b) der gesamte Text ohne Anführungszeichen geschrieben wird.	☐	☐
c) der Text insgesamt in Anführungszeichen gesetzt wird.	☐	☐

B Erstes Textverständnis/Ideen sammeln

Die Situation klären

1 *Hast du die Kurzgeschichte genau und aufmerksam gelesen? Kreuze an.*

	richtig	falsch
a) Dem Vater ist ein Glas mit Kirschen heruntergefallen.	☐	☐
b) Der Junge hat Fieber und freut sich auf die kalten Kirschen.	☐	☐
c) Das Glas mit den kalten Kirschen ist verschwunden.	☐	☐
d) Der Vater wollte nur das Beste für seinen kranken Jungen.	☐	☐
e) Der Junge sieht vor Heißhunger überall nur Kirschsaft.	☐	☐

Anknüpfungspunkte finden

2 *Welche äußeren Gegebenheiten (Raum, Gegenstände, Tageszeit etc.) werden genannt, an die du in deinem Text anknüpfen kannst? Markiere sie im Text farbig und notiere sie hier:*

Raum: ____________________

____

Gegenstände: ____________________

____

Tageszeit: ____________________

____

Die Perspektive verstehen

3 *Versetze dich in die Situation des kranken Jungen.*
- *a) Was nimmt er wahr? Lies im Text nach. Notiere seine Wahrnehmungen in der linken Tabellenspalte.*
- *b) Schreibe in die mittlere Spalte Belege, die für oder gegen die Wahrnehmung des Jungen sprechen (mit Zeilenangabe). Markiere anschließend in Spalte 1 richtige Deutungen der Wahrnehmungen mit (r), falsche mit (f).*
- *c) Ergänze in der rechten Tabellenspalte Gedanken und mögliche Gefühle des Jungen.*

TIPP

Um die **Atmosphäre einer Erzählung** zu verstehen, muss man ganz genau hinsehen, d. h. auf kleine Wörter achten und „zwischen den Zeilen" lesen. Oft hilft es auch, einen Text laut und betont zu lesen, um die Gedanken und Gefühle der Figuren besser nachvollziehen zu können.

Wahrnehmung des kranken Jungen	Anhaltspunkte für diese Wahrnehmung im Text	Gedanken und mögliche Gefühle des Jungen dazu
– klirrendes Geräusch (r)	– „Nebenan klirrte ein Glas" (Z. 1)	„Jetzt isst er die Kirschen auf,
		die für mich sind" (Z. 1)
		→ Angst? Wut?
		„Dabei sollte ich sie essen." (Z. 8 f.)

Wahrnehmung des kranken Jungen	Anhaltspunkte für diese Wahrnehmung im Text	Gedanken und mögliche Gefühle des Jungen dazu
		„Ich hab doch das Fieber.“ (Z. 9)

4 *Welche Gründe für die Wahrnehmung des Jungen werden im Text ausdrücklich genannt? Notiere sie hier:*

C Übungen

Sich in eine Figur hineinversetzen

1 *Wie geht es dem Jungen, als er wieder in sein Bett zurückgeht? Was kann es bedeuten, wenn er sich die Bettdecke über den Kopf zieht? Lies im Text nach und kreuze an, welche Deutung du am Text belegen kannst.*

Der Junge ...	richtig	falsch
a) ... friert, weil er sehr krank ist. Daher deckt er sich gut zu.	☐	☐
b) ... will nichts mehr hören und sehen, weil er enttäuscht ist.	☐	☐
c) ... versteckt sich, weil er sich im Nachhinein schämt.	☐	☐

TIPP
Um die Gedanken und Gefühle der Figur in deinem inneren Monolog darstellen zu können, musst du dir zunächst **ein genaues Bild von der Figur machen** und dir vor Augen führen, in welcher Situation sie sich befindet.

Die Figurenkonstellation bedenken

2 *Wie gehen Vater und Sohn miteinander um?*
a) Versuche, dir die Beziehung „bildlich“ vor Augen zu führen. Welche Zeichnung veranschaulicht die Figurenkonstellation am besten?

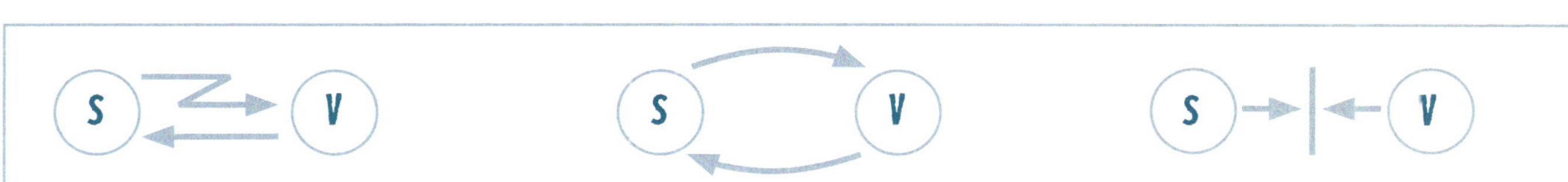

b) Verändert sich die Beziehung im Laufe der Kurzgeschichte?
Begründe deine Auffassung im Heft, indem du passende Belegstellen im Text angibst (mit Zeilenangabe).

Die Entstehungszeit berücksichtigen

3 *Was weißt du über Wolfgang Borchert und den historischen Hintergrund seiner Texte? Kreuze an.*

Borcherts Kurzgeschichten ...	trifft zu	trifft nicht zu
a) ... gehören zur Literatur nach dem Zweiten Weltkrieg (um 1945).	☐	☐
b) ... sind moderne Kindergeschichten aus heutiger Zeit.	☐	☐
c) ... handeln von schwachen Vätern und missratenen Kindern.	☐	☐
d) ... schildern oft Krankheit, Hunger und Not im Krieg.	☐	☐

4 *Welche Gedanken und Gefühle könnten den Jungen vor dem Hintergrund von Aufgabe 2 und 3 noch bewegen? Ergänze sie gegebenenfalls in der rechten Tabellenspalte auf Seite 22 f.*

Gedanken und Gefühle formulieren

5 *Es gibt viele Möglichkeiten, Gedanken und Gefühle sprachlich zum Ausdruck zu bringen. Ergänze die Stoffsammlung auf einem DIN-A4-Blatt. Notiere spontan, was dir zu den Stichpunkten einfällt.*

Der Junge könnte ...

a) ... seinen *Gefühlen* freien Lauf lassen.
b) ... *Bitten* oder *Wünsche* äußern.
c) ... über eine *Beobachtung* nachdenken.
d) ... den Kopf voller *Fragen* haben
e) ... sich oder dem Vater *Vorwürfe* machen.
f) ...?

Sprache und Stil aufgreifen

6 *Untersuche nun wichtige sprachliche Besonderheiten der Kurzgeschichte.*
a) Ordne den Fachbegriffen jeweils die richtige Erklärung zu. Hilfe findest du auf der Umschlagseite U3.

Ellipse	a) formelhaft wiederkehrende Wortfolge
Leitmotiv	b) Übertragung eines Vorstellungsbereichs ohne vergleichendes „wie“ in einen anderen Bedeutungsbereich
rhetorische Frage	c) gleichartig gebaute Sätze
Metapher	d) Auslassung eines Wortes oder Satzglieds in einem Satz, das leicht ergänzbar ist
Parallelismus	e) Scheinfrage, bei der jeder schon die Antwort kennt

b) Kreuze bei den unten aufgeführten sprachlichen Besonderheiten an, ob sie in der Kurzgeschichte vorkommen.

a) ☐ viele Ellipsen
b) ☐ ein Leitmotiv
c) ☐ Wiederholungen
d) ☐ rhetorische Fragen
e) ☐ lange Satzgefüge
f) ☐ wörtliche Rede
g) ☐ gewagte Metaphern
h) ☐ Parallelismen
i) ☐ kurze Hauptsätze

7 *Unterstreiche die stilistischen Merkmale, die auch für den inneren Monolog des Jungen gelten können.*

D Einen Schreibplan entwickeln

1 *Auch wenn ein innerer Monolog keine festgelegte Struktur hat, solltest du dir Gedanken über Inhalt und Aufbau deines Textes machen. Greife dazu auf deine Stoffsammlung und die Tabelle von Seite 22 f. zurück. Lege dazu auf einem DIN-A4-Blatt eine Tabelle an. Skizziere mit wenigen Stichworten in der linken Tabellenspalte, welche Gedanken und Gefühle des Jungen du zum Ausdruck bringen willst.*

Gedanken und Gefühle	Reihenfolge	Begründung
______	(Nr.)	______
______	(Nr.)	______
______	(Nr.)	______
______	(Nr.)	______

2 *Ergänze rechts in der Tabelle die Begründung für deinen inneren Monolog. Nutze dazu alle deine Vorarbeiten und notiere in Klammern ggf. Textbelege (Zeilenangabe reicht).*

3 *Denke an die Situation im Text zurück und überlege dir, mit welchem Gedanken der innere Monolog einsetzen soll, welche Assoziationen folgen und mit welchem Gedanken er enden soll. Nummeriere dazu die Punkte in der linken Spalte.*

4 *Bearbeite nun beide Teilaufgaben der Aufgabenstellung.*

TIPP

Beginne z. B. mit
- ☐ dem letzten Eindruck,
- ☐ dem wichtigsten Eindruck,
- ☐ dem stärksten Gefühl,
- ☐ der größten Angst,
- ☐ dem leisen Zweifel ….

E Den eigenen Text überarbeiten

☑ Checkliste: „Innerer Monolog“

ja	nein	**Innerer Monolog:**
☐	☐	Entsprechen die Gedanken und Gefühle der Situation des Jungen?
☐	☐	Ist dabei das Verhalten des Vaters angemessen bewertet?
☐	☐	Berücksichtigst du Figurenkonstellation und Entstehungszeit?
☐	☐	Hältst du die Ich-Form im inneren Monolog ein?
☐	☐	Hältst du dich an den Aufbau, den du ursprünglich geplant hast?
☐	☐	Greifst du äußere Gegebenheiten (Ort, Zeit, Gegenstände …) auf?
☐	☐	Knüpfst du an sprachliche Besonderheiten der Kurzgeschichte an?
☐	☐	Nutzt du Ausrufe, Fragen, Gedankensprünge, Rückblicke etc.?
		Begründung:
☐	☐	Stellst du inhaltlich sinnvolle Bezüge zum Handlungsverlauf her?
☐	☐	Gibst du wörtliche Rede in indirekter Rede wieder? (Konjunktiv!)
☐	☐	Nutzt du zur Redewiedergabe abwechslungsreiche Verben (sich eingestehen, sich fragen, überlegen, zugeben, wahrnehmen, sich wünschen, einsehen, erkennen)?

4 *Joyce Carol Oates:* Unter Verdacht – Einen Tagebucheintrag zu einem Jugendbuch verfassen

Aufgabenstellung

Du findest im Folgenden zwei Textausschnitte aus dem Roman „Unter Verdacht. Die Geschichte von Big Mouth und Ugly Girl". Am Abend schreibt Ursula Tagebuch über den vergangenen Tag und will ihre Gedanken ordnen. Verfasse diesen Tagebucheintrag.

Joyce Carol Oates

Unter Verdacht

Die kleine Vorstadt Rocky River im Einzugsgebiet von New York ist in Unruhe versetzt. Die Polizei hat den Schüler Matt Donaghy aus dem Unterricht entfernt und auf unbestimmte Zeit suspendiert, da unbekannte Zeugen gehört haben wollen, wie dieser in der Mensa damit gedroht habe, die Schule „in die Luft gehen zu lassen", falls sein selbst verfasstes Theaterstück beim ausgeschriebenen Schreibwettbewerb nicht gewinnen sollte. Die lokalen Nachrichtensender bringen auf allen Kanälen Informationen, Spekulationen und Interviewausschnitte über den Vorfall. Ursula Riggs, eine Mitschülerin von Matt Donaghy, hat die Abendnachrichten im Fernsehen gesehen und erfahren, dass ihr Mitschüler beschuldigt wird. Während sie die Nachrichten sieht, denkt sie:

Das ist doch alles nicht wahr. Du lieber Himmel, der reine Wahnsinn ist das, nichts daran ist wahr. Ich sagte, das Ganze sei nichts als ein Gerücht. „Und woher willst du wissen, dass es nur ein Gerücht ist?" *Weil ich dabei war; ich war Zeugin.* Ich fuhr mir mit den Händen durch die Haare, dass sie in alle Richtungen abstanden. Die Sache war viel zu kompliziert, um mit Mom darüber zu sprechen. Ich machte die Tür hinter mir zu und verschloss sie. Mom kam hinterher und klopfte.

Ich bebte, so wütend hatten mich die Fernsehnachrichten gemacht. Nichts, gar nichts war daran wahr – ich hatte genau gehört, was Matt Donaghy in der Cafeteria gesagt hatte, und ich hatte gesehen, was er gemacht hatte. Für ihn muss es ein einziger Albtraum sein, dachte ich. Ich wollte ihn anrufen, aber ich konnte die richtigen Donaghys nicht im Telefonbuch finden.

Sicher, ich wusste, das war „impulsives" Verhalten. Meine Mutter – und auch mein Vater – warnten mich ständig, nicht so „impulsiv" zu sein. Aber ich wusste, was ich zu tun hatte, und ich würde es auch tun, das ist nun mal Ugly Girls Art.

Dennis war so nett, mir Matts E-Mail-Adresse zu geben, und so schickte ich diese Mail ab:

Do 25-1-01 22.23
lieber matt –
bitte ruf mich an, es ist dringend.
deine mitschülerin
URSULA RIGGS

Ich schrieb meine Nummer dazu und um zweiundzwanzig Uhr siebenundvierzig läutete das Telefon.

Zweimal wählte Matt die Nummer, die Ursula ihm angegeben hatte, zweimal legte er schnell wieder auf, bevor es läutete. Diese verfluchte Schüchternheit! Als er zum dritten Mal gewählt hatte, ließ er es läuten. Sofort ging jemand dran. „Hallo?" Die Stimme des Mädchens klang heiser, reserviert.

„Hi, hier ist ... Matt. Sprech ich mit Ursula?"

„Ja."

„Ich hab deine Nachricht bekommen."

Matt sprach mit leiser, zittriger Stimme. Gegen alle Vernunft spürte er einen Funken Hoffnung.

„Du kennst mich doch, oder? Von der Schule?", fragte Ursula, immer noch zögerlich. „Ursula, klar. Natürlich kenn ich dich."

Als wären sie nicht ihr halbes Leben zusammen zur Schule gegangen.

„Das war wohl nicht so ... toll für dich heute", sagte Ursula.

„Nein. Aber –", Matt brach ab. „ – immerhin lebe ich noch."

War das witzig gemeint? Matt lachte, aber Ursula blieb still. Matt geriet ins Schwitzen, diese Unterhaltung war reichlich mühsam. Er hasste es, Mädchen anzurufen, wenn er sie nicht wirklich gut kannte. Manchmal war es ihm sogar unangenehm, bei seinen Freunden anzurufen. Deswegen schrieb er gern E-Mails. Vielleicht ging es Ursula Riggs genauso? Ihre Telefonstimme klang unerwartet zögerlich, schüchtern.

Oder vielleicht war es auch so, dass sie Matt Donaghy nicht leiden konnte, aber aus irgendeinem geheimnisvollen Grund gezwungen war, mit ihm zu sprechen.

Jetzt begann Ursula zu sprechen, sehr schnell, so als hätte sie sich ihre Worte vorher überlegt. „Hör zu, Matt. Ich hab gehört, was du heute in der Cafeteria gesagt hast. Ich ging gerade an eurem Tisch vorbei und hab dich gehört. Ich weiß, dass du bloß einen Witz gemacht hast; kein intelligenter Mensch konnte deine Worte oder Gesten missverstehen. Wenn man sie aus dem Zusammenhang reißt, vielleicht, aber es gab ja einen Zusammenhang. Ich kann mich als Zeugin melden. Gleich morgen Früh geh ich zu Mr. Parrish [dem Schulleiter] und spreche mit ihm. Meinetwegen auch mit der Polizei, wenn es nötig ist."

Die letzten Sätze hatte Ursula sehr lebhaft gesprochen. Matt war sich nicht sicher, ob er richtig gehört hatte. Als Zeugin? Er fühlte sich wie ein Ertrinkender, der auf einmal spürt, wie sein ermüdender Arm von jemandem ergriffen wird, von einem Fremden, dessen Gesicht er nicht sehen kann.

„Du ... hast mich gehört?", stammelte er. „Du weißt, dass ich nicht ...?"

„Eine Freundin von mir, Eveann McDowd, war bei mir. Sie hat dich auch gehört. Ich werde mit ihr sprechen."

„Du würdest für mich aussagen, Ursula, als Zeugin? Wahnsinn."

„Das würde ich für jeden tun, der zu Unrecht beschuldigt wird", sagte Ursula rasch. „Ich meine – selbst für Leute, die ich nicht mag."

Matt war zu konfus, um richtig zu begreifen, was Ursula Riggs damit sagen wollte. Dass sie ihn mochte? Er konnte bloß wiederholen: „Danke, Ursula, ich – bin dir wirklich dankbar."

„Du bist die Einzige, die sich bei mir gemeldet hat", fügte er dann noch impulsiv hinzu. „Ich komme mir vor wie ein Paria – so heißt das Wort doch, oder? Ein Aussätziger, ein Ausgestoßener." Als Ursula nicht antwortete, sagte er: „Sie haben mich vom Unterricht ausgeschlossen, für mindestens drei Tage, haben sie gesagt. Bis die Ermittlungen über mich abgeschlossen sind."

„Ermittlungen? Über dich? Über sie selbst sollte man Ermittlungen anstellen!" Ursula Riggs sprach jetzt mit solcher Heftigkeit, als wäre sie auf einmal im Zimmer, bei Matt.

A Was wird von mir verlangt?

1 *Ergänze den Lückentext mit den Begriffen aus dem Kasten.*

Wortspeicher
persönlichsten Gedanken
veränderte Perspektive
Motive Stil
äußeren Ereignissen
Folgen
verdeckten Ursachen
Schreibers Gedanken
Charakter Gefühle
Hoffnungen Schluss

Bei dieser Art von Klassenarbeit wird von dir erwartet, dass du einen Text, den du vor dir liegen hast, in eine ______________________ setzt. Das Tagebuch wird immer in der Ich-Perspektive geschrieben und zeigt ______________ ______________________ und Befürchtungen des ______________ ________. Auch die ______________________ von Ereignissen und ______________ für eine Handlung werden hier durch die Wiedergabe der ______________ ______________ klar. Du musst beim Verfassen eines Tagebucheintrages darauf achten, dass die Gefühle und Gedanken des Ich-Erzählers zu den ______________________ des Textauszuges und dem ______________________ der Figur passen. Versuche, den persönlichen ______________ der Figur zu treffen. Am ______________ des Tagebucheintrages kann ein Vorsatz oder Entschluss zur Tat stehen oder auch der Gefühlszustand des Verfassers treffend zusammengefasst werden. Welche wahrscheinlichen ______________________ ergeben sich aus dem Geschriebenen und was wird der Schreiber als Nächstes tun?

B Informationen über die Handlung und die Figur sammeln

Die äußere Handlung untersuchen

1 *a) Unterstreiche im Text alle Elemente der äußeren Handlung.*
b) Notiere Handlungsschritte in die Randspalte, z. B.: Z. 1–7 Auseinandersetzung mit der Mutter.

2 *Beantworte folgende Fragen zum Text.*

a) In welcher Beziehung stehen Ursula und Matt zueinander?

____

____

b) Aus wessen Sicht wird das Telefonat geschildert?

____

____

c) Wie sprechen Matt und Ursula miteinander am Telefon?

____

____

d) Welchen Vorschlag macht Ursula?

____

____

e) Wie reagiert Matt darauf?

____

____

Die Hauptfigur Ursula kennen lernen

3 *Versuche, Ursula mit vier Adjektiven zu charakterisieren. Begründe deine Einschätzung aus dem Text heraus.*

Ursula ist ...

unbeherrscht, denn sie kann ihre Gefühle nicht im Zaum halten (Z. 8).

________________, denn ________________________ (Z. ___).

________________, denn ________________________ (Z. ___).

________________, denn ________________________ (Z. ___).

________________, denn ________________________ (Z. ___).

TIPP

Um die Gedanken und Gefühle der Figur Ursula im Tagebucheintrag darstellen zu können, musst du diese aus der äußeren Handlung erschließen. Dazu musst du den Text sorgfältig lesen und aus kleinen Hinweisen Rückschlüsse auf den **Charakter** der Figur ziehen.

C Übungen zum Verfassen des Tagebucheintrages

Tagebuch – mein ganz persönlicher Stil

1 *Wähle aus, welche Sätze aus dem Tagebucheintrag von Ursula stammen könnten. Kreuze an.*

a) ☐ „Ich könnte die Wände hochgehen, wenn ich mir vorstelle, dass jemand mit Absicht solche Lügen verbreitet und dabei in Kauf nimmt, dass Matt in eine solche Situation gerät."

b) ☐ „Das Ganze ist eine unschöne Angelegenheit. Sie bedarf einer sofortigen Lösung."

c) ☐ „Ich bin nicht einverstanden mit der Vorgehensweise der Schulleitung und der Polizei."

d) ☐ „Es ist eine unerträgliche Ungerechtigkeit, anonym Anzeige zu erstatten und dann von der Bildfläche zu verschwinden! Wie kann man nur so hinterhältig sein?"

e) ☐ „Matt sollte die Sache nicht überbewerten und zur Tagesordnung übergehen."

TIPP

Jeder drückt sich anders aus. Ganz anders als in einem förmlichen Anschreiben oder einem standardisierten Aufsatz soll sich in der **Sprache** eines Tagebucheintrages der Charakter der Figur widerspiegeln. Alter, Gefühlszustand und Situation können dementsprechend in gepflegter Sprache, jugendlichen Jargonausdrücken oder emotionalen Ausrufen zum Ausdruck kommen.

Die Perspektive wechseln – eigene Ideen einbringen

2 *Ergänze, was Ursula vor, während des Telefonats und nach dem Telefonat bewegen könnte. Schreibe ihre Gedanken in ganzen Sätzen und in der Ich-Perspektive.*

3 *Ergänze in der Tabelle, was in Ursulas Innerem vorgehen könnte, während sie mit Matt am Telefon spricht.*

TIPP

Versetze dich in die Figur hinein. Prüfe aber sorgfältig am Text, ob die **Gedanken und Gefühle,** die du ergänzt, zur äußeren Handlung passen.

Das geschieht	Das denkt Ursula dabei
„Du kennst mich doch, oder? Von der Schule?“, fragte Ursula, immer noch zögerlich. „Ursula, klar. Natürlich kenn ich dich.“ „Das war wohl nicht so ... toll für dich heute“, sagte Ursula.	Weiß er überhaupt, wer ich bin? Warum rufe ich eigentlich einen Jungen an, von dem ich nicht mal weiß, ob er mich kennt? Wie fange ich am besten an?
Jetzt begann Ursula zu sprechen, sehr schnell, so als hätte sie sich ihre Worte vorher überlegt. „Hör zu, Matt. Ich hab gehört, was du heute in der Cafeteria gesagt hast. Ich ging gerade an eurem Tisch vorbei und hab dich gehört. Ich weiß, dass du bloß einen Witz gemacht hast; kein intelligenter Mensch konnte deine Worte oder Gesten missverstehen. Wenn man sie aus dem Zusammenhang reißt, vielleicht, aber es gab ja einen Zusammenhang. Ich kann mich als Zeugin melden. Gleich morgen Früh geh ich zu Mr. Parrish und spreche mit ihm. Meinetwegen auch mit der Polizei, wenn es nötig ist.“ Die letzten Sätze hatte Ursula sehr lebhaft gesprochen.	
„Das würde ich für jeden tun, der zu Unrecht beschuldigt wird“, sagte Ursula rasch. „Ich meine – selbst für Leute, die ich nicht mag.“ „Ermittlungen? Über dich? Über sie selbst sollte man Ermittlungen anstellen!“ Ursula Riggs sprach jetzt mit solcher Heftigkeit, als wäre sie auf einmal im Zimmer, bei Matt.	

4 *Das Telefonat wird im Text in der Er-Form und eher aus Matts Perspektive erzählt.*
a) Markiere im folgenden Textauszug Textstellen, an denen das deutlich wird.

„Hi, hier ist … Matt. Sprech ich mit Ursula?“
„Ja.“
„Ich hab deine Nachricht bekommen.“
Matt sprach mit leiser, zittriger Stimme. Gegen alle Vernunft spürte er einen Funken Hoffnung.
„Du kennst mich doch, oder? Von der Schule?“, fragte Ursula, immer noch zögerlich. „Ursula, klar. Natürlich kenn ich dich.“
Als wären sie nicht ihr halbes Leben zusammen zur Schule gegangen.
„Das war wohl nicht so … toll für dich heute“, sagte Ursula.
„Nein. Aber –“, Matt brach ab. „– immerhin lebe ich noch.“
War das witzig gemeint? Matt lachte, aber Ursula blieb still …

b) Am Schluss dieses Textabschnitts schweigt Ursula und Matts Gedanken werden erzählt. Was geht an dieser Stelle in Ursula vor? Notiere Stichwörter.

TIPP
Sollst du einen Tagebucheintrag einer literarischen Figur schreiben, musst du manchmal auch **„Leerstellen“** füllen, also Textstellen, an denen du nichts über die Figur erfährst.

c) Fasse den Auszug dann für den Tagebucheintrag zusammen. Schreibe aus Ursulas Sicht und in der Ich-Perspektive. Nutze eine Zeitstufe der Vergangenheit.

D Einen Schreibplan entwerfen

1 *Es gibt verschiedene Möglichkeiten, einen Tagebucheintrag zu beginnen. Hier findest du zwei Beispiele.*
a) Vervollständige die angefangenen Sätze.
b) Kreuze an, welche der beiden Möglichkeiten du in deinem Tagebucheintrag umsetzen möchtest.

☐ 25.01.2001 Als ich heute Morgen aufstand, wusste ich nicht, was dieser Tag an Aufregungen bringen würde. Zuerst ____________________

☐ Ich bin so erleichtert!!! Ich habe es getan und ich bin sicher, es war das Richtige, auch wenn Mom ____________________

TIPP

Viele Menschen schreiben Tagebuch, um sich über ihre Erlebnisse Klarheit zu verschaffen. So ist die Sichtweise immer rückblickend und hat zum Ziel, die **Ereignisse und Gedanken des Tages zu ordnen.** Dabei kann man:

- ☐ in der Reihenfolge der Ereignisse vorgehen oder
- ☐ mit einer Darstellung der Gefühlslage oder aktuellen Situation einsteigen.

2 *a) Wähle einen passenden Schluss aus.*
b) Begründe deine Wahl.

☐ **A** Eben habe ich Matt Donaghy angerufen. Es war nicht einfach, ihn ausfindig zu machen. Es ist alles geklärt.

☐ **B** Obwohl ich ja nur ungern telefoniere, war es mir wichtig, diese Geschichte jetzt aus der Welt zu schaffen und Matt zu sagen, dass ich für ihn aussagen kann, wenn er möchte. Eine solche Ungerechtigkeit kann man einfach nicht so geschehen lassen. Gleich vor der ersten Stunde will ich zur Schulleitung.

☐ **C** Ich bin so froh, dass ich es gewagt habe, auch wenn es mir nicht leichtgefallen ist. Jetzt fühle ich mich einfach besser und kann meinem Spiegelbild morgen wieder in die Augen schauen.

☐ **D** Als Matt aufgelegt hat, bin ich erst mal unter die Dusche gegangen.

TIPP

Der **Schluss** kann zeigen, dass der Schreiber sich jetzt über die Ereignisse klar geworden ist und welche Folge dies mit sich bringt, z. B. dass der Entschluss für eine Tat gefasst wird. Es ist auch möglich, ein offenes Ende zu formulieren, das den Gefühlszustand des Verfassers treffend zusammenfasst.

Die Vorschläge ______ und ______ sind gelungen, weil ____________________

Die Vorschläge ______ und ______ sind weniger gelungen, denn ____________________

3 *Vervollständige den Erzählplan. Notiere Erzählschritte für deinen Tagebucheintrag und deine eigenen Ideen dazu.*

Erzählschritte	eigene Ideen
Kurze Einleitung	Erleichterung
Vor dem Fernseher	

TIPP

Wenn du einen **Tagebucheintrag einer literarischen Figur** verfasst, sollst du zeigen, dass du den Text verstanden hast. Deshalb solltest du:

- ☐ die wichtigen äußeren Ereignisse wiedergeben,
- ☐ auf die Gedanken und Gefühle der Figur eingehen,
- ☐ darauf achten, dass alle Gedanken, Gefühle und Handlungen, die du dazuerfindest, zum Ablauf der äußeren Ereignisse und zu der Figur passen.

4 *Schreibe den Tagebucheintrag aus Ursulas Sicht in dein Heft.*

E Checkliste zum Überarbeiten

1 *Überarbeite deinen Tagebucheintrag mit Hilfe der Checkliste.*

✔ Checkliste: „Einen Tagebucheintrag verfassen"

ja	nein	
☐	☐	Ich habe durchgehend in der Ich-Form aus Ursulas Sicht geschrieben.
☐	☐	Ich habe versucht, Ursulas Ausdrucksweise zu treffen.
☐	☐	Ursulas Eigenschaften werden in der Ausdrucksweise deutlich
☐	☐	Ich habe einen passenden Einstieg für den Tagebucheintrag gewählt.
☐	☐	Ich habe die Ereignisse der äußeren Handlung eingebaut.
☐	☐	Ich habe auch Ursulas Gefühle deutlich gemacht.
☐	☐	Ich habe eigene passende Ideen ergänzt.
☐	☐	Im Schluss habe ich gezeigt, dass die Figur sich über die Ereignisse klar geworden ist und eine Entscheidung treffen will.

5 *Andreas Gryphius:* Ebenbild unseres Lebens – Ein Barockgedicht interpretieren

Aufgabenstellung:

Interpretiere das Gedicht „Ebenbild unseres Lebens" von Andreas Gryphius, indem du
a) den gedanklichen Aufbau des Gedichts beschreibst,
b) die formalen und sprachlich-stilistischen Mittel herausarbeitest und
c) die im Gedicht zum Ausdruck gebrachte Weltsicht erläuterst.

Andreas Gryphius

Ebenbild unseres Lebens (1637)

Auf das gewöhnliche Königsspiel

Der Mensch das Spiel der Zeit spielt, weil[1] er allhie[2] lebt
Im Schauplatz dieser Welt; er sitzt und doch nicht feste.
Der steigt und jener fällt, der suchte die Paläste
Und der ein schlechtes Dach, der herrscht und jener webt.

Was gestern war, ist hin; was itzt[3] das Glück erhebt,
Wird morgen untergehn, die vorhin grüne Äste
Sind nunmehr dürr und tot, wir Armen sind nur Gäste,
Ob[4] den ein scharfes Schwert an zarter Seide schwebt.

Wir sind zwar gleich am Fleisch, doch nicht von gleichem Stande
Der trägt ein Purpurkleid, und jener gräbt im Sande
Bis nach entraubtem Schmuck der Tod uns gleiche macht.

Spielt denn dies ernste Spiel, weil es die Zeit noch leidet[5]
Und lernt, dass, wenn man vom Bankett[6] des Lebens scheidet,
Kron, Weisheit, Stärck und Gut bleibt eine geborgte Pracht.

1 **weil:** *bedeutet hier:* solange
2 **allhie:** hier (auf Erden)
3 **itzt:** jetzt, heute
4 **ob:** *bedeutet hier:* über
5 **leidet:** erlaubt
6 **Bankett:** Festessen

LA FIN NOUS FAIT TOUS EGAULX.

Das Ende macht uns alle gleich.

A Was wird von mir verlangt?

1 *Zwei Jugendliche machen sich darüber Gedanken, was sie bei einer Gedichtinterpretation unter Beweis stellen sollen. Lies ihre Aussagen.*

Katrin:

Für mich bietet ein Gedicht die Möglichkeit, extreme Gefühle wie Angst, Liebe, Trauer oder Kritik auszudrücken. Prosa passt einfach nicht dazu.

Johannes:

Beim Interpretieren zeige ich mein Sprachgefühl, wenn ich zum Beispiel feine Andeutungen sowie sprachliche Bilder erkenne und verstehe.
Ich kann mein eigenes Textverständnis begründen, indem ich zeige, wie durch das Zusammenspiel des formalen Aufbaus, der inhaltlichen Aussagen und der sprachlichen Gestaltung des Gedichts ein gemeinsamer Sinn entsteht.
Außerdem kann ich mein Kontextwissen mit einbringen, das mir hilft, das Gedicht als Produkt seiner Zeit zu sehen und Verbindungen zwischen dem Gedicht und der Entstehungszeit herauszustellen.

2 *Maxi hat nicht genau verstanden, was Johannes meint. Beantworte ihre Fragen.*
a) Was meint Johannes mit dem „Zusammenspiel" verschiedener Aspekte, durch die ein Sinn entsteht?

___

___

b) Was versteht Johannes unter dem „formalen Aufbau" des Gedichts?

___

___

c) Kann man nicht auch sagen, dass das Gedicht für sich selbst steht, etwa so, wie es Katrin sagt? Was hat denn der historische Kontext damit zu tun?

___

B Das Gedicht erschließen

Der erste Eindruck

1 *a) Was ging dir beim Lesen des Gedichts durch den Kopf? Notiere deinen ersten Eindruck.*

___

___

b) Notiere – ohne das Gedicht erneut zu lesen – Wörter, die dir im Gedächtnis geblieben sind.

___

___

2 *Ergänze den folgenden Cluster, indem du Ausdrücke aus dem Gedicht mit eher negativen und eher positiven Bedeutungen sammelst. Vielleicht fallen dir noch andere Wortfelder oder Gegensätze auf. Welche Erinnerungen oder Empfindungen rufen die Wörter in dir wach?*

TIPP
Es lohnt sich oft, Wörter mit ähnlichen Bedeutungen zu sammeln, um die **Stimmung oder den Ton eines Gedichts** zu bestimmen.

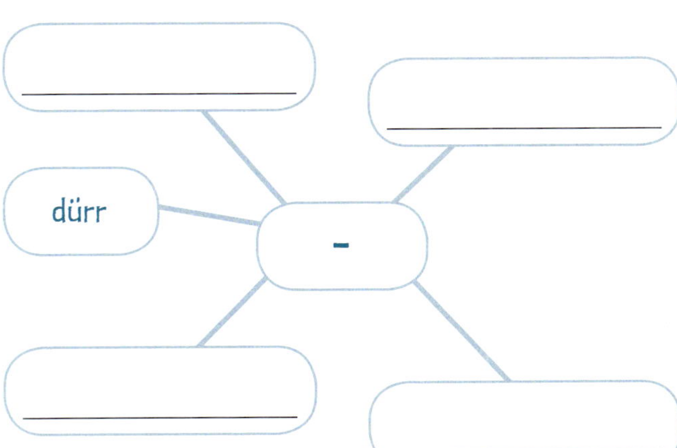

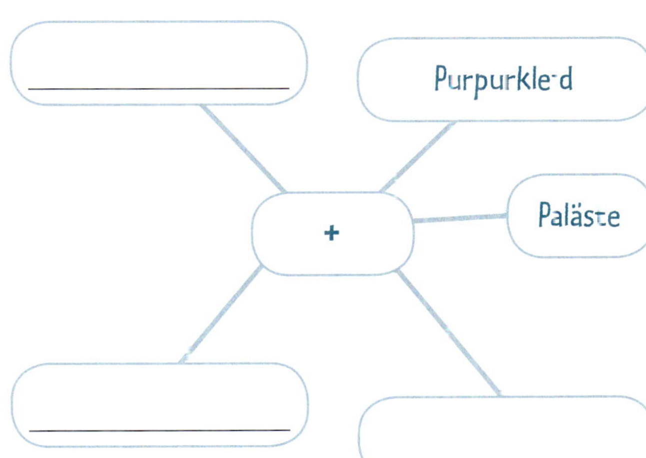

3 *Untersuche den gedanklichen Aufbau des Gedichts.*
a) Notiere die Kerngedanken der einzelnen Strophen in deinem Heft. Gehe so vor:

Strophe 1: Das Leben des Menschen ist ein Zeitvertreib, die Welt eine Bühne, dabei sind die Rollen sehr unterschiedlich verteilt.

b) Welche Bedeutung hat der Untertitel für den Titel des Gedichts? Was ist mit „gewöhnliches Königsspiel" gemeint?

c) Worum geht es in dem Gedicht deiner Meinung nach? Formuliere eine erste Deutungshypothese.

Ich verstehe das Gedicht als ...

TIPP
In einer **Deutungshypothese** formulierst du dein erstes Textverständnis. Durch die anschließende Untersuchung einzelner Analyseaspekte wird diese These gestützt, erweitert oder widerlegt.

Den formalen Aufbau untersuchen

4 *Ermittle das Metrum und das Reimschema des Gedichts. Hilfe findest du auf der* ▷ *Umschlagseite U3.*
a) Markiere dazu für jeden Vers die Hebungen über den entsprechenden Silben.

Beispiel: Der Mensch das Spiel der Zeit spielt, weil er allhie lebt

b) Liegt dem Gedicht ein durchgehendes Metrum zu Grunde? Welche Wirkung hat das Metrum für die inhaltliche Aussage?

Das Metrum des Gedichts ist

c) Kennzeichne das Reimschema durch ***abcd*** *etc. oder Bögen neben den Versen.*
d) Das Gedicht „Ebenbild unseres Lebens" ist formal ein Sonett, das in der Regel aus zwei Quartetten (= vier zusammengehörenden Versen) und zwei Terzetten (= drei zusammengehörenden Versen) besteht. Dem äußeren Aufbau des Sonetts entspricht meist auch der gedankliche Aufbau. Beschreibe, wie sich die äußere Form im Inhalt der Strophen widerspiegelt. Greife hierbei auf die von dir in Aufgabe 3 notierten Kerngedanken der einzelnen Strophen zurück.

Die sprachliche Gestaltung des Gedichts untersuchen

5 *Untersuche die sprachliche Gestaltung des Gedichts.*
a) Notiere sprachliche Auffälligkeiten in der mittleren Spalte der Tabelle.
b) Schreibe in die rechte Spalte, welche Wirkung mit diesen Stilmitteln einhergeht.

TIPP
Die **sprachliche Gestaltung** wird im Hinblick auf ihren Beitrag zur Aussage eines Gedichts untersucht. Erklärungen wichtiger Stilmittel findest du auf der ▷ Umschlagseite U3.

Vers	sprachliche Auffälligkeiten	Deutung/Wirkung
1. Der Mensch das Spiel der Zeit spielt, weil er allhie lebt	Metapher	
2. Im Schauplatz dieser Welt; er sitzt und doch nicht feste		
3. Der steigt und jener fällt, der suchte die Paläste	Antithese; 3-facher Parallelismus Enjambement	Durch die vielen Gegensätze („steigt"/„fällt"), „Paläste"/„schlechtes Dach", „herrscht/„webt") wird betont, dass sich die Art zu leben deutlich voneinander unterscheidet.
4. Und der ein schlechtes Dach, der herrscht und jener webt.	Antithese	
5. Was gestern war, ist hin; was itzt das Glück erhebt,		
6. Wird morgen untergehn, die vorhin grüne Äste		
7. Sind numehr dürr und tot, wir Armen sind nur Gäste,		
8. Ob den ein scharfes Schwert an zarter Seide schwebt.		
9. Wir sind zwar gleich am Fleisch, doch nicht von gleichem Stande		
10. Der trägt ein Purpurkleid, und jener gräbt im Sande		
11. Bis nach entraubtem Schmuck der Tod uns gleiche macht.		

Vers	sprachliche Auffälligkeiten	Deutung/Wirkung
12. Spielt denn dies ernste Spiel, weil es die Zeit noch leidet	Appell Pleonasmus Oxymeron	Durch das Wortspiel (widersprüchliche Aussagen in einem Ausdruck) und die Wiederholung (spielt ... dies Spiel) wird die inhaltliche Aussage unterstrichen.
13. Und lernt, dass, wenn man vom Bankett des Lebens scheidet,		
14. Kron, Weisheit, Stärck und Gut bleibt eine geborgte Pracht.		

6 *Sieh dir nun die ausgewählten Metaphern, durch die der Sprecher das Leben in dem Gedicht kennzeichnet, noch einmal genau an.*

a) Schreibe sie heraus und erkläre die sprachlichen Bilder.

TIPP

Gedichte drücken Gedanken und Vorstellungen oftmals in Bildern aus. Bei einer Interpretation geht es darum, solche **Bilder in eine begriffliche Sprache zu übertragen.**

Oft sind Ausdrücke aus älteren Gedichten schwer zu verstehen, da sich die Bedeutung gewandelt hat. So ist das Wort *weil* in diesem Gedicht nicht kausal als Begründung zu verstehen, sondern temporal, das heißt, ähnlich wie *solange.*

Textstelle/Metapher	Deutung
Der Mensch das Spiel der Zeit spielt, weil er allhie lebt (V. 1)	Die Metapher „Spiel der Zeit" verdeutlicht, dass das Leben vergänglich ist. Es müssen aber alle „mitspielen", egal ob arm oder reich.
Im Schauplatz dieser Welt; er sitzt und doch nicht feste (V. 2)	
Ob den ein scharfes Schwert an zarter Seide schwebt (V. 8)	Die Unbeständigkeit des Lebens wird durch den Gegensatz „scharfes Schwert" und „zarte Seide" aufgegriffen. Die Alliteration „scharfes Schwert ... schwebt" und die Adjektive betonen diesen Gegensatz. Das Schwert kann dabei als Metapher für den Tod, die Seide für den Lebensfaden verstanden werden. Streng genommen ist das sprachliche Bild eine Synekdoche, bei der ein Teil für das Ganze steht.

b) Beziehe die Anspielung auf das Schachspiel („das gewöhnliche Königsspiel") im Untertitel des Gedichts in deine Deutung der Bildsprache ein. Wofür stehen Schachspiel, Figuren und Spielverlauf?

Den historischen Hintergrund des Gedichts einbeziehen

7 *a) Was weißt du über die Entstehungszeit des Gedichts? Folgende Begriffe und Abbildungen helfen dir, dein Vorwissen zu sammeln.*
Tipp: *Du kannst auch ausgehend von diesen Stichpunkten in Lexika nachschlagen oder im Internet recherchieren, um mehr über die Zeit des Barocks herauszufinden.*

„Carpe diem!" – (*lateinisch:*) „Nutze/Genieße den Tag!"

Berühmete Maler des Barocks: Rembrandt (1609–1669) und Diego Velázquez (1599–1660)

Hungersnöte, Seuchen – Verelendung der Bevölkerung

„Memento mori!" – (*lateinisch:*) „Gedenke, dass du sterblich bist!"

Dreißigjähriger Krieg 1618–1648

Pracht und Verschwendung des Absolutismus

Entstehung von Bauwerken, wie dem Petersplatz in Rom und die Residenz in Würzburg

VIVE MEMOR LETHI. (um 1531)

Lebe in Gedanken an der Tod.

b) Notiere deine Ergebnisse.

Geschichtliche Ereignisse im 17. Jahrhundert und gesellschaftliche Situation:

Lebensgefühl des Barock zeichnet sich aus durch ...

8 *Welche der eben gesammelten Vorstellungen oder Themen lassen sich in dem Gedicht „Ebenbild unseres Lebens" wiederfinden?*

9 *Kannst du nun deine Deutungshypothese aus Aufgabe 3c) auf Seite 36 präzisieren?*

C Übungen

TIPP

Bei einer **Interpretation** kommt es darauf an, **die Wirkung rhetorischer Mittel** in ihrem Kontext konkret zu beschreiben.

1 *Hier siehst du zwei Versuche von einer Schülerin und einem Schüler, sprachliche Auffälligkeiten der Verse 3 und 4 des Gedichts zu deuten. Warum ist Pauls Interpretation besser gelungen? Begründe.*

Maja:

> In den Zeilen 3 und 4 des Gedichts fällt eine wiederholte Antithetik auf. Der Gegensatz verdeutlicht die unterschiedliche Stellung der Menschen in der Welt. Vor Gott aber sind sie alle gleich.

Paul:

> Die Verben „steigen" und „fallen" (vgl. Vers 3) werden einander antithetisch gegenübergestellt, ebenso „Paläste" und „schlechtes Dach" sowie „herrscht" und „webt". Der parallele Satzbau und das Enjambement von Vers 3 zu Vers 4 unterstreichen die Kernaussage des Gedichts: So verschieden die Menschen und ihre Situation auch sind, vor dem Tod sind sie alle gleich.

____

____

2 *Nachdem du im Hauptteil das Gedicht im Detail analysiert und interpretiert hast, musst du zum Schluss deine Ergebnisse in einem Resümee zusammenführen. Entscheide und begründe auch hier, welche Version du für gelungener hältst.*

> **A** Insgesamt spiegelt das Gedicht „Ebenbild unseres Lebens" von Andreas Gryphius das typische Lebensgefühl des Barocks mit seinem Vanitas-Gedanken wider. Der Mensch soll sich bei allem, was er tut und was er an Ruhm und Reichtum anhäuft, dessen bewusst sein, dass es nicht für die Ewigkeit ist und schnell vergehen kann. Er ist dadurch aufgefordert, eine richtige Einstellung zu den weltlichen Dingen zu entwickeln, diese nicht überzubewerten und sein Lebensziel auf die Ewigkeit zu setzen.

> **B** Das Gedicht „Ebenbild unseres Lebens" von Andreas Gryphius kann als ein Mahnen verstanden werden, dass nichts im Leben Bestand hat. Alle im Laufe des Lebens erworbenen Güter sind vergänglich, „eine geborgte Pracht" (V. 14), vor allem aber spielt die gesellschaftliche Stellung des Menschen im Hier und Jetzt nach dem Tod keine Rolle mehr, da „der Tod uns gleiche macht" (V. 11).

D Einen Schreibplan erstellen

1 *Mache dir den Aufbau deines Interpretationsaufsatzes klar. Ordne zu.*

1 **Einleitung**

2 **Hauptteil**

3 **Schluss**

a) einen Blick auf das Gedicht als Ganzes werfen, z. B. auf die Entstehungszeit des Gedichts eingehen

b) dabei zeigen, wie die Wirkung des Gedichts in der sprachlichen und formalen Gestaltung entfaltet wird

c) Titel, Autor, Entstehungszeit und möglicherweise auch Gedichtform nennen

d) kurz das Thema des Gedichts vorstellen: Worum geht es?

e) die Ergebnisse der Analyse von Sprache, Inhalt und formalem Aufbau deuten und mit Textstellen belegen

f) meine Deutungshypothese bestätigen, widerlegen oder ergänzen

g) meine Deutungshypothese nennen

2 *Christine und Daniel haben sich einen Plan gemacht, wie sie den **Hauptteil** ihrer Interpretation aufbauen wollen.*

Daniel:

- Beschreibung des Daseins auf Erden als vergängliches Spiel
- Aufzeigen der Unterschiede, bedingt durch den sozialen Status
- Hinweis auf Vergänglichkeit allen Seins. Erkenntnis, dass durch den Tod alle gleich sind

TIPP

Bei der Deutung deiner Analyseergebnisse im Hauptteil kannst du **der Reihe nach** vorgehen, also abschnitts- oder strophenweise, oder aber du ordnest deine Ergebnisse **thematisch** an. Diese zweite Möglichkeit ist etwas schwieriger, aber besser, da hier Wiederholungen vermieden werden.

Christine:

Vers 1: Grundgedanke ...
Verse 2–4: ...
Verse 5–8: ...
Verse 9–11: Unterschiede
Verse 12–14: ...

Christine wird in ihrer Interpretation ... __________

____

____

Daniel dagegen wird ... __________

____

____

b) Wähle eine der beiden Vorgehensweisen und erstelle eine Gliederung für den Hauptteil deiner Interpretation in deinem Heft. Mache dir Notizen für die Einleitung und den Schluss (siehe Aufgabe C2).

3 *Schreibe die Gedichtinterpretation in dein Heft.*

E Den eigenen Text überarbeiten

1 *Prüfe mit Hilfe der Checkliste, an welchen Stellen du deine Interpretation vielleicht noch überarbeiten solltest.*

☑ Checkliste: „Ein Barockgedicht interpretieren"

ja	nein	Habe ich ...
☐	☐	... in der Einleitung Autor, Titel sowie Entstehungszeit und eventuell die Gedichtform genannt und die Deutungshypothese vorgestellt?
☐	☐	... den Gedankengang des Gedichts herausgearbeitet?
☐	☐	... formale, sprachliche und inhaltliche Aspekte des Gedichts untersucht und aufeinander bezogen?
☐	☐	... sprachliche Bilder und Vergleiche gedeutet, d. h. in unsere Sprache übertragen?
☐	☐	... das Gedicht im Entstehungskontext des Barocks gesehen und gedeutet?
☐	☐	... zum Schluss meine Ergebnisse zusammengefasst und die Deutungshypothese bestätigt oder korrigiert?
☐	☐	... auf Rechtschreibung und Zeichensetzung geachtet?

6 „Der Kuss im Traume“ – (Liebes)Gedichte vergleichen

Aufgabenstellung

1 Analysiere das Gedicht „Der Kuss im Traume" von Karoline von Günderrode.
2 Zeige auf, wie sich die Liebe in Ursula Krechels Gedicht „Liebe am Horizont" entwickelt und wie sich dies sprachlich äußert.
3 Vergleiche anschließend, wie in den beiden Gedichten die Themen „Liebe" und „Enttäuschung" vom lyrischen Ich jeweils erlebt und verarbeitet werden.

Karoline von Günderrode

Der Kuss im Traume (1805)

Es hat ein Kuss mir Leben eingehaucht,
Gestillet meines Busens tiefstes Schmachten.
Komm, Dunkelheit! Mich traulich zu umnachten,
Dass neue Wonne meine Lippe saugt.

In Träume war solch Leben eingetaucht,
Drum leb' ich, ewig Träume zu betrachten,
Kann aller andren Freuden Glanz verachten,
Weil nur die Nacht so süßen Balsam haucht.

Der Tag ist karg[1] an liebessüßen Wonnen,
Es schmerzt mich seines Lichtes eitles Prangen[2]
Und mich verzehren seiner Sonne Gluten.

Drum birg' dich Aug' dem Glanze ird'scher Sonnen!
Hüll dich in Nacht, sie stillet dein Verlangen
Und heilt den Schmerz, wie Lethes[3] kühle Fluten.

1 **karg:** *hier:* arm an
2 **eitles Prangen:** *hier:* selbstgefälliges Hervortun
3 **Lethe:** (*griech:* Vergessen) Fluss der Unterwelt, der der Sage nach alle Erinnerung vergessen lässt

Ursula Krechel

Liebe am Horizont (1977)

Der Mann hat eine schreckliche
Unordnung in ihr Leben gebracht. Plötzlich
waren die Aschenbecher voller Asche
die Laken zweifach benutzt, verschwitzt
und alle Uhren gingen anders.
Einige Wochen lang schwebte sie
über den Wolken und küsste den Mond.
Erst im Tageslicht wurde ihre Liebe
kleiner und kleiner. Achtlos
warf er das Handtuch, blaukariert
mit dem kreuzgestichelten Monogramm
(wenn das Mutter wüsste)
über die Schreibmaschine. Bald
konnte sie ihre Liebe schon
in einer Schublade verschließen.
Eingesperrt zwischen Plunder
geriet sie in Vergessenheit.
Später, als der Mann sie rief,
wünschte sie, stumm zu sein.
Als er wieder rief, war sie schon taub.

Deutschbuch

Trainingsheft für Klassenarbeiten und Kompetenztests

Gymnasium Hessen

Lösungen 9

Seite 4

A

1 a) und b) ***Diese Aussagen treffen zu:***
Die Sprache ist sachlich gehalten. – Meine eigene Meinung muss am Ende deutlich erkennbar sein. – Das Tempus ist durchgängig das Präsens. – Die Einleitung kann mit einem aktuellen Bezug oder einem Zitat beginnen. – Ich habe beim Aufbau die Wahl zwischen Pingpong- und Sanduhr-Prinzip.

Seite 5

2 ***Folgende Reihenfolge ist sinnvoll:***
das Thema erschließen und eine Ideen- und Stoffsammlung anlegen – Argumente für beide Seiten suchen – Beispiele zu den Argumenten suchen – sich auf eine Position festlegen – die Argumente für den Hauptteil ordnen – die Einleitung und den Schlussteil planen – die Erörterung schriftlich ausformulieren – die Erörterung kritisch durchlesen und überarbeiten

B

1 ***Mögliche Ergänzung der Mind-Map:***
aktuelle Bezüge: Diskussion über Zensur des Internets, Firmen überwachen Mitarbeiter und deren Kommunikation
Big Brother: totale Überwachung, viele Fernsehsendungen, die auch in intime Bereiche eindringen, Hemmschwellen scheinen zu fallen
Sicherheit: Überwachung von Terrorverdächtigen, Sicherheit der Gemeinschaft wichtiger als Rechte des Einzelnen? Gibt es besonders „zu sichernde" Orte (z. B. Flughäfen, öffentliche Gebäude, Schulen)?
Freiheit: Staat muss ein freiheitliches Leben ermöglichen, Einschränkungen der Persönlichkeitsrechte durch Überwachung
Politik: ambivalente Aufgabe des Politikers zwischen Sicherung der Persönlichkeitsrechte und notwendiger staatlicher Kontrolle bestimmter Bereiche, gesetzliche Grundlagen
Kommunikationsmittel: Wandel in den letzten Jahrzehnten, Kontrolle/Zensur wird durch Internet immer schwerer, Möglichkeiten für die Organisation von Verbrechen durch vielfältige, raschere Kommunikation

Seite 6

3 ***Die Antwort hängt von deiner Meinung ab, mögliche Thesen sind z. B.:***
„Ich vertrete die These, dass der Staat das Recht haben muss, die Menschen zu überwachen, um ihre Sicherheit gewährleisten zu können." Oder: „Ich vertrete die These, dass der Staat auf keinen Fall das Recht hat, Menschen zu überwachen, denn in einem demokratischen Rechtsstaat gilt es vor allem, die Privatsphäre und die persönliche Freiheit jedes Einzelnen zu schützen."

Seite 7

C

1 a) ***Mögliche Antworten:***
- ☐ *Was gehört zur Privatsphäre eines Menschen? – Private Briefe, z. B. an Freunde, E-Mails, z. B. an Angehörige, die eigene Wohnung, das eigene Auto, Gespräche über persönliche Angelegenheiten, z. B. Krankheiten, Korrespondenz mit Ärzten, Telefonate, z. B. über individuelle Vorlieben/Wünsche usw.*
- ☐ *Warum ist es wichtig, dass Privates nicht jedermann zugänglich ist? – Informationen sind vertraulich, der Mensch braucht nicht-öffentliche Schutz- und Rückzugsräume, Arbeitgeber könnte Informationen gegen einen Mitarbeiter verwenden.*
- ☐ *Welche Folgen – mitunter auch emotionaler Art – hat es für einen Betroffenen, wenn seine Privatsphäre nicht mehr geschützt ist? – Gefühl starker Verunsicherung, wenn Rückzugsräume nicht mehr geschützt sind, gesteigerte Nervosität bis hin zu psychosomatischen Erkrankungen, Gefahr, vom Arbeitgeber zurückgestuft/unfair behandelt zu werden, Arbeitsplatzverlust, Gefahr von Mobbing.*

b) ***Mögliche Formulierung des Arguments:*** *Die Überwachung privater Bereiche ist abzulehnen, da die Privatsphäre des Bürgers ein Schutz- und Rückzugsraum ist, in dem er sich individuell entfalten kann. Zur Privatsphäre gehören ja nicht nur relativ unwichtige E-Mails, sondern auch ärztliche Briefe über Krankheiten, Gespräche über persönliche Vorlieben und Wünsche, die eigene Wohnung usw. Diesen Bereich zu schützen, ist für den Betroffenen wichtig, da er sonst vertrauliche Informationen nicht mehr weitergeben könnte oder seine individuelle Entfaltung stark beschränkt wäre. Wenn dieser Schutz wegfiele, könnten die Folgen von großer Verunsicherung bis zu Depressionen, Erkrankungen, Arbeitsplatzverlust usw. reichen. Daraus folgt, dass beim Schutz der Privatsphäre die Interessen des Individuums genauso berücksichtigt werden müssen wie ein staatliches Interesse daran, die Gemeinschaft zu schützen.*

Seite 8

2 ***Mögliche Formulierungen von Gegenargumenten:*** *Auch wenn die staatliche Überwachung der Verbrechensbekämpfung dient, sollte es selbstverständlich sein, dass niemand ohne Verdachtsmomente überwacht werden darf. Um das zu überprüfen, benötigt man eine außen stehende, unabhängige Instanz wie einen Staatsanwalt oder einen Richter, der die Interessen und Rechte des Bürgers im Auge behält.*

Andererseits ist zu bedenken, dass eine Überwachung „auf Vorrat“, wie sie bereits bei der Vorratsdatenspeicherung der Internetnutzer praktiziert wird, Millionen von Unschuldigen im Voraus unter Verdacht stellt. Das hat mit Prävention nichts zu tun, denn Prävention heißt nicht, einen Generalverdacht zu erheben.

Seite 9

3 ***Mögliche Lösungen:***

b) ***Auch wenn*** *man eventuell nicht immer kontrollieren kann, in wessen Hände die Daten gelangen und ob sie missbraucht werden,* ***so ist doch der entscheidende Punkt, dass*** *die überwachten Daten in den allermeisten Fällen nie gesichtet und sofort wieder gelöscht werden, z. B. bei der Videoüberwachung öffentlicher Plätze, bei der sich Aufnahmen als unbedenklich erwiesen haben.*

c) ***Es muss angeführt werden, dass*** *die Unverletzlichkeit der Wohnung gesetzlich garantiert ist.* ***Noch bedeutsamer ist dabei die Tatsache, dass*** *die Privatsphäre ein hohes Gut darstellt, das es in jedem Fall zu schützen gilt.*

Seite 10

D

1 ***Mögliche Vor- und Nachteile der beiden Aufbauprinzipien:***
Vorteile des Sanduhr-Prinzips: Es weist einen sehr geordneten Aufbau auf, ist leichter zu strukturieren. Es macht nichts, wenn man für eine Seite (Pro oder Kontra) mehr Argumente findet, schon die Struktur weist auf die eigene Haltung hin. Nachteile des Sanduhr-Prinzips: Die Form kann sehr starr wirken, es besteht die Gefahr, dass man einzelne Punkte „abhakt“, ohne ihre Gültigkeit zu hinterfragen. Vorteile des Pingpong-Prinzips: Es wirkt eleganter, die Meinung wirkt differenzierter, da man auf jedes Argument auch mit einer Gegenposition antwortet, was die Argumentationslinie wesentlich durchdachter erscheinen lässt. Nachteile des Pingpong-Prinzips: Die Strukturierung fällt oft schwerer, man benötigt für jedes Argument eine passende Gegenposition, die eigene Meinung wird nicht automatisch durch die Struktur dargelegt, sondern muss vor allem durch die sprachliche Gewichtung deutlich gemacht werden.

2–5 ***Beispiele für die Einleitung und den Schluss findest du in der Musterlösung unten.***

Seite 11

6

Beispiel für eine Pro-und Kontra-Erörterung:	***Was an diesem Beispiel gelungen ist:***
Die Bilder der Flugzeuge, die sich am 11. September 2001 in die oberen Drittel der Türme des World Trade Centers bohren, haben sich in unsere Gehirne gebrannt. Wir werden sie nicht mehr los und mit ihnen bleibt das Gefühl, dass die Terrorgefahr wächst. Auch nach diesen Ereignissen machten andere Meldungen von Bombenattentaten aus aller Welt uns immer wieder bewusst, dass wir in keiner friedfertigen Welt leben. Die Erkenntnisse, die wir aus diesen Ereignissen erhalten haben, zeigen, dass Terroristen moderne Menschen sind, die sich	*Ein aktueller Bezug wird als Einstieg gewählt.*
wie selbstverständlich der neuesten Kommunikationsmethoden bedienen. Über das Internet oder über Mobiltelefone lassen sich Aktionen so kurzfristig abstimmen, dass ein präventiver Gegenschlag der Polizei fast unmöglich ist.	*Begriffe, die für die Argumentation zentral sind, werden eingeführt.*
Sollte der Staat angesichts dieser Gefahr die Nutzung des Internets, des Telefons oder von E-Mails überwachen dürfen, und dies auch ohne richterliche Anordnung, um die Sicherheit seiner Bürger gewährleisten zu können?	*Die Themafrage wird genannt.*
Stellt man diese Frage dem Bundesinnenminister, so ist die Antwort ein eindeutiges „Ja“. Er fordert bereits seit langem, dass die Polizei sich derselben hochmodernen Mittel bedienen darf, mit denen Terrorakte geplant werden.	*1. Pro-Argument: Eine Autorität wird zitiert.*
Seine „Sicherheitsgesetze“ reichen von der bereits umgesetzten Vorratsdatenspeicherung, die im Nachhinein Bewegungen im Internet einzelnen Usern zuordenbar macht, bis hin zum Ausspionieren von Computern mittels so genannter „Trojaner“. Das sind Programme, die sich auf einem Computer einschleichen und die Überwachung von außen ermöglichen.	*Das Argument wird ausgeführt.*

Auch wenn uns diese Gedanken als empörend erscheinen mögen, so hat die Überwachung doch längst Einzug in unseren Alltag gehalten, ohne dass wir uns dadurch belästigt oder eingeschränkt fühlen. Kameras an öffentlichen Orten wie Bahnhöfen, großen Plätzen oder in Stadien begleiten uns auf Schritt und Tritt. Wenn nichts passiert, werden die Aufnahmen automatisch überspielt.	*Das Argument wird weiter erläutert und durch ein Beispiel gestützt.*
Wenn allerdings ein Verbrechen geschieht, liefern die Kamerabilder wertvolle Hinweise auf die Täter oder den Tatvorgang.	
Im Fall der nicht zündenden Kofferbomben in zwei Regionalzügen konnten die Verdächtigen auf Grund solcher Überwachungsbilder festgenommen und verurteilt werden. Wenn also die Überwachung tatsächlich zu konkreten Erfolgen bei der Terrorbekämpfung dient, warum sollte man sich dem widersetzen?	
Tatsache ist allerdings auch, dass Verbrechen nun einmal nicht in der Öffentlichkeit geplant werden. Im Falle der Kofferbomber war es reines Glück, dass die Sprengsätze nicht detonierten. Die Überwachungskameras hätten zwar auch im Falle eines erfolgreichen Attentats zur Überführung der Täter getaugt, doch um die Verbrechen zu verhindern, hätte man die Planung früher erkennen müssen.	*Das 1. Gegenargument wird angeführt, das eben genannte Pro-Argument entkräftet.*
Nur die Überwachung der privaten Kommunikation der beiden Attentäter hätte hier zum Erfolg führen können. Nur durch das Eindringen in die Privatsphäre der beiden wäre eine erfolgreiche Vereitelung möglich gewesen. Hier sind der Polizei durch die Gesetzgebung die Hände gebunden. Doch Gesetze entstehen nicht über Nacht und ohne Vorüberlegung. Der Gesetzgeber hat sich etwas dabei gedacht, die Privatsphäre des Einzelnen zu schützen.	
Häufig hört man den Satz: Wer nichts zu verbergen hat, der muss auch nichts befürchten. Dem kann entgegengesetzt werden: Wer nichts getan hat, muss auch das Recht haben, ohne Überwachung durch den Staat leben zu dürfen.	*Das 2. Pro-Argument wird genannt und sofort wieder durch das 2. Kontra-Argument entkräftet.*
Um was es hier geht, ist die Freiheit des Individuums. Der Ministerpräsident entgegnete dem Innenminister, dass seine Pläne die Balance zwischen Sicherheit und Freiheit gefährdeten. Die Freiheit des Einzelnen beginnt bereits im Kleinen. So darf z.B. ein Lehrer einen Zettel im Klassenzimmer abfangen – ihn lesen oder gar vorlesen darf er hingegen nicht. Und das zu Recht. Der Inhalt kann persönlich sein, das laute Vorlesen vor der Klasse kann in höchstem Maße beschämend und erniedrigend für den Verfasser sein.	*Das Kontra-Argument wird durch das Zitat einer Autorität und ein Beispiel aus der eigenen Lebenswelt (Schule) gestützt.*
Bei E-Mails im privaten Rahmen ist damit zu rechnen, dass der weitaus größte Teil nur belanglose oder harmlose Informationen enthält. Allerdings kann es auch sein, dass Vorlieben, Wünsche oder Bedürfnisse in ihnen offenbart werden, Dinge, die niemanden außer den Verfasser und den Adressaten etwas angehen. Daher ist es im höchsten Maße empörend, dass in letzter Zeit immer wieder Fälle von Firmen auftauchen, die ihre Mitarbeiter über Kamera- oder E-Mail-Überwachung ausspionieren. Was, wenn ein Mitarbeiter in solch einer Mail über eine Krankheit berichtet? Falls sein Vertrag noch nicht unbefristet ist, so kann diese Information, die ein Arbeitgeber ohne Wissen des Mitarbeiters erlangt, dazu führen, dass es nicht zu einer Festeinstellung und somit zur Arbeitslosigkeit kommt.	*Ein 3. Pro-Argument wird genannt, auch hier wird es umgehend entkräftet durch das 3. Kontra-Argument.* *Dieses Kontra-Argument wird durch ein aktuelles Beispiel gestützt.*
Der private Raum, also die eigene Wohnung, die private Korrespondenz mit Freunden oder dem Arzt, das eigene Auto, muss vom Staat geschützt werden. Denn hier findet individuelle Entfaltung statt. Nur, wer sich sicher sein kann, dass er einen Schutz- und Rückzugsraum hat, kann sich in diesem auch entfalten. Stasiopfer leiden auch Jahrzehnte nach dem Fall der Berliner Mauer noch, wenn sie erfahren, dass Freunde oder der eigene Ehepartner intimste Geheimnisse an die Staatssicherheit weitergegeben haben. Verunsicherung, seelische Schäden und psychosomatische Erkrankungen sind nicht selten die Folge bei Überwachungsopfern.	*Die Wichtigkeit des zuletzt genannten Kontra-Arguments wird durch weitere Beispiele und Ausführungen betont.*
Daher sollte der Staat alles daran setzen, die Bedürfnisse der Bürger nach Privatsphäre zu wahren und gesetzlich zu schützen. Dass der Staat diesen Bedürfnissen entgegenarbeitet, ist eine grausame Vorstellung. Der gläserne Bürger muss verhindert werden, die Gefahr des Missbrauchs gesammelter Daten ist zu groß.	*Zum Schluss wird die eigene Meinung als Fazit aus der Argumentation genannt.*
Natürlich gilt es, Anschläge und Verbrechen zu verhindern und aufzuklären – aber gerade weil der Schutz des Individuums im Mittelpunkt aller Gesetze steht, darf die persönliche Freiheit der Menschen nicht angetastet werden.	*Das Thema wird abgerundet, indem ein Aspekt der Einleitung noch einmal aufgegriffen wird.*

Seite 13

A

1 ***Zutreffend sind:*** *b) und c).*

2 ***Richtig sind:*** *a), d), f), h) und i).*

Seite 14

B

1 ***Falsch sind folgende Aussagen:*** – *Als Parodie bezeichnet man eine nicht gelungene Interpretation einer Textvorlage.*
– *In einer Parodie wird eine Textvorlage sachlich kritisiert, ähnlich wie in der Literaturkritik.*

2 ***Falsch ist*** *Antwort a).*

3/4 ***Deine Tabelle könnte so aussehen:***

Aspekte des Ausgangstextes		*b*	*v*	***parodistisch umwandeln***
*Was sind **Ort und Zeit** des Geschehens?*	*Das Landgut Tara in den Jahren des amerikanischen Bürgerkriegs.*	X		
*Aus welcher **Erzählperspektive** wird erzählt?*	*Aus der Sicht des Er-Erzählers, der die Perspektive Scarletts einnimmt.*	X		
*Was ist der **Handlungskern** des Textauszugs?*	*Scarletts sehnliches Hoffen auf einen Heiratsantrag von Ashley Wilkes.*	X		
*Wie stehen die Figuren zueinander **(Figurenkonstellation)**?*	*Scarlett ist in Ashley verliebt, der ihre Gefühle jedoch nicht erwidert.*	X		
*Wie wird die **Hauptfigur** (Scarlett) charakterisiert?*	*Scarlett verhält sich sehr emotional, weil sie unglücklich verliebt ist.*		X	*noch emotionaler darstellen*
*Wie werden **weitere Figuren** charakterisiert (z. B. Ashley)?*	*Ashley verhält sich zurückhaltend, höflich, undurchschaubar.*	X		
*Welche **sprachlichen Besonderheiten** fallen im Text auf?*	*z. B. erlebte Rede: „Ach, seine Stimme!" (Z. 4 f.)*		X	*häufiger benutzen*
*Welche **Bilder** (Vergleiche, Metaphern) werden verwendet?*	*z. B.: „sein blondes Haar …, wie eine glänzende Silberkappe" (Z. 2 f.); „das Fieber in ihren Adern" (Z. 31 f.)*		X	*mehr sprachliche Bilder und Vergleiche einbauen (Übertreibung!)*
Welche charakterisierenden Adjektive werden verwendet?	*z. B.: „die verträumten grauen Augen" (Z. 1); „so aufreizend langweilig in seiner Unterhaltung" (Z. 26)*		X	*mehr Adjektive einsetzen (Häufung)*

Seite 16

C

1 ***Richtig sind:*** *b), c), g) und k).*

2 ***Mögliche Ergänzungen:***
a) Haut: seidigzart, samtweich, rosig
b) Gesicht: zuckersüß, bildhübsch, liebreizend
c) Augen: rehbraun, stahlblau, apfelgrün
d) Blick: glühend, funkelnd, hinreißend, betörend, strahlend
e) Temperament: feurig, leidenschaftlich, stürmisch, wild
f) Umarmung: innig, eng umschlungen

Seite 17

3 ***Mögliche Ergänzungen:***
Widerstreitende Gefühle tobten in seiner Brust.
Sein Lachen ließ sie immer wieder tausend Tode sterben.
Seine Stimme umschmeichelte zärtlich ihr Ohr.
Es bricht ihr das liebeskranke Herz.
Das Blut pochte heiß in ihren Adern/Schläfen.
Vor Sehnsucht warf sie sich nachts unruhig hin und her.

4 ***Mögliche Ergänzungen:***
Ihre Augen funkelten wie Diamanten, wenn sich das Kerzenlicht in ihnen brach.
Sein Blick durchfuhr ihren Körper wie ein lodernder Blitz.
Die Glut des Augenblicks ließ sie dahinschmelzen wie Butter.
Vor Erleichterung und Freude hätte sie fliegen können wie ein Vogel.
In ohnmächtiger Wut sann sie heimlich auf Rache.

Seite 18

D

1 ***Eine sinnvolle Reihenfolge ist z. B.:*** *1: c), 2: f), 3: g), 4: a), 5: d), 6: e), und 7: b).*

2 ***Ausgefüllter Lückentext:*** *Meine Parodie soll die bereits im Ausgangstext erkennbare übersteigerte Emotionalität der Hauptfigur Scarlett noch einmal verstärken und den Leser so zum Schmunzeln bringen. Während man sich im Ausgangstext möglicherweise noch mit der Figur identifizieren kann, weil ihre Gefühle als unglücklich Verliebte nachvollziehbar sind, soll es nun lächerlich wirken.*

Seite 19

3 *Meine Parodie basiert hauptsächlich auf gezielten Häufungen charakterisierender Adjektive wie „heftig", „inbrünstig", „verträumt". Weitere parodistische Mittel, die ich verwende, sind Übertreibungen in Form bestimmter Redewendungen („… sie war völlig dahingeschmolzen"). Inhaltliche Elemente (Hauptfiguren, Ort der Handlung, Zeit etc.) habe ich nicht verändert, nur etwas gekürzt, damit der Leser den Text – sofern er ihn kennt – wiedererkennen kann. Auch in die Textstruktur (Erzählhaltung, Aufbau etc.) habe ich nicht eingegriffen (vgl. Aufgabe 1).*

4 ***Deine Parodie könnte so anfangen:***
*Da stand er **in seiner ganzen männlichen Pracht und blendenden Ausstrahlung** und sah zu ihr hinauf, lachend und die verträumten grauen Augen weit geöffnet. **Sein Blick durchrieselte ihren Körper wie ein heißer Strom.***
*Die Sonne schien so hell auf sein **herrlich** blondes Haar, dass es **wie eine glänzende Krone strahlte und funkelte.** Dann hatte er gesagt: „Nun bist du also erwachsen, Scarlett", war die Stufen heraufgesprungen und hatte ihr die Hand geküsst. Ach, seine Stimme! **Ach, seine hinreißende Gestalt! Ach, diese zarten, schmalen Finger!** Nie konnte sie vergessen, wie ihr Herz **wild tosend** geklopft hatte, als sie zum ersten Mal seine **tiefe, männliche** Stimme hörte, diese gedehnten, klangvollen Laute seines Dialekts, die **jede Faser ihres Körpers vibrieren ließen.** Von jenem ersten Augenblick an hatte sie ihn **heiß und inbrünstig** begehrt, einfach und ohne alle Überlegung nach ihm inniglich und sehnsuchtsvoll verlangt, wie sie nach Speisen verlangte, nach Reitpferden und nach ihrem weichen Bett, darin zu schlafen.*
*Zwei Jahre lang hatte sie ihn fast täglich gesehen, hatte er sie auf Bälle begleitet und ihr den Hof gemacht. Unaufdringlich, weniger häufig als andere Männer, aber immer war er da. Aber noch immer **schmachtete sie nach einem einzigen Wort, verzehrte sich nach einer Erklärung, erwarteten ihre Lippen die Krönung des Augenblicks, wenn er ….***

Seite 21

A

1 ***Richtig sind die Aussagen** c) und f).*

2 ***Zutreffend:** a).*

3 ***Richtig ist:** Antwort b).*

Seite 22

B

1 ***Richtig sind** die Aussagen b) und d); e) lässt sich nur zum Teil am Text belegen.*

2 *Raum: zwei Räume, vermutlich Küche und Kinderzimmer (oder Schlafzimmer)*
Gegenstände: Bett, Kirschglas, Fenster, Türdrücker, Wand, zerbrochene Tasse
Tageszeit: bleibt offen; die Mutter ist aus dem Haus, vermutlich tagsüber?

3 *a), b) und c):*

Wahrnehmungen des kranken Jungen	***Anhaltspunkte für diese Wahrnehmung im Text***	***Gedanken und mögliche Gefühle des Jungen dazu***
□ *klirrendes Geräusch (r)* □ *Vater isst mir die Kirschen weg (f)*	*„Nebenan klirrte ein Glas" (Z. 1)*	*„Jetzt isst er die Kirschen auf, die für mich sind" (Z. 1) „Dabei sollte ich sie essen" (Z. 8 f.) „Ich hab doch das Fieber" (Z. 9) → Angst, Wut?*
□ *Vater hat das Kirschglas fallen lassen (f)*	*„Jetzt hat er das Glas hingeschmissen" (Z 3)*	*Der Junge ist offenbar enttäuscht; er hatte sich auf kalte Kirschen gefreut, die von der Mutter gegen das Fieber gedacht waren (Z. 10 f.).*
□ *Vater sitzt auf dem Boden (r)* □ *Vater hat Kirschsaft an den Händen; er hat sich also an meinen Kirschen vergriffen (f)*	*„Jetzt sitzt er auf der Erde und hat die ganze Hand davon voll" (Z. 12); „Es tropfte von seiner Hand. Alles Kirschen […], meine Kirschen" (Z. 22 f.)*	*Der Junge könnte zunächst annehmen, dass der Vater sich herausredet; vielleicht überblickt er die Situation nicht sofort. (Warum sitzt er auf dem Boden? Wieso verzieht er das Gesicht? …).*
□ *Vaters Hand ist rot (r)* □ *Vater kommt nicht wieder vom Boden hoch (r)*	*„Der Kranke sah auf die Hand" (Z. 36)*	*Der Junge könnte unsicher werden, ob der Vater wirklich hingefallen ist und sich ernsthaft verletzt hat.*
□ *Vater erklärt, dass er sich die Hand an einer zerbrochenen Tasse geschnitten hat (r)*	*„Das ist nur ein kleiner Schnitt. Das hört gleich auf" (Z. 37 f.)*	*Der Junge könnte bemerken, dass sein Vater ihn beruhigen will („… winkte der Vater ab", Z. 38) und sich um ihn sorgt („Geh schnell zu Bett mit deinem Fieber", Z. 48)*
□ *Kirschen stehen am Fenster (r)*	*„Sie stehen noch vorm Fenster, damit sie schön kalt sind" (Z. 49 f.)*	*Der Junge könnte erkennen, dass er dem Vater Unrecht getan hat, und will sich vor Scham unter der Bettdecke verkriechen.*

Seite 23

4 ***Gründe für die Wahrnehmung des Jungen:*** *Fieber, Krankheit, Aussicht auf etwas Kaltes.*

C

1 ***Richtig ist:*** *c), vorausgesetzt, der Junge hat – trotz des Fiebers – gehört, was der Vater sagt, und glaubt ihm.*

2 *Am ehesten trifft die linke Zeichnung zu, denn der Vater ist dem Jungen direkt zugewandt: Er macht sich Sorgen um sein Kind und schickt es wieder ins Bett (vgl. Z. 17f., Z. 21), obwohl er selbst Hilfe brauchen könnte (Z. 21–27), sich schmerzhaft geschnitten hat (Z. 37–39) und ihm die Situation zu erklären versucht (Z. 32–39). Der Junge registriert von all diesen Dingen wenig – seine Wahrnehmung kreist bis zuletzt nur um die Kirschen, die er verloren glaubt (Z. 1, Z. 11, Z. 45). Der gezackte Pfeil deutet an, dass die Kommunikation (oder die Beziehung zwischen Vater und Sohn) in dieser Richtung gestört ist.*

Seite 24

3 ***Richtig sind die Aussagen*** *a) und d).*

4 *Gedanken und Gefühle des Jungen: Angst, Wut, Ärger über den Vater oder sogar Ablehnung des Vaters bzw. Misstrauen, Unsicherheit, vielleicht Reue und Scham.*

5 *Der Junge könnte …*

a) … seinen ***Gefühlen*** *freien Lauf lassen.*	*Es ärgert mich, dass er einfach meine Kirschen isst. Das ist gemein!* *Es tut mir so leid, dass er Schmerzen hatte, und ich habe meine Vorurteile gepflegt.* *Ich schäme mich so, dass ich so schlecht über ihn gedacht habe.*
b) … ***Bitten*** *oder* ***Wünsche*** *äußern.*	*Sag endlich die Wahrheit!* *Verzeih mir bitte!* *Ich wünsche mir, dass wir uns wieder besser verstehen. Ich kann ihn ja fragen, ob er sich ein wenig zu mir setzt …*
c) … über eine ***Beobachtung*** *nachdenken.*	*Es sah merkwürdig aus, wie er da am Boden saß.* *Er konnte nicht aufstehen und konnte sich nach dem Sturz kaum bewegen.* *Er hat immer wieder gesagt, ich soll ins Bett gehen. Immer wieder hat er das gesagt …* *Alles war rot, seine Hand, der Fußboden – rot wie … Blut! Ob er sich doch geschnitten hat?*
d) … den Kopf voller ***Fragen*** *haben.*	*Bin ich so krank, dass Vater sich so sorgt? Oder hat er mich nur weggeschickt?* *Warum saß er da so lange? Warum sollte ich so schnell wieder gehen?* *Ob er sich verletzt hat? Vielleicht war der Schnitt gar nicht so klein?* *Vielleicht sollte ich ihn nicht sehen?* *Wenn er mir nun böse ist? Wenn er nun gar nicht kommt?*
e) … sich oder dem Vater ***Vorwürfe*** *machen.*	*Wie kann er sich so herausreden – „er kommt nicht mehr hoch"! So leicht fällt Vater nicht um! Und wenn doch? Wenn er … - hätte ich zu ihm gehen sollen? Hätte ich ihm helfen sollen?* *Warum hat er nichts gesagt!* *Hätte ich bloß genauer hingesehen! Und ich habe ihn auch noch gefragt, ob sie „schön kalt" waren – dabei hat er …* *Vater würde so etwas nie tun – er weiß doch, dass sie für mich bestimmt waren!*
f) … über ***Handlungsalternativen*** *nachdenken.*	*Ich könnte noch einmal aufstehen und nachsehen, vielleicht …* *Sollte ich Vater rufen? Es ist so still …* *Vielleicht sollte ich mich entschuldigen, dass ich so schlecht von ihm gedacht habe?* *Vielleicht könnte ich ihm doch helfen …*

6 *a) Ellipse: d),*
Leitmotiv: a),
rhetorische Frage: e),
Metapher: b),
Parallelismus: c)
b) ***Zutreffend sind:*** *a), b), c), d), f), h) und i).*

7 ***Zutreffend sind:*** *a), b), c), h) und i).*

Seite 25

D

1

Gedanken und Gefühle	*Nr.*	*Begründung*
Ob Vater mir die Kirschen bringt?	*1*	*Der Monolog soll an den Text anschließen; dies ist die letzte Situation, die den Jungen unmittelbar beschäftigt.*
Vaters Hand war so rot, sie tropfte …	*2*	*Im Rückblick beschäftigt den Jungen die Beobachtung; vielleicht „setzt sich" bei ihm (auch wegen des Fiebers) erst jetzt, was passiert ist.*
Vater saß auf dem Boden und konnte nicht aufstehen.	*3*	*Der Junge könnte sich Vorwürfe machen und er könnte das Verhalten des Vaters verstehen.*
Vater kommt (noch) immer nicht!	*4*	*Der Junge könnte sich Sorgen machen und sein Verhalten bereuen.*

2

Beispiel für einen inneren Monolog:

Kirschen, kalte Kirschen – jetzt bringt er sie mir gleich. Bestimmt. Das hat er versprochen. Weil sie so schön kalt sind, gegen das Fieber. Und wenn nicht? Er wirkte so verlegen … Wenn er sich nur herausgeredet hat? Warum kommt er nicht? Warum sollte ich unbedingt so schnell wieder ins Bett gehen? Sollte ich etwas nicht sehen? Ha, es war doch Kirschsaft? Roter, kalter Kirschsaft … Und er hatte ihn überall an den Händen … Sicher wollte er die kalten Kirschen alleine essen, meine Kirschen … Und dann ist ihm die Tasse runtergefallen und jetzt bekomme ich keine Kirschen mehr … Dabei hat sie mir die Kirschen doch extra vors Fenster gestellt, damit sie schön kalt sind. Wegen des Fiebers …

Warum kommt er nicht? Warum dauert das so lange? Es ist so still … Ob Vater noch da ist? Warum saß er da so lange, auf dem Fußboden? Nur ein kleiner Schnitt … Ausgerutscht, hat er gesagt … – er konnte sich nach dem Sturz kaum bewegen. Ob er wirklich gestürzt ist? Und wenn ich aufstehe und nachsehe? Wenn ich ihn rufe? Ich muss zu ihm. Aber mein Kopf ist so heiß, alle Glieder sind so schwer, ich habe nicht die Kraft …

Was an diesem Beispiel gelungen ist:

- ☐ *knüpft an Situation im Text an*
- ☐ *Ich-Form ist berücksichtigt*
- ☐ *Leitmotiv der Kirschen wird aufgegriffen*
- ☐ *sprachlich an Vorlage angepasst*
  - *Hauptsätze*
  - *Fragen*
  - *Alltagssprache*
- ☐ *unvollständige Sätze*
- ☐ *Fragen*
- ☐ *Einschübe*

Hier einige Erläuterungen zum Beginn des inneren Monologs und zur Sprache:

In meinem inneren Monolog des Jungen gehe ich davon aus, dass er trotz des mehrfach erwähnten Fiebers (vgl. Z. 2, Z. 4, Z. 9, Z. 11) und seiner körperlichen Schwäche („Er schob sich die Wand entlang", Z. 5; „Er hielt sich am Türdrücker", Z. 15; „Der Kranke schob sich an der Wand zurück zu seinem Bett", Z. 51) nach und nach begreift, was vorgefallen ist. Im Text gibt es zwar keinen eindeutigen Hinweis, dass er die Erklärung des Vaters „gehört" hat und ihm dann auch glaubt. Aber dass er sich zuletzt doch – vielleicht beruhigt, dass seine Kirschen nicht verloren sind? – wieder ins Bett schicken lässt, ist zumindest ein Indiz. Daher wähle ich als Ausgangspunkt, dass er sich nun auf die versprochenen kalten Kirschen freut, und nehme dieses Leitmotiv wieder auf. Da der Vater drei Anläufe unternimmt, aufzustehen, scheint es mir realistisch, dass es etwas länger dauert, bis er die Kirschen bringt – denn er wird sicher erst seine Verletzung versorgen müssen. Der Junge zweifelt im nächsten Schritt – eben weil es so lange dauert –, ob der Vater kommt. Er fragt sich erneut, ob seine Unterstellung nicht doch berechtigt war … Sprachlich passe ich mich der Vorlage an, indem ich überwiegend Hauptsätze verwende – und eine schlichte Alltagssprache. Im Originaltext braucht der Junge lange, bis er Wahrnehmung und Bedeutung zusammensetzt. Auch in meinem Text „schaltet" der Junge langsam. Dies versuche ich durch Wiederholungen bzw. Parallelismen deutlich zu machen. Da ein innerer Monolog Gedanken und Assoziationen eines Menschen wiedergibt, habe ich auch unvollständige Sätze, Satzabbrüche, Einschübe und plötzliche Themenwechsel verwendet. Da der Junge versucht, das Geschehen zu verstehen, gehen ihm viele Fragen durch den Kopf.

Seite 28

A

1 ***Der richtige Text lautet:***

Bei dieser Art von Klassenarbeit wird von dir erwartet, dass du einen Text, der du vor dir liegen hast, in eine veränderte Perspektive setzt. Das Tagebuch wird immer in der Ich-Perspektive geschrieben und zeigt Gedanken, Gefühle, Hoffnungen und Befürchtungen des Schreibers. Auch die verdeckten Ursachen von Ereignissen und Motive für eine Handlung werden hierdurch die Wiedergabe der persönlichsten Gedanken klar. Du musst beim Verfassen eines Tagebucheintrages darauf achten, dass die Gefühle und Gedanken des Ich-Erzählers zu den äußeren Ereignissen des Textauszuges und dem Charakter der Figur passen. Versuche, den persönlichen Stil der Figur zu treffen. Am Schluss des Tagebucheintrages kann ein Vorsatz oder Entschluss zur Tat stehen oder auch der Gefühlszustand des Verfassers treffend zusammengefasst werden. Welche wahrscheinlichen Folgen ergeben sich aus dem Geschriebenen und was wird der Schreiber als Nächstes tun?

B

1 *a) und b)* ***Mögliche Markierungen und Einträge:***

Ich sagte … (Z. 2)	*Auseinandersetzung mit der Mutter*
Ich fuhr mir mit den Händen durch die Haare, dass sie in alle Richtungen abstanden. (Z. 4–5)	
Ich machte die Tür hinter mir zu und verschloss sie. Mom kam hinterher und klopfte. (Z. 6–7)	
… ich hatte genau gehört, was Matt Donaghy in der Cafeteria gesagt hatte, und ich hatte gesehen, was er gemacht hatte. (Z. 9–11)	*Rückblende: Vorgeschichte*
… ich konnte die richtigen Donaghys nicht im Telefonbuch finden. (Z. 12–13)	
… so schickte ich diese Mail ab (Z. 18–19)	*Ursula schreibt Mail.*
Ich schrieb meine Nummer dazu und um zweiundzwanzig Uhr siebenundvierzig läutete das Telefon. (Z. 25–26)	*Matt ruft an.*
Zweimal wählte Matt die Nummer, die Ursula ihm angegeben hatte, zweimal legte er schnell wieder auf, bevor es läutete. Als er zum dritten Mal gewählt hatte, ließ er es läuten. Sofort ging jemand dran. (Z. 27–30)	
Die Stimme des Mädchens klang heiser, reserviert. (Z. 30–31)	*Unsicherheit zu Beginn des Gesprächs*
Matt sprach mit leiser, zittriger Stimme. (Z. 35)	
… fragte Ursula, immer noch zögerlich (Z. 37–38)	
… sagte Ursula. (Z. 40)	
Matt brach ab (Z. 41)	
Matt lachte, aber Ursula blieb still. (Z. 42)	
Jetzt begann Ursula zu sprechen, … (Z. 52)	
Die letzten Sätze hatte Ursula sehr lebhaft gesprochen. (Z. 61)	
… stammelte er. (Z. 66)	
… sagte Ursula rasch. (Z. 70–71)	
… fügte er dann noch impulsiv hinzu. (Z. 75–76)	
Ursula Riggs sprach jetzt mit solcher Heftigkeit, als wäre sie auf einmal im Zimmer, bei Matt. (Z. 82–83)	

2
a) Sie kennen sich flüchtig, sind Schulkameraden.
b) Hauptsächlich wird aus der Sicht von Matt erzählt.
c) Zunächst schüchtern, sie kennen sich nicht so gut und Matt telefoniert nicht gern. Ursula wird schnell selbstbewusster am Telefon.
d) Sie möchte für Matt als Zeugin aussagen.
e) Matt ist erleichtert und glücklich, dass ihm jemand beisteht.

Seite 29

3 ***Mögliche Lösung:***
Ursula ist
- ☐ *unbeherrscht, denn sie kann ihr Gefühle nicht im Zaum halten. (Z. 8)*
- ☐ *impulsiv, denn sie tut, wonach ihr gerade der Sinn steht. (Z. 12)*
- ☐ *schüchtern, denn es macht ihr zunächst Mühe, mit Matt unbefangen zu reden (z. B. Z. 31).*
- ☐ *einfühlsam, denn sie kann sich gut vorstellen, dass es Matt nicht gut geht. (Z. 40)*
- ☐ *aufrichtig, denn sie kann nicht ertragen, dass über jemanden Lügen verbreitet werden. (Z. 70)*

C

1 ***Richtig ist:***
a) „Ich könnte die Wände hochgehen, wenn ich mir vorstelle, dass jemand mit Absicht solche Lügen verbreitet und dabei in Kauf nimmt, dass Matt in eine solche Situation gerät."
d) „Es ist eine unerträgliche Ungerechtigkeit, anonym Anzeige zu erstatten und dann von der Bildfläche zu verschwinden! Wie kann man nur so hinterhältig sein?"

Seite 30

2 ***Mögliche Lösung:***
Vor dem Gespräch: *Soll ich ihn anrufen oder nicht?*
Während des Gesprächs: *Weiß er überhaupt, wer ich bin?*
Diese Vorwürfe sind so blöd, dass es zum Himmel schreit. Das kann man so nicht stehen lassen.
Nach dem Gespräch: *Gut, dass ich ihn angerufen habe, ich glaube, er war sehr froh darüber.*

3 ***Mögliche Lösung:***

Das geschieht	*Das denkt Ursula dabei*
„Du kennst mich doch, oder? Von der Schule?", fragte Ursula, immer noch zögerlich. „Ursula, klar. Natürlich kenn ich dich." „Das war wohl nicht so … toll für dich heute", sagte Ursula.	*„Weiß er überhaupt, wer ich bin? Warum rufe ich eigentlich einen Jungen an, von dem ich nicht mal weiß, ob er mich kennt?" „Wie fange ich am besten an? Was soll ich sagen?'*
Jetzt begann Ursula zu sprechen, sehr schnell, so als hätte sie sich ihre Worte vorher überlegt. „Hör zu, Matt. Ich hab gehört, was du heute in der Cafeteria gesagt hast. Ich ging gerade an eurem Tisch vorbei und hab dich gehört. Ich weiß, dass du bloß einen Witz gemacht hast; kein intelligenter Mensch konnte deine Worte oder Gesten missverstehen.Wenn man sie aus dem Zusammenhang reißt, vielleicht, aber es gab ja einen Zusammenhang. Ich kann mich als Zeugin melden. Gleich morgen Früh geh ich zu Mr. Parrish und spreche mit ihm. Meinetwegen auch mit der Polizei, wenn es nötig ist." Die letzten Sätze hatte Ursula sehr lebhaft gesprochen.	*„Also los, es ist wichtig für ihn und ich möchte ihm helfen. Bringe ich es so schnell wie möglich hinter mich, ich habe mir ja lange genug den Kopf zerbrochen, ob ich ihn anrufe und was ich ihm sage."------------------„Ich weiß, dass er nur einen schlechten Spaß gemacht hat und nie im Stande wäre, eine Bombe in der Schule zu legen." „Irgendjemand hat ihn heute wohl absichtlich missverstanden – das ist alles ungerecht und kann so nicht stehen bleiben."------------------„Ich weiß auch nicht, warum ich das mache, aber ich finde die ganze Geschichte so ungerecht und an den Haaren herbeigezogen, dass ich einfach etwas unternehmen muss, um die Wahrheit ans Licht zu bringen." --------- „Das macht mich alles unheimlich wütend, je länger ich darüber nachdenke."*
„Das würde ich für jeden tun, der zu Unrecht beschuldigt wird", sagte Ursula rasch. „Ich meine – selbst für Leute, die ich nicht mag." „Ermittlungen? Über dich? Über sie selbst sollte man Ermittlungen anstellen!" Ursula Riggs sprach jetzt mit solcher Heftigkeit, als wäre sie auf einmal im Zimmer, bei Matt.	*„Er soll sich jetzt bloß nichts Falsches dabei denken, das würde ich wirklich für jeden tun, weil alles so ungerechtfertigt ist." ------------- „Lächerlich, wenn ich das höre, packt mich die Wut. Wie kann man Matt nur einen solchen Blödsinn anhängen?"*

Seite 31

4 a) *Gegen alle Vernunft spürte er einen Funken Hoffnung. Als wären sie nicht ihr halbes Leben zusammen zur Schule gegangen.*

b) ***Mögliche Lösung:*** *Unsicherheit, wie sie mit Matts Galgenhumor umgehen soll; Sammeln der eigenen Gedanken*

c) ***Mögliche Lösung:*** *Matt rief tatsächlich an! Es war wohl doch eine gute Idee, ihm die Nachricht zu schicken. Zuerst war ich so schüchtern wie er, ich und schüchtern, das kannte ich gar nicht von mir! Ich fragte ihn, ob er mich überhaupt kennt, und er sagte, na klar. Ich wusste nicht recht, wie ich das Gespräch anfangen sollte. Ich meinte, das sei nicht so toll für ihn an diesem Tag gelaufen, woraufhin Matt eine Art Witz machte. Er wollte damit wohl nur seine Unsicherheit überspielen. Weil ich nicht wusste, wie ich darauf reagieren sollte, habe ich erst einmal nichts gesagt, sondern …*

Seite 32

D

1 a) ***Mögliche Lösung:*** *1. Als ich heute Morgen aufstand, wusste ich nicht, was dieser Tag an Aufregungen bringen würde. Zuerst war alles wie immer, bis ich in der Cafeteria eine Äußerung von Matt Donagny hörte …*
2. Ich bin so erleichtert!!! Ich habe es getan und ich bin sicher, es war das Richtige, auch wenn Mom es sicherlich zuerst nicht gut finden wird. Wie immer. Aber sie wird mich schon verstehen, ich musste es tun!

2 a) ***Passende Schlüsse:*** *B Obwohl ich ja nur ungern telefoniere, war es mir wichtig, diese Geschichte jetzt aus der Welt zu schaffen und Matt zu sagen, dass ich für ihn aussagen kann, wenn er möchte. Eine solche Ungerechtigkeit kann man einfach nicht so geschehen lassen. Gleich vor der ersten Stunde will ich zur Schulleitung.*
C Ich bin so froh, dass ich es gewagt habe, auch wenn es mir nicht leichtgefallen ist. Jetzt fühle ich mich einfach besser und kann meinem Spiegelbild morgen wieder in die Augen schauen.

b) *Die Vorschläge B und C sind gelungen, weil sie Ursulas Gefühlszustand zusammenfassen. In Beispiel B kommt auch Ursulas Entschluss, zur Schulleitung zu gehen, vor.*
Die Vorschläge A und D sind weniger gelungen, denn sie gehen nicht auf Ursulas Gefühle ein.

Seite 33

3 ***Mögliche Lösung:***

Kurze Einleitung	*Erleichterung*
Vor dem Fernseher	*Gespräch in der Mensa, Situation am Abend*
Gespräch mit Mutter	*Wut; Entschluss, Matt anzurufen*
Ursula schreibt Mail	*noch immer Zweifel, ob Verhalten richtig*
Matt ruft an	*Aufregung*
Unsicherheit zu Beginn des Gesprächs	*Weiß er, wer ich bin? Wie meint er den Witz?*
Ursula kommt in Fahrt	*erneute Wut; Versprechen, zum Rektor zu gehen*
Ende des Gesprächs	*Erleichterung*
Schluss: Ausblick	*Entschluss, zum Rektor zu gehen*

4

Beispiel für einen Tagebucheintrag:	*Was an diesem Beispiel gelungen ist:*
Ich habe es getan! Ich habe es getan und fühle mich nun einfach besser, erleichtert. Froh! Aber alles von vorne, denn heute ist etwas Unglaubliches passiert! Als ich wie jeden Abend mit Mom die Nachrichten schaute, fand ich plötzlich meine eigene Schule im Fernsehen wieder. Ein Schüler – Matt Donaghy aus meiner Jahrgangsstufe – habe angeblich eine Bombendrohung ausgesprochen, weshalb die ganze Schule evakuiert werden musste und der Schüler vom Unterricht ausgeschlossen und verhört wurde.	*Der Einstieg macht Ursulas Gefühlslage deutlich. Die äußeren Ereignisse des Tages und des Abends werden kurz dargestellt.*
Das ist absurd! Zufälligerweise habe ich heute in der Cafeteria mitbekommen, was Matt gesagt hat, und es war eindeutig, dass es ein Witz sein sollte. Vielleicht kein besonders origineller Witz oder ein mieser Witz, wer aber seine Gesten und seinen Gesichtsausdruck gesehen hat, kann keinen Zweifel haben, dass es sich um eine ironische Bemerkung handelte. Und jetzt haben sie ihm so einen Strick daraus gedreht. Ich frage mich, warum und vor allem: Wer hat das alles eingefädelt? Mit welcher Absicht?	*Ursulas Perspektive wird deutlich: Sie bewertet die Ereignisse und macht sich Gedanken über die Hintergründe.*
Ich war mir irgendwie gleich sicher, dass dieser Verdacht Humbug sein muss, aber Mom glaubt ja alles, was im Fernsehen kommt, und bohrte gleich nach, wie ich mir so sicher sein könne. Einen Beweis habe ich nicht. Aber ich fresse einen Besen, wenn ich mich in Matt täuschen sollte.	*Ursula überlegt, ob ihre Einschätzung und ihre Handlung richtig sind.*
Ich ließ Mom einfach stehen und ging in mein Zimmer, verschanzte mich vor der Nervensäge, indem ich abschloss. Ich versuchte, Matt anzurufen, konnte aber leider nicht seine Nummer rausfinden. Ein Freund gab mir seine Mailadresse. Das ist mir eh lieber, weil ich die Situation besser im Griff habe, ich kenne Matt doch kaum, eigentlich nur vom Sehen, denn er ist in meiner Parallelklasse. Peinlich, ihn einfach anzurufen, was könnte er von mir denken? Nur Falsches, ich sei verliebt oder so …	*Informationen aus dem Text und eigene Ergänzungen sind gut miteinander verknüpft. Ursula überlegt, wie ihr eigenes Verhalten wirken könnte. Sie zeigt ihre eigenen Gefühle.*
Meine Mail wurde ziemlich prompt mit einem Rückruf beantwortet (nachdem ein paar Mal das Telefon nur einmal läutete …) Nach ein bisschen peinlichem Rumgedruckse hielt ich es nicht mehr aus und ich sagte Matt, dass ich mit Eveann alles gehört und gesehen habe und morgen bei der Schulleitung und meinetwegen auch bei der Polizei eine Aussage machen würde. Ich habe mich ziemlich in Rage geredet, und ich glaube, er war sehr überrascht.	*Der Eintrag ist durchgehend in der Ich-Form geschrieben.*
Niemand von seinen Freunden hat sich bisher bei ihm gemeldet. Die lassen ihn einfach hängen. Ist das vorstellbar? Er hat einen ganz schön niedergeschlagenen Eindruck gemacht, stammelte mit zittriger Stimme, aber versuchte noch einen Witz – das hat ihm heute Morgen in der Cafeteria auch das Genick gebrochen.	*Informationen aus dem Text wurden aufgegriffen.*
Mir ist überhaupt nicht nach Lachen zumute. Solche Ungerechtigkeit regt mich einfach auf und ich kann sie nicht so stehen lassen. Ist mir egal, was die anderen von mir denken. Auch Mom, die ja immer sagt, ich soll erwachsen werden und mich mal zusammenreißen. Soll sie sich selbst zusammenreißen.	*Ursulas Gerechtigkeitssinn und ihr impulsives Verhalten werden hier deutlich.*
Matt hat sich irgendwie gefreut und ganz ungläubig gefragt, ob ich das wirklich für ihn tun will. Ich sagte: „Das würde ich für jeden tun, selbst für Leute, die ich nicht mag." Ich Schaf!!! Hinterher denkt er noch, ich mag ihn nicht, das wollte ich damit gar nicht sagen. Ich wollte einfach nicht, dass er was Falsches denkt. Soll er denken, was er will. Ich bin froh, dass ich ihm das Angebot gemacht habe, und fühle mich gut, weil ich ihm aus der Patsche helfen kann in dieser himmelschreienden Ungerechtigkeit. Bleibt nur abzuwarten, wie Mr. Parrish reagiert gleich morgen Früh! Gute Nacht!	*Die Ausgestaltung der Beziehung zwischen Matt und Ursula ist passend zum Text ergänzt worden. Schluss: Ursula ist sich klar geworden, dass sie richtig gehandelt hat. Ihre Entschlossenheit wird deutlich.*

Seite 35

A

2 *Mögliche Antworten auf Maxis Fragen:*

a) Die Wirkung eines Gedichts geht nicht nur vom Inhalt oder von formalen oder sprachlichen Aspekten des Gedichts aus, sondern lässt sich erst im Zusammenspiel dieser drei Aspekte beschreiben.

b) Die Beschreibung des formalen Aufbaus des Gedichts umfasst die Angabe der Zahl der Strophen mit Verszahl pro Strophe, die Benennung des Reimschemas und des Metrums.

c) Jedes Gedicht kann zunächst für sich stehen. Viele Gedichte haben zeitlose Aussagekraft. Um aber Themen und Motive vollständig verstehen und deuten zu können, ist es jedoch meistens wichtig, das Denken der Menschen und/oder das Zeitgeschehen in Zusammenhang mit dem Gedicht zu bringen.

B

2 *Mögliche Ergänzung des Clusters:*

***negativ:** nicht feste, fällt, schlechtes Dach, ist hin, untergehn, dürr und tot, wir Armen, gräbt im Sande, der Tod, geborgte Pracht*
***positiv:** Paläste, Glück, grüne Äste, Purpurkleid, Schmuck, Kron, Weisheit, Stärck, Gut*
***Mögliches weiteres Wortfeld:** z. B.: das Leben ein Spiel: gewöhnliches Königsspiel, Spiel der Zeit, Schauplatz, dies ernste Spiel, Bankett des Lebens, z. B.: Vergänglichkeit des Lebens: sitzt nicht feste, wird morgen untergehn, sind nur Gäste, ein scharfes Schwert an zarter Seide schwebt, der Tod uns gleiche macht, scheidet*

Seite 36

3 a) ***Kerngedanken sind:***

Strophe 2: *Alles unterliegt der Vergänglichkeit, nichts hat Bestand. Die Menschen sind nur „Gäste" auf dieser Welt und haben immer den Tod vor Augen.*

Strophe 3: *Auch wenn die Menschen unterschiedliche soziale Stellungen haben, so sind sie im Augenblick des Todes alle wieder gleich.*

Strophe 4: *Solange sie auf der Erde sind, sollen die Menschen das Leben genießen, sich dabei aber immer bewusst sein, dass alle irdischen Güter vergänglich sind.*

b) ***Mögliche Antwort:***

Der Untertitel gibt eine Erklärung für den Titel: „Ebenbild unseres Lebens" ist das „gewöhnliche Königsspiel", nämlich das Schachspiel.

c) ***Deine Deutungshypothese könnte so lauten:***

Ich verstehe das Gedicht als Aufforderung des Sprechers an die Menschheit, sich die Vergänglichkeit des Lebens bewusst zu machen und nicht danach zu streben, materielle Güter anzuhäufen.

4 a) und c): ***Hebungen und Reimschema:***

Der Mensch das Spiel der Zeit spielt, weil er allhie lebt a
Im Schauplatz dieser Welt; er sitzt und doch nicht feste. b
Der steigt und jener fällt, der suchte die Paläste b
Und der ein schlechtes Dach, der herrscht und jener webt. a
Was gestern war ist hin; was itzt das Glück erhebt, c
Wird morgen untergehn, die vorhin grüne Äste d
Sind numehr dürr und tot, wir Armen sind nur Gäste, d
Ob den ein scharfes Schwert an zarter Seide schwebt. c
Wir sind zwar gleich am Fleisch, doch nicht von gleichem Stande e
Der trägt ein Purpurkleid, und jener gräbt im Sande e
Bis nach entraubtem Schmuck der Tod uns gleiche macht. f
Spielt denn dies ernste Spiel, weil es die Zeit noch leidet g
Und lernt, dass, wenn man vom Bankett des Lebens scheidet, g
Kron, Weisheit, Stärck und Gut bleibt eine geborgte Pracht. f

b) ***Das Metrum*** *des Gedichts ist ein sechshebiger Jambus, d.h. ein Jambus mit sechs Hebungen in jedem Vers. Dieser sehr gleichförmige Rhythmus unterstützt die inhaltliche Aussage des Gedichts: Das Leben, das ja auch mit einem Schachspiel verglichen wird, hat klare Regeln und Strukturen.*

d) ***Mögliche Antwort:***

Formaler und gedanklicher Aufbau des Gedichts entsprechen sich weitgehend. Rhythmus, äußere Form und Reim bilden ein sehr gleichmäßiges Muster und entsprechen so dem typischen barocken Sonett. Inhaltlich geht damit das monotone Warten auf Erlösung einher.

Dabei bilden die beiden Quartette eine thematische Untereinheit, formal verbunden durch den umarmenden Reim (abba, cddc). Sie beschreiben das Leben auf der Erde, das von Ungleichheit und Vergänglichkeit geprägt ist.

Ebenso bilden die beiden Terzette eine Einheit: Hier bilden Schweifreime (eef, ggf) die äußere Klammer. Die schon in den Quartetten angelegte Antithetik wird hier aufgegriffen und weitergeführt. Der Tod bringt die Erlösung und hebt alle Ungleichheit auf.

Seite 37

5 a) und b): ***Wichtige sprachliche Auffälligkeiten und mögliche Wirkung:***

Inversion: *„Der Mensch das Spiel der Zeit spielt" (V. 1) durch die Vertauschung der Satzgliedstellung bekommt der Begriff „Spiel" übergeordnete Bedeutung;*

Antithetik: *„sitzt"/„nicht feste" (V. 2), „der steigt"/„jener fällt" (V. 3), „Paläste"/„schlechtes Dach"(V. 3–4), „herrscht"/„webt" (V. 4), „gestern"/„itzt"/"morgen" (V. 5–6), „grüne Äste"/„dürr und tot" (V. 6–7), „scharfes Schwert"/„zarter Seide" (V. 8), „Purpurkleid"/„gräbt im Sande" (V. 10) → für Barockliteratur übliche Form der Gegenüberstellung, um auf die Unterschiedlichkeit menschlichen Seins und die Vergänglichkeit aufmerksam zu machen;*

Parallelismen: *„der steigt"/„der suchte"/„und der"/„der herrscht" V. 3–4 weisen eine parallele Satzstruktur auf → Verdeutlichung der gedanklichen Struktur und auch der Gegenüberstellungen (vgl. Antithetik), ebenso: V. 9;*

Enjambements: *Zeilensprünge finden sich zwischen den Versen 1 + 2, 3 + 4, 6 + 7 → Versstruktur und Rhythmus werden durchbrochen, ein Aufmerken ist die Folge, die Aussage wird unterstrichen;*

Synekdoche: „zarte Seide" (V. 8) steht im Sinne des Lebensfadens für das Leben als solches, d.h. das Teil für das Ganze;

Alliteration: „scharfes Schwert ... schwebt" 7 (V. 8): → durch das 3-fache Aufgreifen des Zischlauts „sch" erhält die Aussage des Verses besondere Eindringlichkeit;

Pars pro Toto: „entraubter Schmuck" (V. 11) steht stellvertretend für sämtliche im Leben erworbenen Güter und Reichtümer;

Oxymoron: „ernste Spiel" (V. 12) → Die Antithetik, die sich durch das ganze Gedicht zieht, spitzt sich hier im Schlüsselbegriff des Textes zu, der Gegensatz wird zum Widerspruch in einer Redewendung;

Pleonasmus: „spielt ... dies ... Spiel" (V. 12): → zusätzliche Intensivierung der Aussage durch Wiederholung des Begriffs;

Appell: (V. 12): → der Leser des Gedichts wird direkt angesprochen;

Akkumulation: „Kron", „Weisheit", „Stärck" und „Gut" (V. 14) → die Anhäufung von Dingen und Eigenschaften, die man sich im Laufe seines Lebens erwerben kann, verstärkt den „Vanitas-Gedanke": alles ist nur geborgt;

Metaphorik: (siehe Lösung zu Aufgabe 6).

Seite 38

6 a) ***Mögliche Deutung sprachlicher Bilder und Metaphern:***

„Der Mensch das Spiel der Zeit spielt, weil er allhie lebt" (V. 1): Das menschliche Leben ist zeitlich begrenzt, sein Dasein auf der Erde gleicht einem Gastspiel.

„Im Schauplatz dieser Welt; er sitzt und doch nicht feste." (V. 2): Der Mensch ist Teil eines großen Schauspiels, er steht auf der Bühne des Lebens und muss seine Rolle spielen.

„[...] die vorhin grüne Äste/Sind numehr dürr und tot, wir Armen sind nur Gäste" (V. 6/7): Der Vergleich mit der Pflanze, die dem Wechsel der Jahreszeiten ausgesetzt ist, veranschaulicht auch den Werdegang des Menschen. Noch deutlicher ist dabei das Bild „Gäste", nur vorübergehend, quasi zu Besuch, weilt der Mensch auf der Erde.

„Ob den ein scharfes Schwert an zarter Seide schwebt" (V. 8): Betonung der Unbeständigkeit des Lebens: Das Schwert als Metapher für den Tod ist allgegenwärtig und bedroht den zarten Lebensfaden.

„Der trägt ein Purpurkleid, und jener gräbt im Sande" (V. 10): Das äußere Erscheinungsbild, und sei es noch so gegensätzlich („Purpurkleid" als Bild für eine sozial hoch stehende Person, Graben im Sand als Verweis auf die untere Stufe der feudalen Ordnung), täuscht nicht darüber hinweg, dass sich darunter das gleiche „Fleisch" (V. 9) verbirgt.

„Und lernt, dass, wenn man von Bankett des Lebens scheidet" (V. 13): „Bankett des Lebens" als Metapher für Lebensgenuss, Teilhabe an der Schönheit des Lebens.

„Kron, Weisheit, Stärck und Gut bleibt eine geborgte Pracht" (V. 14): Die Aufzählung irdischer Güter und Errungenschaften führt noch einmal die Vergänglichkeit all dessen vor Augen, was man im Leben erwerben kann.

b) ***Mögliche Lösung:***

Die Bezeichnung „gewöhnliches Königsspiel" im Untertitel ist eine Umschreibung von „Schachspiel". Auch im Schachspiel entsprechen die Spielfiguren Bauer, Läufer, Königin und König der feudalen Ständeordnung. Wie im richtigen Leben wird kluges, überlegtes Handeln von Erfolg gekrönt. Genauso wie die andern Figuren kann aber im Spiel auch der König verlieren, schachmatt gesetzt werden, d.h. auch hier sind letzten Endes alle gleich.

Seite 39

7 b) ***Mögliche Ergebnisse:***

Geschichtliche Ereignisse im 17. Jahrhundert und gesellschaftliche Situation: Pracht und Verschwendung der absolutistischen Herrscherhäuser Europas, z.B. in Form von Prachtbauten (viele davon existieren heute noch, wie z.B. Versailles), prächtiger Mode oder auch aufwändigen Theateraufführungen. Die große Mehrheit der Menschen lebt jedoch als leibeigene Bauern und verfügt über keine Bildung. Der Dreißigjährige Krieg 1618–1648 als Folge von sich vertiefenden konfessionellen Gegensätzen bedeutet für die Menschen in Mitteleuropa Verwüstungen, Missernten, Seuchen und Hunger.

Das Lebensgefühl des Barocks zeichnet sich aus durch eine überschwängliche Lebensbejahung und Lebensgier (Carpe diem), während gleichzeitig an die Allgegenwärtigkeit des Todes erinnert wird, der jegliche Erfolge und Errungenschaften als nichtig erscheinen lässt (Memento mori).

8 ***Mögliche Antwort:***

Memento mori → *Wortwahl, Metaphorik und das durchgehende Prinzip der Antithetik thematisieren sehr stark die Vergänglichkeit des Lebens, an dessen Ende stets der Tod steht*

Carpe diem → *Die Aufforderung, die verbleibende Zeit gut zu nutzen, greift ganz direkt Vers 12 auf: „Spielt denn dies ernste Spiel, weil es die Zeit noch leidet"*

9 ***Mögliche Präzisierung der Deutungshypothese:***

Ich verstehe das Gedicht als Aufforderung des Sprechers an die Menschheit, sich die Vergänglichkeit des Lebens bewusst zu machen und nicht danach zu streben, materielle Güter anzuhäufen. Das Mahnen, dass gesellschaftliche Stellung und Besitz nur „geborgt" sind, geht einher mit der Aufforderung, die verbleibende Lebenszeit gut zu nutzen.

Seite 40

C

1 ***Mögliche Begründung:***
Pauls Interpretation der Verse 3 und 4 ist deshalb besonders gut gelungen, weil er die sprachlichen Auffälligkeiten erkennt und sie mit richtiger Zeilenangabe zitiert. Dabei belässt er es nicht bei der formalen Analyse, sondern er deutet sie auch inhaltlich und bringt sie in Zusammenhang mit der Gesamtaussage des Gedichts.

2 ***Mögliche Begründung:***
Beide Resümees ordnen das Gedicht richtig in die Entstehungszeit ein. Die Variante A bleibt aber insgesamt sehr allgemein und führt auch keine konkreten Beispiele an. Es ist wichtig, bei der Begründung eines Gedankens oder einer These, diese auch durch genaue Textangaben zu belegen, wie dies in Beispiel B geschieht.

D

1 ***Richtige Zuordnung:***
Einleitung: a) und f),
Hauptteil: b), d), e) und g),
Schluss: c).

Seite 41

2 ***Mögliche Antworten:***
Christine wird in ihrer Analyse und Interpretation Schritt für Schritt (chronologisch), evtl. sogar versweise vorgehen.
Daniel dagegen wird das Gedicht interpretieren, indem er die thematischen Zusammenhänge darstellt und untersucht.

3

Beispiel für die Interpretation des Barockgedichts:	***Was an diesem Beispiel gelungen ist:***
Das Gedicht „Ebenbild unseres Lebens" von Andreas Gryphius ist im Jahr 1637 vor dem Hintergrund des 30-jährigen Krieges geschrieben. Der Autor beschreibt darin in mehreren Bildern, wie er die Welt sieht, und ruft dazu auf, das Glück nicht in den vergänglichen Genüssen des irdischen Lebens zu suchen, sondern zu erkennen, dass dieses sehr begrenzt ist und der Tod alle Menschen gleich macht, so unterschiedlich ihre soziale Stellung im Leben auch gewesen sein mag.	*Die Einleitung nennt* ☐ *Autor, Titel, Textart,* ☐ *stellt das Thema vor,* ☐ *skizziert die Entstehungszeit und* ☐ *formuliert eine Deutungshypothese.*
Dem Titel des Gedichts folgt der Untertitel „Auf das gewöhnliche Königsspiel", gemeint ist hier das „Schachspiel". Der Untertitel kann daher als eine Art Leseanweisung für das Gedicht gelten: Auch im Schachspiel entsprechen die Spielfiguren Bauer, Läufer, Königin und König der feudalen Ständeordnung. Wie im richtigen Leben wird kluges, überlegtes Handeln von Erfolg gekrönt. Wie alle Figuren kann aber im Spiel auch der König verlieren, schachmatt gesetzt werden, es gelten für alle dieselben Regeln.	*Überleitung von der Einleitung zum Hauptteil, indem der Untertitel in seiner Funktion für das Gedicht erklärt wird.*
Das Leben wird im Folgenden als „ernste[s] Spiel" (V. 12) bezeichnet, das Oxymoron bringt die Antithetik, die sich durch das ganze Gedicht zieht, in einem Schlüsselbegriff auf den Punkt und wird zum Widerspruch in sich. „Der Mensch, das Spiel der Zeit spielt", schon im ersten Vers verleiht die Inversion dem Begriff „Spiel" eine übergeordnete Bedeutung und ist damit maßgeblich für das Verständnis des Gedichts. *Formal ist das Gedicht „Ebenbild unseres Lebens" ein Sonett und besteht aus zwei Quartetten und zwei Terzetten, das heißt zwei Strophen à vier Versen und zwei Strophen à drei Versen. Das erste Quartett beschreibt das Leben des Menschen als einen Zeitvertreib, die Welt als eine Bühne, auf der die Rollen sehr unterschiedlich verteilt sind. Die beiden Metaphern „Spiel der Zeit" (V. 1) und „Schauplatz dieser Welt" (V. 2) unterstreichen: Das menschliche Leben ist zeitlich begrenzt, das Dasein auf der Erde kommt einem Gastspiel gleich.* *Das zweite Quartett macht dann deutlich: Alles unterliegt der Vergänglichkeit, nichts hat Bestand. Die Menschen sind nur „Gäste" (V. 7) „Ob den ein scharfes Schwert an zarter Seide schwebt" (V. 8), d.h., sie haben stets den Tod vor Augen. Das „Schwert" als Metapher für den Tod ist allgegenwärtig und bedroht den „zarten Lebensfaden".* *Die beiden Quartette bilden damit eine thematische Einheit, formal verbunden durch den umarmenden Reim (abba, cddc). Sie beschreiben das Leben auf der Erde, das von Ungleichheit und Vergänglichkeit geprägt ist* *Diese schon in den Quartetten angelegte Antithetik – „sitzt"/„nicht feste" (V. 2), „der steigt"/„jener fällt" (V. 3), „Paläste"/„schlechtes Dach" (V. 3–4), „herrscht"/„webt" (V. 4), die auf die Unterschiedlichkeit menschlichen Seins aufmerksam machen soll – wird in den beiden Terzetten aufgegriffen und weitergeführt: „trägt […] Purpurkleid"/„gräbt im Sande" (V. 10). Der Tod bringt die Erlösung und hebt alle Ungleichheit auf. Im zweiten Terzett ergeht daher die Aufforderung, das Leben auf der Erde zu genießen, sich dabei aber vor Augen zu halten, dass alle irdischen Güter vergänglich sind. Formal bilden in den Terzetten Schweifreime (eef, ggf) die äußere Klammer.*	*Im Hauptteil werden die Ergebnisse der formalen, sprachlichen und inhaltlichen Analyse im Zusammenhang gedeutet.* ☐ *Aufbau des Gedichts,* ☐ *Reimform und* ☐ *Metrik werden* ☐ *mit dem Inhalt in Bezug gesetzt,* ☐ *sprachliche Bilder (Metaphern) werden gedeutet,* ☐ *rhetorische Figuren richtig benannt.* ☐ *Die Überlegungen werden an konkreten Textstellen belegt.*

Beispiel für die Interpretation des Barockgedichts:	*Was an diesem Beispiel gelungen ist:*
Das Metrum des Sonetts ist ein sechshebiger Jambus. Dieser sehr gleichförmige Rhythmus unterstützt die inhaltliche Aussage: Das Leben, das ja auch mit einem Schachspiel verglichen wird, hat klare Regeln und Strukturen. Formaler und gedanklicher Aufbau des Gedichts bilden somit eine Einheit. Rhythmus, äußere Form und Reim geben ein sehr gleichmäßiges Muster ab und entsprechen so dem typischen barocken Sonett.	
Im letzten Vers mündet die inhaltliche Aussage in eine Akkumulation: „Kron", „Weisheit", Stärck" und „Gut" (V. 14), die Anhäufung von Dingen und Eigenschaften, die man sich im Laufe seines Lebens erwerben kann, verstärkt den „Vanitas-Gedanken": alles ist nur „geborgte Pracht" (V. 14) und damit vergänglich. Vor diesem Hintergrund ergeht der Appell des Sprechers des Gedichts, die verbleibende Zeit sinnvoll zu nutzen: „Spielt denn dies ernste Spiel, weil es die Zeit noch leidet" (V. 12). Meine eingangs formulierte Deutungshypothese muss deshalb um den Aspekt des „Carpe diem" ergänzt werden.	*Das Thema wird abschließend noch einmal zusammengefasst.* *Die Deutungshypothese wird überprüft und hier erweitert.*
Nach den Verheerungen des 30-jährigen Krieges bestimmen im 17. Jahrhundert Kirche und Adel mit der Gegenreformation und dem beginnenden Absolutismus die Zeit. Die Kirche orientiert das Leben des Menschen auf ein Jenseits, der Adel entfaltet Macht und Reichtum in dieser Welt. Dem Bewusstsein von der Vergänglichkeit der Welt, dem „Memento mori", stehen Prachtentfaltung und Lebensgenuss gegenüber. Dieser Gegensatz bestimmt auch das Gedicht „Ebenbild unseres Lebens" von Andreas Gryphius.	*Zum Schluss wird das Gedicht noch einmal als Ganzes in den Blick genommen und in den zeitlich-historischen Hintergrund eingebunden.*

Seite 43

A

1 ***Sinnvoll ist folgende Reihenfolge der Arbeitsschritte:***

1. Schritt: e)	*4. Schritt: b)*	*7. Schritt: i)*
2. Schritt: d)	*5. Schritt: g)*	*8. Schritt: a)*
3. Schritt: f)	*6. Schritt: c)*	*9. Schritt: h)*

2 ***Richtig sind folgende Aussagen:*** *a), e) und g).*

B

1 *a) und b):* ***Mögliche Assoziationen und Hervorhebungen*** *(Gemeinsamkeiten: unterstrichen, Unterschiede unterlegt):*
„Der Kuss im Traume": *tiefe Gefühle durch Liebeskuss, große Sehnsucht, lebendige Träume, das Leben ein Traum?, eigentliches Leben ist auf die Nacht verlagert, Nacht bringt Versöhnung und Erfüllung, der Tag ist voller Entbehrung, Liebe bleibt unerfüllt, dem Traum zugeschrieben, Sehnsucht nach dem Tod (Anspielung auf Lethe, den Fluss des Vergessens)*
„Liebe am Horizont": *Mann verändert Leben, alles gerät durcheinander, die Nacht bringt tiefe Gefühle, bringt Glück, lässt Schweben und den Mond anbeten, Liebe wird ausgelebt, bei Tage schwindet das große Gefühl mehr und mehr, es lässt sich nicht in den Alltag hinüberretten, alles wird kleinkariert und gewöhnlich.*

2 ***Deine Lösung könnte so aussehen:***

Wirkung	*„Der Kuss im Traume"*	*„Liebe am Horizont"*
beruhigend		
aufwühlend	*X*	
sehnsuchtsvoll	*X*	
ernüchternd		*X*
desillusionierend		*X*
traurig stimmend	*X*	*X*
gehetzt		*X*

Seite 44

3 ***Reihenfolge der Wörter im Lückentext:***
Liebe und Enttäuschung in der Liebe – „Der Kuss im Traume" – „Liebe am Horizont" – lieblosen täglichen Rituale – Feinfühligkeit – Traum – Romantik – Gegenwart

C

1 *a)* ***Die thematischen Schwerpunkte sind:***
Strophe 1: *Das lyrische Ich berichtet von einem Leben spendenden Kuss und sehnt sich nach der Dunkelheit.*
Strophe 2: *Nur Traum und Nacht erscheinen dem lyrischen Ich erstrebenswert.*
Strophe 3: *Die Helligkeit des Tages und seine Inhalte schmerzen das lyrische Ich.*
Strophe 4: *Aufforderung an das lyrische Ich nur für die Nacht zu leben.*

Seite 45

1 *b)* ***Mögliche Antworten:***
Der Mann bringt Unordnung in das Leben der Frau. Er ist achtlos, lässt seine Sachen liegen.
Die Liebe hat ihren Höhepunkt zu Beginn und lässt die Frau einige Wochen über den Wolken schweben. Bald schon und bei Tageslicht wird die Liebe kleiner und kleiner und gerät schließlich in Vergessenheit.

2 ***Gemeinsames Thema und gemeinsame Motive sind:***

Thema/Motive	***„Der Kuss im Traume"***	***„Liebe am Horizont"***
a) unerfüllte Liebe	X	
b) Erkalten der Gefühle		X
c) Liebessehnsucht	X	
d) Gegensatz von Tag und Nacht	X	X
e) Leben nur im Traum	X	
f) Der Tag ist der Feind der Liebe	X	X
g) Die Nacht stillt die Liebessehnsucht	X	X
h) Die Liebe setzt das Zeitgefüge außer Kraft		X
i) Das Tageslicht macht die Liebe klein		X
j) Die Liebe verleiht Flügel	X	X
k) Alltagsbanalität lässt die Liebe schrumpfen		X

Seite 46

3 *a), b) und c):* ***Deine Tabelle könnte so aussehen:***

Analyse der äußeren Form	***„Der Kuss im Traume"***	***„Liebe am Horizont"***
Gedichtform □ *Strophen* □ *Verse*	*Sonett* □ *4 Strophen* □ *2 Strophen à 4 Verse (Quartette)* □ *2 Strophen à 3 Verse (Terzette)*	*keine festgelegte Gedichtform; eine lange Strophe, jedoch in 20 Verse gegliedert*
Reimschema	*umarmender Reim in den Quartetten (abba), mit einer Unregelmäßigkeit im 1. und 4. Vers („-haucht"/„saugt"), verschränkter Reim in den Terzetten (def def).*	*kein festes Reimschema, keine Reime*
Metrum	*fünfhebiger Jambus*	*kein festes Metrum*
Verhältnis Vers/Satz	*Enjambement in Vers 13*	*zahlreiche Enjambements*
lyrisches Ich	*in der 1. Person Singular, häufige Wiederholung von Personalpronomen*	*Sprecherin in der 3. Person Singular*

4 ***Deine Einschätzung könnte so lauten:***
Luzias Darstellung der äußeren Form ist gut gelungen. Sie nennt in ihrer Analyse zunächst den Namen der Autorin und den Titel des Gedichts und geht dann ein auf dessen Form, unter Verwendung der entsprechenden Fachbegriffe (Sonett, Quartett, Terzett). Sie erkennt den Reim, vergisst aber das Metrum zu bezeichnen. Dafür belässt sie es aber nicht bei der Analyse der äußeren Formelemente, sondern füllt diese auch inhaltlich, indem sie auf die Antithese zwischen Tag und Nacht eingeht, die sich in der Zweiteilung des Sonetts widerspiegelt.
Justines Darstellung der äußeren Form ist noch ergänzungsbedürftig: Genannt wird der Titel, aber nicht die Autorin des Gedichts, das Reimschema bleibt außen vor. Dafür geht Justine auf das Metrum ein und deutete dieses auch. Auch sie nennt die wichtigen Fachbegriffe (Sonett, Quartett, Terzett) und trifft zudem die Einordnung in die literarische Epoche des Barocks. Der Hinweis auf Shakespeares Sonette ist für die Deutung des Gedichts nicht notwendig und irreführend.

Seite 47

5 *a) und b):* ***Deine Tabelle könnte so aussehen:***

Rhetorische Stilmittel	***Erklärungen***	***Beispiele***
Neologismus	*Wortneuschöpfung*	*umnachten (V. 3)*
Personifikation	*„Vermenschlichung" von leblosen Gegenständen oder Begriffen*	*Dunkelheit (V. 3)* *Aug' (V. 12)* *die Nacht (V. 8)* *Der Tag (V. 9)* *Lethe (V. 14)*

Rhetorische Stilmittel	*Erklärungen*	*Beispiele*
Metapher	*Gebrauch eines Wortes nicht in seiner wörtlichen, sondern in einer übertragenen Bedeutung*	*Kuss hat Leben eingehaucht (V. 1)* *Balsam (V. 8)* *Lethes kühle Fluten (V. 14)*
Alliteration	*gleicher Anlaut von aufeinanderfolgenden Wörtern*	*aller andern (V. 7)* *so süßen (V. 8)*
Antithese	*Gegenüberstellung von gegensätzlichen Gedanken oder Begriffen*	*[...] die Nacht [...]* *Der Tag [...] (V. 8 – 9)* *[...] liebessüße Wonnen, es schmerzt mich [...] (V. 9 – 10)*
Parallelismus	*Wiederholung von Teilsätzen oder Sätzen*	*Drum leb' ich, ewig Träume zu betrachten, (V. 6)* *Drum birg' dich Aug' dem Glanze ird'scher Sonnen! (V. 12)*
Hyperbel	*starke Übertreibung*	*tiefstes Schmachten (V. 2)* *ewig (V. 6), liebessüßen (V. 9)*
Chiasmus	*Teilsätze oder Sätze werden überkreuzgestellt*	*In Träume war solch Leben eingetaucht, Drum leb' ich, ewig Träume zu betrachten, (V. 5–6)*
Pars pro Toto	*ein Teil steht für ein Ganzes*	*meines Busens (V. 2), Aug' (V. 12)*

c) ***Mögliche Stichpunkte zur Wirkung der Stilmittel:***
Durch die Personifikationen der Tageszeiten „Tag" (V. 9) und „Nacht" (V. 8) wird der Gegensatz verstärkt, die Antithese erreicht so eine größere Dramatik, als ob sich gegensätzliche Mächte gegenüberstünden.
Die Metaphern intensivieren durch die Bildwelten, aus denen sie stammen, die Bedeutung der Begriffe. Ursprünglich Schmerzmittel verheißt „Balsam" (V. 8) hier z. B. Linderung für den seelischen Schmerz, die unerwiderte oder nur im nächtlichen Traum gestattete Liebe.
Starke Übertreibungen in Form von Hyperbeln oder überkreuzgestellte Wiederholungen von Teilsätzen akzentuieren den jeweiligen Inhalt, es kann kaum darüber hinweg gelesen werden, im Gegenteil, die inhaltliche Aussage wird intensiviert.

6 ***Folgende Wortfelder könnten dir aufgefallen sein:***

Wortfeld	*„Der Kuss im Traume"*	*„Liebe am Horizont"*
Nacht	*Dunkelheit (V. 3)* *umnachten (V. 3)* *die Nacht (V. 8)* *in Nacht (V. 13)*	*Mond (V. 7)*
Tag	*der Tag (V. 9)* *seines Lichtes (V. 10)* *seiner Sonne Gluten (V. 11)* *Glanze ird'scher Sonnen (V. 12)*	*Erst im Tageslicht (V. 8)*
Schmerz	*Balsam (V. 8)* *es schmerzt (V. 10)* *verzehren (V. 11)* *heilt (V. 14)* *den Schmerz (V. 14)*	*stumm (V. 19)* *taub (V. 20)*
Liebesglück/ Liebessehnsucht	*Kuss (V. 1)* *Schmachten (V. 2)* *neue Wonne (V. 4)* *Freuden (V. 7)* *liebessüßen Wonnen (V. 9)* *stillet dein Verlangen (V. 13)*	*schwebte (V. 6)* *küsste (V. 7)* *ihre Liebe (V. 8)* *ihre Liebe (V. 13)*
Unordnung		*Unordnung (V. 2)* *Aschenbecher voller Asche (V. 3)* *Laken verschwitzt (V. 4)* *Uhren gingen anders (V. 5)*
Zeit		*Plötzlich (V. 2)* *Uhren (V. 5)* *Einige Wochen lang (V. 6)* *Später (V. 18)* *Vergessenheit (V. 17)*

Seite 48

7 *unterlegt: gut gelungene Beobachtungen und Formulierungen,*
Unterstrichen: weniger gut gelungen
Das Gedicht „Liebe am Horizont" von Ursula Krechel hat keine Reime und ist eher in Alltagssprache verfasst. Die Sprache unterstreicht, dass das Problem in der geschilderten Liebesbeziehung ein alltägliches ist, eines, das jeden betreffen könnte. Durch die Wahl einer distanzierten Sprecherin in der 3. Person Singular („sie", V. 6; „ihr", V. 2) wird deutlich, dass „sie" austauschbar ist, ebenso wie „der Mann" (V. 1). Es fällt auf, dass die Wortwahl nicht sehr poetisch ist. „Aschenbecher", „Laken", „Handtuch" und „verschwitzt" verleihen der Liebe einen eher trivialen Charakter. Dieser Eindruck wird verstärkt durch die Zeitangaben, die sich durchziehen: Zwar gehen die Uhren zu Beginn der Liebesbeziehung anders, d.h., die Liebe macht es möglich „plötzlich" und „einige Wochen lang" aus der Alltagsroutine auszubrechen, „bald" (V. 13) aber findet sie sich schon verschlossen in der „Schublade" (V. 15) wieder.

8 a) ***Dein Vergleich könnte so aussehen:***
Karoline von Günderrodes Gedicht „Der Kuss im Traume" handelt von der Sehnsucht, im Traum glücklich zu sein. Im ersten Quartett berichtet das lyrische Ich von einem lebensspendenden Kuss. Ob es sich dabei um einen „Kuss im Traum" handelt oder um einen erträumten Kuss, bleibt offen. Die Unmöglichkeit einer erfüllten, erwiderten Liebe zeigt sich am Tage, nur im nächtlichen Traum kann sich die Liebessehnsucht ausleben. Entsprechend dominant sind die antithetischen Wortfelder „Tag" und „Nacht", „Liebessehnsucht" und „Schmerz".
Bei dem Gedicht „Liebe am Horizont" wird die Liebesbeziehung tatsächlich gelebt. Im Gegensatz zu „Der Kuss im Traume", wo die Liebessehnsucht unerfüllt bleibt, bringt die Nacht hier wirkliche Liebeserfüllung, der jedoch bald schon, nämlich, sobald der Alltag Einzug hält, die Enttäuschung folgt. Ein vorherrschendes Wortfeld, das das Gedicht zugleich strukturiert, ist die „Zeit", ebenfalls sehr präsent sind Begriffe, die Unordnung ausdrücken.

b) ***Richtige Reihenfolge der Wörter im Lückentext:***
lyrisches Ich – Personal- und Possessivpronomen – in der 3. Person Singular – Distanz

D

1 ***Richtige Zuordnung der Arbeitsschritte:***

Schritt 1	*Einleitung verfassen*	*Titel, Textsorte, Autorinnen, Entstehungszeit der Gedichte, Deutungshypothese*
Schritt 2	*inhaltliche und formale Analyse von Gedicht 1*	*knappe Wiedergabe des Inhalts von Gedicht 1; Beschreibung der äußeren Form: Strophen, Verse, Metrum, Reimschema, rhetorische Mittel und deren Wirkung*
Schritt 3	*kurze inhaltliche Darstellung des zweiten Gedichts*	*knappe Wiedergabe des Inhalts von Gedicht 2; Bezug zu Ergebnissen aus Analyse des ersten Gedichts*
Schritt 4	*Vergleich beider Gedichte*	*Herausarbeiten von Gemeinsamkeiten und Unterschieden beider Gedichte entsprechend der in der Aufgabenstellung genannten Vergleichsaspekte*
Schritt 5	*Ergebnisse werden auf den Punkt gebracht, Rückbezug zur Deutungshypothese*	*Zusammenfassen der Ergebnisse des Vergleichs; einleitende Deutungshypothese wird bestätigt, widerlegt oder modifiziert.*

Seite 49

2 ***Richtige Reihenfolge der Klassenarbeitsauszüge:*** *D = 1, C = 2, B = 3, E = 4, A = 5*

3

Beispiel für den Gedichtvergleich:	***Was an diesem Beispiel gelungen ist:***
Mit den Gedichten „Der Kuss im Traume" von Karoline von Günderrode aus dem Jahr 1805 und „Liebe am Horizont" von Ursula Krechel, erschienen 1977, liegen zwei Texte aus unterschiedlichen Epochen vor, die Liebe und Liebesenttäuschung thematisieren. Doch während der gelebten Liebesbeziehung bei Krechel die Enttäuschung folgt, bleibt bei der Günderrode die Liebessehnsucht unerfüllt.	*Die Einleitung nennt* ☐ *Autor, Titel, Textart,* ☐ *stellt das Thema vor,* ☐ *skizziert die Entstehungszeit und* ☐ *formuliert eine Deutungshypothese.*
Zur Darlegung meiner Deutungshypothese werde ich zunächst auf Karoline von Günderrodes Gedicht „Der Kuss im Träume" eingehen. Es handelt von der Sehnsucht, im Traum glücklich zu sein. Formal ist das Gedicht ein Sonett, das sich aus vier Strophen, nämlich zwei Vierzeilern und zwei Dreizeilern zusammensetzt. Die Form des Sonetts kam häufig zur Zeit des Barocks vor. Die Quartette sind durch den umarmenden Reim formal verbunden, die Terzette durch den verschränkten Reim. Hier zeigt sich die für das Sonett typische Zweiteilung. Sie entspricht auch dem Inhalt: In den ersten beiden Strophen wird das Erleben von Nacht und Traum thematisiert, in den beiden Terzetten wird der Tag charakterisiert, der im krassen Gegensatz zum nächtlichen Empfinden steht. Metrum ist der fünfhebige Jambus. Da es sich dabei um ein eher langsames und getragenes Metrum handelt, passt es gut zum Träumen des lyrischen Ichs. Im ersten Quartett berichtet das lyrische Ich von einem lebensspendenden Kuss. Ob es sich dabei um einen „Kuss im Traum" (siehe Titel) handelt oder um einen erträumten Kuss, bleibt offen.	*Im Hauptteil wird zunächst das Gedicht „Der Kuss im Traume" analysiert*

Beispiel für den Gedichtvergleich:	*Was an diesem Beispiel gelungen ist:*
Die Unmöglichkeit einer erfüllten, erwiderten Liebe zeigt sich am Tage, nur im nächtlichen Traum kann sich die Liebessehnsucht ausleben. Entsprechend dominant sind die antithetischen Wortfelder „Nacht“ und „Tag“ in Korrespondenz zu „Liebessehnsucht“ und „Schmerz“. Die nur im Traum gelebte Liebe erfordert Dunkelheit, fürchtet die Einschränkung durch die Tageshelligkeit. Die Dunkelheit vermag das lyrische Ich „traulich zu umnachten“ (V. 3). Der Neologismus weckt die Vorstellung der Ummantelung, des Schutzes durch die Nacht. Außerhalb der Traumwelt gibt es für das lyrische Ich keine Quelle des Glücks, die Alliteration „aller andren Freuden Glanz verachten“ (V. 7) macht dies noch einmal deutlich. Durch die Personifikationen der Tageszeiten „Tag“ (V. 9) und „Nacht“ (V. 8) wird der Gegensatz verstärkt, die Antithese erreicht so eine gesteigerte Dramatik, als ob sich gegensätzliche Mächte gegenüberstünden. Die Metaphern [Kuss hat Leben eingehaucht (V. 1), Lethes kühle Fluten (V. 14)] intensivieren die Bedeutungsebene. Schöpfungsgeschichte und griechische Mythologie stehen Pate für Anfang und Ende des Lebens. Starke Übertreibungen in Form von Hyperbeln (tiefstes Schmachten (V. 2), ewig (V. 6), liebessüßen (V. 9), Parallelismen (Drum leb' ich, ewig Träume zu betrachten, (V. 6) Drum birg' dich Aug' dem Glanze ird'scher Sonnen! (V. 12) oder Chiasmen (In Träume war solch Leben eingetaucht,/Drum leb' ich, ewig Träume zu betrachten, V. 5–6) lenken den Blick und das Verständnis auf die Vertauschung von Traum und Realität. Mit dem Pars pro Toto „birg dich Aug'“ (V. 12) ergeht eine Aufforderung des lyrischen Ichs an sich selbst, dem Tageslicht auszuweichen.	*Dabei werden die Ergebnisse der formalen, sprachlichen und inhaltlichen Analyse im Zusammenhang gedeutet.* ☐ *Aufbau des Gedichts,* ☐ *Reimform,* ☐ *Metrik werden mit* ☐ *dem Inhalt in Bezug gesetzt,* ☐ *sprachliche Bilder (Metaphern) werden gedeutet,* ☐ *rhetorische Figuren richtig benannt.* ☐ *Die Überlegungen werden an konkreten Textstellen belegt.*
Betrachtet man nun das Gedicht „Liebe am Horizont“ vor dem Hintergrund dieser Analyseergebnisse, so fällt auf, dass hier eine Liebesbeziehung tatsächlich gelebt wird. Im Gegensatz zu „Der Kuss im Traume“ bringt die Nacht hier wirkliche Liebeserfüllung, die jedoch nach wenigen Wochen schon „kleiner und kleiner“ (V. 9) wird. *Das Gedicht von Ursula Krechel hat keine Reime, kein festes Metrum und ist eher in Alltagssprache verfasst. Die Sprache unterstreicht, dass das Problem in der geschilderten Liebesbeziehung ein alltägliches ist, eines, das jeden betreffen könnte. Durch die Wahl einer distanzierten Sprecherin in der 3. Person Singular („sie“, V. 6; „ihr“, V. 2) wird deutlich, dass „sie“ austauschbar ist, ebenso wie „der Mann“ (V. 1). Es fällt auf, dass die Wortwahl nicht sehr poetisch ist. „Aschenbecher“, „Laken“, „Handtuch“ und „verschwitzt“ verleihen der Liebe einen eher trivialen Charakter. Dieser Eindruck wird verstärkt durch die Zeitangaben, die sich durch das Gedicht ziehen: Zwar gehen die Uhren zu Beginn der Liebesbeziehung anders, d.h., die Liebe macht es möglich „plötzlich“ und „einige Wochen lang“ aus der Alltagsroutine auszubrechen, „bald“ (V. 13) aber findet sie sich schon verschlossen in der „Schublade“ (V. 15) wieder.*	*An die Interpretation des ersten Gedichts schließt sich die* ***Analyse des zweiten Gedichts*** *an.* ☐ *Form und Inhalt werden dabei sehr viel knapper untersucht:* ■ *Metrum* ■ *Reim* ■ *Begrifflichkeit* ■ *Wortfelder* ■ *lyrisches Ich* ☐ *Bezug zu den Analyseergebnissen von Gedicht 1 wird hergestellt.*
Beide Gedichte haben in verschiedener Ausformung Liebe und Enttäuschung in der Liebe zum Thema. Während im Gedicht „Der Kuss im Traume“ unerfüllte Liebessehnsucht das lyrische Ich bedroht und gleichzeitig zu einer existentiellen Erfahrung gemacht wird, wirkt das Erlebte im Gedicht „Liebe am Horizont“ eher als fast alltägliches Beziehungsproblem, das durch die lieblosen täglichen Rituale und die mangelnde Feinfühligkeit des „Mann[es]“ (Vers 1) mit verursacht ist. Zudem spielt von Günderrodes Gedicht mit Wirklichkeit und Traum, denn das ersehnte Liebesglück ist nur im Traum vorstellbar und kann sich in der Realität nicht verwirklichen. Die inhaltliche Auseinandersetzung mit dem Thema erfolgt epochentypisch: sehnsüchtiges „Schmachten“ (V. 2) in der Epoche der Romantik, zeitlich befristete Liebe und Trennung in der Einbindung in Alltagsroutine in der Gegenwart. *Die Dichterin Karoline von Günderrode wählt ein lyrisches Ich in der 1. Person Singular, dadurch und durch die häufige Wiederholung von Personal- und Possessivpronomen wird eine sehr subjektive Sicht auf das Erlebte vermittelt. Im Gedicht „Liebe am Horizont“ von Ursula Krechel hingegen ist durch die Wahl einer Sprecherin in der dritten Person Singular von Anfang an sehr viel mehr Distanz gegeben. Die beschriebene Entfremdung wird dadurch eher sachlich vermittelt.* *Meine anfangs formulierte Deutungshypothese ist daher zu ergänzen. Auch in dem Gedicht „Liebe am Horizont“ bleibt die ursprüngliche Sehnsucht unerfüllt. Beide Gedichte sind Ausdruck des Lebensgefühls der jeweiligen Epoche. Während die Liebe und das damit verbundene Gefühl bei Karoline von Günderrode romantisch überhöht wird, erfährt sie bei Ursula Krechel eine Trivialisierung, eine Überführung ins tägliche Ritual.*	*Zusammenfassender Vergleich der beiden Gedichte,* ☐ *Benennung der inhaltlichen Gemeinsamkeiten und Unterschiede,* ☐ *Vergleich der Sprecher in den Gedichten,* ☐ *Deutungshypothese wird aufgegriffen und modifiziert.*

Seite 52

A

1 ***Richtig sind:*** *a), c), d), f) und g).*

B

1 a) *Den gekürzten Text findest du am Beginn des Beispielaufsatzes (Absatz 1–3) zu diesem Kapitel.*

Seite 53

b) ***Folgende Informationen sind in der Einleitung enthalten:*** *Autor, Titel und Thema des Dramas werden genannt. Im letzten Absatz werden Aussagen über die Funktion der Szene in der Dramenstruktur gemacht und es wird zum Hauptteil übergeleitet.*

2 a) + b)

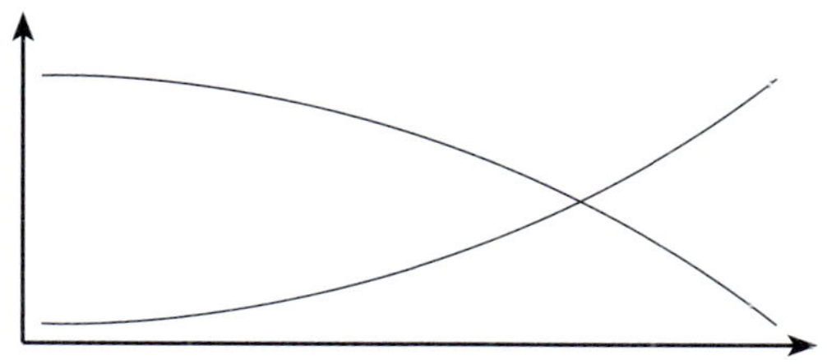

c) ***Mögliche Abschnitte:*** *V. 444–449: Feststellung von Antigones Schuld, V. 450–470. Monolog Antigones (Rechtfertigung), V. 473–496: Monolog Kreons (Anklage), V. 497–525: Dialog zwischen Kreon und Antigone (Schlagabtausch)*

3 a) ***Mögliche Positionen der beiden Figuren:***
Kreon ist der Meinung, dass Antigone sträflich gehandelt hat, da sie sein Gesetz übertreten hat und sich damit auch noch brüstet. Antigone vertritt die Position, dass es ihre Pflicht als Schwester war, Kreons Gesetz zu übertreten, da das höhergestellte Gesetz der Götter ihr gebietet, ihren Bruder zu bestatten, gleichgültig, was er begangen hat.

Seite 54

c) ***Mögliche Zusammenfassung der Argumente:***

Argumente Antigones	*Argumente Kreons*
Das Bestattungsverbot ist nur ein menschliches und kein göttliches Gebot (V. 450 ff.).	*Es ist unangebracht, dass Antigone so stur ist (V. 473–476).*
Jeder Mensch muss einmal sterben, darum ist mir deine Drohung gleichgültig (V. 460).	*Antigone soll gehorchen, nicht überheblich sein (V. 478–479).*
Für jemanden, der wie ich mit einem Fluch belastet ist, ist der Tod willkommen (V. 463–464).	*Antigone provoziert mich, indem sie mit ihrer Untat angibt (V. 482–483)*
Ich habe die Pflicht, meinen Bruder zu begraben (V. 466–468).	*Eine Frau soll einen Mann nicht bevormunden (V. 484–485).*
Auch die Thebaner verurteilen dein Gebot, sie trauen sich nur nicht, etwas dagegen zu sagen (V. 504–505).	*Ismene schreit, also ist sie mitschuldig (V. 489 ff.).*
Auch Eteokles hätte Polyneikes begraben wollen, da er ja auch dessen Bruder war (V. 515).	*Ich hasse Menschen, die nicht zu ihren Untaten stehen (V. 495–496).*
Vor dem Tod sind alle gleich (V. 519).	*Es stimmt nicht, dass die Thebaner auf Antigones Seite sind (V. 508).*
Im Totenreich könnten andere Regeln gelten als auf der Erde (V. 521).	*Der, der von Polyneikes getötet wurde, war auch Antigones Bruder, zu dem sie also ebenso stehen muss (V. 512).*
Von zwei möglichen Sichtweisen auf die Welt habe ich die der Liebe gewählt (V. 523).	*Gute und schlechte Menschen dürfen nicht gleich geehrt werden (V. 516, 520).*

4 a) ***Richtige Zuordnung:*** *1c – 2a – 3b*

b) ***Weitere Stilmittel im Text:*** *V. 448: Einschub, Ausruf; V. 450–459: Antithesen (Götter – Menschen, endlich – unendlich); V. 463: rhetorische Frage; V. 466: Periphrase; V. 469/470: Wortspiel; V. 473–478. Metaphern; V. 476: Alliteration und Hendiadyoin; V. 485: Paradoxon; V. 487: Wiederholung des Wortstamms; V. 488–491: Ausrufe; V. 497: Sarkasmus; V. 502: Wiederholung des Wortstamms und rhetorische Frage; V. 510, 512: rhetorische Fragen; V. 514–517, 524: Ausrufe; V. 518: Antithese, Parallelismus; V. 520: Antithese; V. 523: Antithese, Wortneuschöpfung; V. 524: Wiederholung des Wortstamms, Sarkasmus*

C

1 ***Verbesserung des Textes:*** *Kreon meint, dass Antigone mit der Bestattung Polyneikes' ein Verbrechen begangen habe. Dies sei umso schlimmer, als sie auch noch mit ihrer Tat angebe. Darüber hinaus findet Kreon, dass Frauen Männern nichts zu sagen hätten. Als weiteres Argument dafür, dass Antigone Polyneikes nicht begraben dürfe, führt Kreon an, dass dieser ja einen Bruder Antigones getötet habe. Kreon findet auch, dass jemandem, der Theben angegriffen habe, nicht die gleiche Ehre erwiesen werden dürfe, wie jemandem, der die Stadt verteidigt habe.*

Seite 55

2 a) ***Mögliche Bewertungen:***
Anne: *nicht gelungen, da ihre Wiedergabe nicht frei genug ist; die meisten Worte oder auch Teilsätze sind dem Originaltext entnommen*
Costas: *gelungen, da er den Inhalt frei und in eigenen Worten wiedergibt; sein Text ist nicht zu ausführlich, aber auch nicht oberflächlich*
Ellen: *nicht gelungen, da sie in die sachliche Wiedergabe ihre eigene Meinung mischt: „Damit hat Antigone ganz sicher Recht ...“; diese ist hier jedoch nicht gefragt*
→ Am gelungensten ist Costas' Text.

b) ***Mögliche Paraphrasierung der Argumente:*** *2. Um Kreons Anschuldigung zurückzuweisen, dass die Bestattung Polyneikes' den von diesem getöteten Bruder Eteokles kränken würde, erinnert Antigone daran, dass Eteokles ja tot sei und nicht mehr Stellung zu dieser Frage beziehen könne. 3. Kreon verweist darauf, dass es richtig sei, beide Brüder unterschiedlich zu behandeln, da einer gut und der andere schlecht sei. 4. Laut Kreon besteht Feindschaft über den Tod hinaus.*

Seite 56

3 ***Mögliche Korrekturen:***

b) *Regel: Was als direktes Zitat in Anführungszeichen übernommen wird, muss wörtlich genau dem Original entsprechen.*
Korrektur: Kreon sagt, dass Antigones Tat bestraft werden müsse, und erläutert dies mit einem Paradoxon. Ansonsten sei er „kein Mann mehr, dann [sei Antigone] der Mann“ (V. 485).

c) *Regel: Die Verse müssen bei Zitaten angegeben werden.*
Korrektur: Kreon betont die Ungeheuerlichkeit von Antigones Tat, indem er dreimal das Wort „Frevel“ (V. 480, 482, 516) äußert.

d) *Regel: Wörtlich Übernommenes muss in Anführungszeichen stehen, die Klammer um die Versangaben ist rund.*
Korrektur: Um den Unterschied zwischen Eteokles und Polyneikes hervorzuheben, stellt Kreon antithetisch den „Edlen“ dem „Schlechten“ gegenüber (V. 520).

Seite 57

4 a) ***Weitere sprachliche Auffälligkeiten und ihre mögliche Wirkung:*** *3. Wiederholung des Wortes „schmerzt“ (V. 465, 468) → Betonung des Leids Antigones. – 4. Rhetorische Frage, ob ihr Tod nicht als Erlösung angesehen werden könne (V. 464) → Antigone kann Kreons Drohung nichts anhaben.*

b) ***Mögliche Ausformulierungen:*** *2. Durch den Gebrauch der Periphrase „meiner Mutter Sohn“ (V. 466) wird Antigones Nähe und damit ihre familiäre Verpflichtung gegenüber Polyneikes hervorgehoben. Auch später, wenn Kreon anführt, dass auch Eteokles ihr Bruder gewesen sei (V. 512), antwortet Antigone ähnlich: „gleichen Vaters, gleicher Mutter Kind“ (V. 513). Damit verdeutlicht sie, dass für sie beide Brüder gleich sind und „Hades gleiches Recht“ (V. 519) fordert. – 3. Durch die Wiederholung des Verbs „schmerzt“ (V. 465, 468) wird das Tragische der Situation Antigones betont. Durch ihren Nachtrag „doch dies tut mir nicht weh“ (V. 468) wird zudem deutlich, dass Antigone den seelischen Schmerz, z. B. wenn sie ihren Bruder nicht hätte begraben können, schlimmer findet als den körperlichen Schmerz, z. B. durch die Todesstrafe. – 4. Antigones rhetorische Frage, ob ihr Tod nicht gar als eine Erlösung angesehen werden könne (V. 464), da sie in ihrem Leben so viele Schicksalsschläge habe hinnehmen müssen, legt es dem Zuhörer nah, ihr zuzustimmen. Auf diese Weise zeigt sie, dass Kreons Drohung sie nicht einschüchtern kann.*

Seite 59

2 ***Richtig sind:***
a), c) und d).

3 *Der Vorschlag von Helge ist der bessere, da er nicht nur nacherzählt (wie Gunnar dies tut), sondern gezielt auf wichtige Vergleichsstellen eingeht und aufzeigt, wie in der zu analysierenden Szene gezeigte Eigenschaften zum Untergang der Protagonistin und ihres Gegenspielers beitragen.*

4

Beispiel für die Interpretation einer Dramenszene:	***Was an diesem Beispiel gelungen ist:***
Sophokles' tragische Heldin Antigone aus dem gleichnamigen antiken Drama sieht sich mit einem unausweichlichen Konflikt konfrontiert: Wenn sie das Recht der Götter respektiert, muss sie Menschenrecht verletzen und sich gegen das Gebot ihres Herrschers stellen. Da sie nach dem Verständnis der damaligen Zeit verpflichtet ist, beiden Geboten gleichermaßen Folge zu leisten, kann sie nur fehlen.	*Autor, Titel, Erscheinungszeitraum, Gattung und Thema werden genannt.*
Der neue Herrscher über Theben, Kreon, fordert, dass von den beiden Brüdern Antigones, die einander im Kampf um Theben töteten, nur Eteokles, der für Theben gekämpft hatte, begraben werden dürfe, während Polyneikes unbegraben vor den Toren der Stadt verrotten solle, da er Theben angegriffen habe. Antigone beschließt, ihren Bruder Polyneikes trotz des Bestattungsverbots des Kreon zu begraben, und möchte ihre Schwester Ismene	*Das bisher Geschehene wird knapp zusammengefasst.*

Beispiel für die Interpretation einer Dramenszene:	Was an diesem Beispiel gelungen ist:
überreden, ihr dabei behilflich zu sein. Ismene lehnt ab. Antigone begräbt ihren Bruder daraufhin allein. Sie wird auf frischer Tat ertappt und vor Kreon geführt.	
In der zu analysierenden Szene (V. 441–525) treffen die beiden Antagonisten, Kreon und Antigone, das einzige Mal im gesamten Drama aufeinander. Die beiden einander entgegengesetzten Standpunkte können somit noch einmal kontrastierend verhandelt werden. Der Schlagabtausch zwischen Antigone und Kreon stellt den Höhepunkt des Dramas dar.	Die Szene wird in die Dramenstruktur eingeordnet.
Insgesamt lässt sich der vorliegende Textauszug in drei Teile gliedern. Im ersten Teil (V. 441–449) wird festgestellt, dass Antigone die Tat, derer sie beschuldigt wird, begangen hat. Der Wächter wird entlassen. Anschließend (V. 450–496) stellen Antigone und Kreon ihre jeweiligen Standpunkte in einem längeren Monolog dar. Abschließend tauschen sie ihre Argumente direkt miteinander aus (V. 497–525). Dieser Aufbau bringt es	Eine begründete Einteilung in Teilabschnitte erfolgt.
mit sich, dass sich die Spannung im Verlauf des Szenenausschnitts stark steigert. Dazu trägt auch bei, dass zunächst Hypotaxen überwiegen (V. 450–505), während am Schluss des Gespräches nur noch Parataxen, das heißt Hauptsätze und Ausrufe, zu finden sind.	Betrachtung der Dynamik der Szene
Betrachtet man den Gesprächsverlauf genauer, so fällt auf, dass sich Kreons Einstellung im Verlauf der Szene verhärtet. Zwar scheint er Antigone ihre Schuld sofort anzusehen (V. 441), ist aber zunächst noch bereit, seiner Nichte einen Ausweg zu lassen, der zumindest eine Strafmilderung mit sich bringen würde. Kreon fragt Antigone, ob sie von dem Verbot gewusst habe (V. 447). Statt zu verneinen, betont Antigone aber mit den Worten „allerdings" und „klar" (V. 448), dass sie in jeder Hinsicht über Kreons Bestattungsverbot Bescheid gewusst hat, und provoziert Kreon so stark.	Im Hauptteil folgt eine genaue Analyse des Gesprächsverlaufs
Während Kreons vorherige Fragen an Antigone noch relativ neutral formuliert sind, wirkt seine nächste Frage nun sehr drohend: „[Du] wagtest, mein Gesetz zu übertreten?" (V. 449). Antigone lässt sich nicht einschüchtern, sondern nutzt Kreons Frage dazu, die Gründe ihres Handelns noch einmal darzulegen. Sie führt an, dass das Recht der Götter über dem der Menschen stehe. Durch eine Reihe von Antithesen wird dieser Unterschied deutlich herausgehoben. So stellt Antigone beispielsweise die „[G]ötter" (V. 451) den „Menschen" (V. 452), das „[S]terbliche" (V. 453) dem „[W]andellosen" (V. 455) und „heute oder gestern" (V. 456), also das Zeitliche dem Zeitlosen „immer" (V. 457) entgegen. Des Weiteren verweist Antigone auf ihre Vergangenheit und indirekt auf den Fluch, der über ihrer Familie laste (V. 463, 465). Beides führe dazu, dass ihr Leben von Schmerz geprägt sei, sodass ihre Entscheidung, ihre Pflicht zu tun und ihren toten Bruder zu begraben, so unvernünftig sie in Anbetracht von Kreons Verbot erscheinen möge, in der Tat sehr vernünftig sei. Auch diese Argumente werden durch sprachliche Mittel weiterhin verstärkt. So wird durch die Wiederholung des Wortes „schmerzt" (V. 465, 468) und die Nennung von sinnverwandten Wörtern „weh[tun]" (V. 468) und „Unheil" (V. 463) der Leidaspekt stark betont. Antigones Monolog endet damit, dass sie Kreons Weltsicht stark in Zweifel zieht. Das Wortspiel „Mag ich dir nur auch eine Törin scheinen – / Vielleicht zeiht mich der Torheit nur ein Tor." (V. 469–470) spielt mit dem Begriff der Torheit und so auch mit dem der Wahrheit. Beide erscheinen nicht mehr klar voneinander trennbar zu sein. Nach einem kurzen Kommentar des Chors, der noch deutlich auf Kreons Seite steht (V. 471–472), hebt Kreon zu seinem Monolog an. Er warnt Antigone zunächst vor Sturheit (V. 473 f.). Dieser Warnung wird durch den Gebrauch mehrerer Metaphern Nachdruck verliehen.	Betrachtung der sprachlichen Gestaltung mit Darstellung der Wirkung auf den Leser (auch im Folgenden). Dabei werden relevante Textstellen zitiert.
So spricht Kreon vom „stärkste[n] Stahl" (V. 474), der leichter zerbreche, wenn er zu sehr im Feuer erhitzt würde, und verweist anschließend auf „wilde Rosse" (V. 478), die „mit kleinem Zügel" (V. 477) gezähmt werden sollten. Mit Hilfe beider Metaphern wird ein Eindruck von Gewalt vermittelt, der durch die Alliteration und das Hendiadyoin „Zersplittert und zerspringt zua lererst" (V. 476) noch weiter betont wird. Anschließend beschuldigt Kreon Antigone der „Überheblichkeit" (V. 478). Kreon zufolge wird Antigones „Frevel" – ein Wort, das er dreimal äußert und so sehr betont (V. 480, 482 und 516) – noch dadurch erhöht, dass sie mit ihrer Tat angebe. Anscheinend setzt Antigones Widerstand Kreon vor allem deshalb sehr zu, weil sie eine Frau ist. Durch das Paradoxon „Wenn sie sich ungestraft das leisten darf, / Bin ich kein Mann mehr, dann ist sie der Mann!" (V. 484–485) wird deutlich, wie absurd Kreon die Vorstellung, von einer Frau belehrt zu werden, findet. Nachdem Kreon den Gedanken, Antigone zu schonen, klar von sich gewiesen hat, erklärt er Ismene für mitschuldig. Als Indiz nimmt er die Tatsache, dass er sie schreien gehört habe. Somit befiehlt er, Ismene vorführen zu lassen. Kreons Rede schließt mit der Feststellung, dass ihm Personen, die ihre Taten beschönigen wollten, besonders „verhasst" (V. 495) seien. Die Stärke dieses Ausdrucks macht deutlich, wie sehr Kreon sich auf seinen Standpunkt versteift hat und wie sehr er in Wut ist.	Rhetorische Stilmittel werden gedeutet und durch Zitate in den eigenen Text sprachlich flüssig eingebunden.

Beispiel für die Interpretation einer Dramenszene:	*Was an diesem Beispiel gelungen ist:*
Antigone fragt ihn daraufhin sarkastisch, ob er außer ihrem Tod noch weitere Strafen vorgesehen habe (V. 497), und stachelt Kreons Wut weiter an, indem sie ihn mit einer rhetorischen Frage dazu auffordert, gleich zu handeln. Ihre Aussage „Wie alles, was du sagst, / Mir nicht gefällt und nie gefallen soll, / Muss meine Art auch dir zuwider sein." (V. 499–501) ist indirekt sehr beleidigend, da das „auch" impliziert, das auch Kreon Antigone „zuwider" ist. *Der Streit gipfelt nun im direkten Schlagabtausch der beiden Figuren. Als Kreon anführt, dass Antigone den Mörder ihres Bruders bestattet habe, entgegnet Antigone, dass auch der Tote Eteokles gewollt hätte, dass sein Bruder Polyneikes begraben würde. Kreon zieht in Zweifel, dass Staatsfeinde genauso behandelt werden dürften wie diejenigen, die den Staat verteidigt haben. Diese Ansicht wird durch zwei Antithesen und einen Parallelismus weiter betont (V. 518, 520). Auf dem Höhepunkt des Dialogs werden die Positionen der Antagonisten noch einmal deutlich: Kreons Aussage „Nie, auch nicht wenn er starb, lieb ich den Feind" (V. 522) wird Antigones berühmte Feststellung „Mitlieben, nicht mithassen ist mein Teil." (V. 523) entgegengestellt. Sie hält hier fest, dass sie von zwei möglichen Herangehens- und Sichtweisen auf die Welt die Position der Liebe für sich gewählt hat. Gleichzeitig wird durch diese Antithese Kreon die Position des Hasses zugewiesen. Ihm bleibt nun nichts Weiteres übrig, als auf seine Macht zu pochen. Sarkastisch stellt Kreon es Antigone frei, „die drunten" (V. 524) zu lieben, und besiegelt so ihr Todesurteil. Seine Begründung „Mich wird im Leben nie ein Weib regieren" (V. 525) klingt nach Antigones Argumentation mehr als nur dürftig.*	*Textstellen werden paraphrasiert, dabei wird die indirekte Rede verwendet, direkte Zitate werden in Anführungszeichen gesetzt.*
Insgesamt ist festzuhalten, dass Antigone die weitaus besseren Argumente vorbringt. Während sich Kreon einzig auf seine Machtposition berufen kann und abgesehen davon Beschimpfungen und nicht haltbare Vorwürfe, z. B. gegen Ismene, vorbringt, besticht Antigones Argumentation durch eine Reihe von schwer wiegenden Argumenten. Denn tatsächlich bringt die Blutsverwandtschaft nach Ansicht der damaligen Zeit die Pflicht mit sich, verstorbene Angehörige würdevoll zu bestatten. Darüber hinaus erscheint die Feindschaft einem Toten gegenüber mehr als paradox. So hat Antigone recht, wenn sie darauf verweist, dass Lebende über das Reich des Todes nichts wissen können und sich damit auch mit ihren Strafmaßnahmen auf die Lebenden beschränken sollten. Nicht nur die Tatsache, dass Antigone Kreon argumentativ überlegen ist, sondern auch der Aspekt, dass sie als niedriger gestellte Frau einen gleich großen Redeanteil hat wie der Herrscher, zeigt ihre innere Stärke.	*Die Argumente werden zusammenfassend bewertet.*
Während sich Antigone also in diesem Dialog mit Kreon vorwiegend von ihrer positiven Seite zeigt und das Fragwürdige an ihrer Haltung nur in ihrer ersten provokanten Reaktion auf Kreons Fragen deutlich wird, wird in der nun folgenden Auseinandersetzung mit Ismene auch Antigones Beitrag zu ihrem Untergang deutlich. Gegenüber der Schwester erweist sich Antigone als halsstarrig. Ismenes großzügige Friedensangebote nimmt sie nicht an, sondern besteht darauf, allein sterben zu wollen. *Auch die Gründe für Kreons Untergang sind im zweiten Epeisodion schon erkennbar. Kreon überschätzt die eigene Person, wenn er seine Gebote höher stellt als die der Götter. Seine Argumente zeigen, wie wenig er dazu bereit ist, das eigene Handeln rational zu hinterfragen. Diese Überheblichkeit, die Kreon beibehält, bis es zu spät ist, führt letztendlich zu seinem Untergang.*	*Zum Abschluss wird die Funktion der Szene für den Fortgang des Dramas betrachtet. Es wird aufgezeigt, inwiefern das Verhalten der Figuren für sie charakteristisch ist.*

Seite 61

A

1 ***Richtig sind:*** *a), b), d), e) und g).*

Seite 62

2 *a)* ***Richtig ist:*** *b).*
b) ***Falsch ist:*** *c).*

B

2 ***Rechtsextremismus:*** *Nationalismus in aggressiver Form (vgl. Zweiter Weltkrieg, u. a. Intoleranz gegenüber Minderheiten und Ausländern)*
Antisemitismus: *Abneigung oder Feindlichkeit gegenüber Juden*
Fremdenfeindlichkeit: *allgemeine Feindlichkeit gegen Ausländer und fremde Kulturen*

3 ***Richtig sind:*** *a), d) und e).*

Seite 63

4 ***Mögliche Antworten:***

a) *Die Mehrheit, die Fremdenfeindlichkeit ablehnt, darf Spiegel zufolge nicht schweigen, wegschauen und die Vorgänge im Land verharmlosen. Jeder sei in der Lage, die Polizei zu rufen und bereits im Kleinen einzuschreiten, z. B. wenn Witze am Stammtisch gemacht werden oder wenn am Arbeitsplatz Fremde benachteiligt werden (Z. 30–36).*

b) *Paul Spiegel ist Jude, der den Holocaust am eigenen Leibe erfahren hat. Wenn man sich nicht erinnert, tötet man Spiegel zufolge die Opfer ein weiteres Mal (Z. 66–67). Er schlägt somit eine Brücke zur gegenwärtigen Situation: Er fordert die Menschen auf, sich an die Schrecken des Zweiten Weltkrieges zu erinnern, damit die jetzige Situation nicht eskaliert.*

c) *Folgende Schlüsselbegriffe kommen häufiger vor: Synonyme für den 9. November 1933 (Z. 23): Völkermord (Z. 4), Verbrechen (Z. 12); staatlich gesteuerte Aktion (Z. 24–25); Rechtsextremismus (Z. 13–14) bzw. rechtsextreme Gewalt (Z. 38); Erinnerung (Z. 6, Z. 12, Z. 23, Z. 63, Z. 61, Z. 64)*

5 ***Mögliches Flussdiagramm:***

Überschrift
↓
1. Sinnabschnitt (Z. 1–5): Rückblick auf den Pogrom am 9. 11. 1938
↓
2. Sinnabschnitt (Z. 6–12): aktuelle rechtsradikale Zwischenfälle
↓
3. Sinnabschnitt (Z. 13–18): „Aufstand der Anständigen" – Was bedeutet dies für den Einzelnen?
↓
4. Sinnabschnitt (Z. 19–22): Meinung des Redners zur Mehrheit der Bürger
↓
5. Sinnabschnitt (Z. 23–37): Rückblick auf 9. 11. 1938 – Bezug zur Gegenwart, Appell an Bürger
↓
6. Sinnabschnitt (Z. 38–47): Befürwortung der Demonstration gegen rechtsradikale Gewalt, Bürger sollen sich gegen die Politiker wehren
↓
7. Sinnabschnitt (Z. 48–62): „Die Würde des Menschen ist unantastbar" als Prinzip deutscher Leitkultur, Appell an die Politiker
↓
8. Sinnabschnitt (Z. 63–67): Schlusssatz – „Gedenken heißt immer auch Erinnern."

6 ***Mögliche Lösung:*** *Der Imperativ verleiht einer Aussage Nachdruck und verstärkt damit ihren auffordernden Charakter, z. B.*

- *Z. 34–35: „Reden Sie mit Ihren Freunden und Arbeitskollegen, wenn sie dies tun." – Appell an die Zuhörer*
- *Z. 13: „Wehret den Anfängen." – Hier zitiert Spiegel eine Redewendung, mit der er deutlich machen will, dass die Deutschen über das Stadium des Anfangs bereits hinaus sind.*
- *Z. 57–59: „Überlegen Sie, was Sie sagen, und hören Sie auf, verbal zu zündeln! Schützen Sie die Menschen in diesem Land und schaffen Sie Rahmenbedingungen, damit wir alle gemeinsam leben können [...]" – Appell an die Politiker*

7 ***Mögliche Lösung:*** *Paul Spiegel ist Jude und hat den Holocaust selbst miterlebt (und überlebt). Als Präsident des Zentralrats der Juden in Deutschland vertritt er die Interessen aller Juden in der Öffentlichkeit.*

Seite 64

C

1 ***Zentrale These des Textes:*** *Die Bürger/innen sollen mehr Zivilcourage zeigen („Aufstand der Anständigen"), um die rechtsradikale Gewalt zu reduzieren, und die Politiker sollen nicht auf Kosten der jüdischen Minderheit agieren.*

2 ***Mögliche Lösung:***

1. *Wertargument: Jeder ist in der Lage, bereits im Kleinen einzuschreiten, um Rechtsradikalismus zu verhindern (Z. 30–36). Beispiel: Jeder ist in der Lage, die Polizei zu rufen (Z. 30–31).*
2. *Autorität (Grundgesetz): Die Würde des Menschen ist unantastbar (Z. 48)*
3. *Faktenargument: Rückbezug auf die Ereignisse des 9. 11. 1938. Beispiel: Menschenrechte und die Menschenwürde wurden mit Füßen getreten (Z. 26–27).*

3 a) ***Argumente mit Zitaten und Beispielen:***

Beispiel: *„Wenn Synagogen angegriffen [...], wenn Menschen [...] getötet werden" (Z. 7–11) → veranschaulicht das Argument, dass historische Ereignisse auch heute aktuell sind*
Zitat: *„Aufstand der Anständigen" (Z. 17) → stützt das Argument, dass Zivilcourage im Kampf gegen Rechtsextremismus gefordert wird*
Beispiel: *„Wenn am Stammtisch [...] erzählt werden" (Z. 32–33) → veranschaulicht das Argument, dass jeder im Kleinen eingreifen muss*
Zitat: *„Schluss jetzt! ..." (Z. 39) → stützt das Argument, dass die Menschen durchaus demonstrieren können und wollen*
Zitat(ausschnitt): *„wenn [...] Politiker [...] von so genannten ‚nützlichen' und ‚unnützen' Ausländern faseln." (Z. 44–47) → stützt das Argument, dass Politiker selbst aus taktischen Gründen ausländerfeindlich sind*
Zitat *aus dem Grundgesetz (Z. 48) → stützt das Argument der Rechtsgrundlage der Gleichheit aller*
Zitat *aus dem Talmud (Z. 65) → veranschaulicht das Argument, dass zur Veränderung auch das Erinnern gehört*

4 *Mögliche Verbesserung:* Im zweiten Absatz seiner Rede geht Spiegel auf die Aktualität der Thematik ein. Er zählt die Städte auf, in denen rechtsradikale Übergriffe stattgefunden haben. Um die Dramatik der Situation den Zuhörern **zu verdeutlichen,** benutzt Spiegel eine Klimax „[...] wenn Menschen durch die Straßen gejagt werden, wenn sie öffentlich geschlagen, immer öfter auch getötet werden". **Ergänzend** stellt er die rhetorische Frage „Können Sie sich vorstellen [...]?", **mit der** er seine Identifikation mit den Juden, „uns Juden", betonen möchte. **Im folgenden dritten Abschnitt** zitiert Spiegel eine Redewendung: „Wehret den Anfängen ...". Er **hebt hervor,** dass wir in Deutschland über dieses Stadium hinaus seien. **Anschließend bezieht er sich** auf Gerhard Schröder, der einen Aufstand der Anständigen fordert, d.h. mehr Zivilcourage. **Um die Relevanz dieser Frage zu betonen,** stellt er wieder eine rhetorische Frage ...

Seite 65

5 *Richtig sind:* c), d), e) und g).

6 *Mögliche Lösung:* b) Parallelismus – c) rhetorische Frage – d) Akkumulation – e) Metapher, Ausruf

7 *Mögliche weitere Beispiele:*
a) **Klimax:** „Wir sehen voll Zorn und Verbitterung die Bilder, wenn Menschen durch die Straßen gejagt werden, wenn sie öffentlich geschlagen, immer öfter auch getötet werden." (Z. 9–11) → Wirkung: dramatisieren, abwerten
b) **Rhetorische Frage:** „Können Sie sich vorstellen, welche Erinnerungen diese Verbrechen in uns Juden auslösen, auslösen müssen?" (Z. 11–12) → Wirkung: Mitgefühl auslösen, verstärken
c) **Parallelismus:** „Wenn am Stammtisch [...]. Wenn am Arbeitsplatz [...]." (Z. 32–33) → Wirkung: verstärken, veranschaulichen
d) **Metapher:** „brauner Pöbel" (Z. 37) → Wirkung: abwerten, veranschaulichen

8 *Folgende rhetorische Mittel häufen sich:* Parallelismus, Klimax, Akkumulation und rhetorische Fragen. Diese Mittel der Wiederholung und Verstärkung unterstreichen Spiegels Intention, er verleiht seinen Aussagen dadurch Nachdruck und sie wirken besonders eindringlich. Er erweckt Mitgefühl und veranschaulicht seine Aussagen. Zudem bekommt die Rede durch die Häufung dieser vier Mittel einen bestimmten Rhythmus, der die Appellfunktion der Rede unterstützt.

Seite 66

D

1 *Richtige Zuordnung:*
Einleitung: Redner, Quelle, Titel und Thema der Rede, Adressat, Redesituation, Redeabsicht – **Hauptteil:** Inhaltszusammenfassung, Inhalt und Struktur der Rede – Darstellung des Argumentationsaufbaus, Analyse der rhetorischen Figuren – **Schluss:** Stellungnahme zur Aktualität

3 *Mögliche Bewertung der Einleitung:*
gelungen: Sie enthält Titel, Thema, Adressaten, Informationen zum Redner und zur Redeabsicht.
verbesserungswürdig: Es fehlen die Angaben zur Quelle, zum Namen des Redners und zur Redesituation.

4 *Hier solltest du die Sinnabschnitte kurz mit eigenen Worten wiedergeben, in die du die Rede in deinem Flussdiagramm (vgl. S. 63, Aufgabe 5) eingeteilt hast.*

Seite 67

5 a) **Mögliche Überleitungen zur Stellungnahme:** Ich persönlich denke ... – Wenn man die Argumente Spiegels noch einmal zusammenfassend betrachtet, kann man feststellen, dass ... Das sehe ich (nicht/auch) so, denn ...
b) **Mögliche Ergänzung des Clusters:** aktuelle Berichte in Zeitungen und im Fernsehen, Erfahrungen in der Schule oder im Bekanntenkreis, Aktionen gegen Fremdenfeindlichkeit, ...

6

Beispiel für eine Redeanalyse:	*Was an diesem Beispiel gelungen ist:*
Die Rede „Es geht um unser Land" hielt Paul Spiegel in seiner Eigenschaft als Vorsitzender des Zentralrats deutscher Juden anlässlich der Kundgebung „Aufstehen gegen Gewalt" am 9. 11. 2000 in Berlin. In Schriftform veröffentlicht wurde sie in der „Frankfurter Rundschau" am 10. 11. 2000. Das Hauptanliegen des Redners besteht darin, die Verharmlosung fremdenfeindlicher Vorfälle in Deutschland zu verhindern. Er appelliert daher an das Volk, Zivilcourage zu zeigen, und an die Politiker, tatsächlich die Würde aller Menschen (in Wort und Tat) zu schützen.	In der Einleitung werden Titel, Autor, Ort und Datum der Veröffentlichung sowie der Anlass und das Thema der Rede genannt.
Zu Beginn der Rede blickt Spiegel auf einen Pogrom vor 62 Jahren zurück, bei dem 91 Menschen getötet und in ganz Deutschland jüdische Synagogen, Geschäfte und Wohnungen zerstört wurden. Anschließend leitet er zur Gegenwart über und berichtet über aktuelle rechtsradikale Zwischenfälle in Deutschland. Dabei weist er auf den Umfang der aktuellen Übergriffe durch die Akkumulation Lübeck, Erfurt, Düsseldorf, Berlin (Z. 8–9) und durch die Klimax „Wir sehen voll Zorn und Verbitterung die Bilder, wenn Menschen durch die Straßen gejagt werden, wenn sie öffentlich geschlagen, immer öfter auch getötet werden" (Z. 9–11) hin. Mittels des Personalpronomens „wir" wird ein Gefühl der Zusammengehörigkeit zwischen den Opfern und den Zuhörern erweckt. Zusätzlich erzeugt	Im Hauptteil wird der Argumentationsaufbau betrachtet und dabei vor allem auf die sprachliche Gestaltung der Rede eingegangen. Die Wirkung der Sprache wird beschrieben und an konkreten Textstellen festgemacht.

Beispiel für eine Redeanalyse:	*Was an diesem Beispiel gelungen ist:*
Spiegel durch die rhetorische Frage: „Können Sie sich vorstellen, welche Erinnerungen diese Verbrechen in uns Juden auslösen, auslösen müssen?" Mitgefühl.	
Mit der Aussage „Wir befinden uns bereits mittendrin im Kampf gegen Rechts" (Z. 15–16) widerspricht Spiegel klar der Verharmlosung der Lage durch Redewendungen wie „Wehret den Anfängen" (Z. 13). Er beruft sich auf den ehemaligen Bundeskanzler Gerhard Schröder, der einen „Aufstand der Anständigen" forderte. Diese Aufforderung zu Zivilcourage kann als zentrale These der Rede angesehen werden. Bevor der Redner jedoch näher darauf eingeht, bekundet er seine Überzeugung, dass die Mehrheit im Land Fremdenfeindlichkeit ablehne. Spiegel unterstellt ihr aber durch den Parallelismus und die Klimax „Aber diese Mehrheit darf nicht länger schweigen, sie darf nicht länger wegschauen, sie darf nicht länger die Vorgänge in unserem Land verharmlosen" (Z. 20–22), dass sie die Geschehnisse im Land noch immer nicht ernst genug nehme. Spiegel zufolge bedarf es keiner Helden, denn Zivilcourage fange im alltäglichen Miteinander an.	*Die Intention des Redners wird klar herausgestellt und an konkreten Textstellen verdeutlicht.*
Der Redner appelliert in Form von Imperativen an die Zuhörer, dabei mitzuhelfen, Fremdenfeindlichkeit zu unterbinden. Mit dem Mittel des Parallelismus zählt er Beispielsituationen auf, in denen jeder einschreiten könne: „Wenn am Stammtisch […]. Wenn am Arbeitsplatz […]" (Z. 32–33). Es folgt Spiegels Leitgedanke und somit ein wichtiges Argument für die Forderung nach mehr Zivilcourage: „Die Würde des Menschen ist unantastbar. Sie zu schützen ist die Aufgabe staatlicher Gewalt." (Z. 48–49). Hier beruft sich Spiegel auf die Autorität des Grundgesetzes und argumentiert, dass dieser Grundsatz als Prinzip der deutschen Leitkultur verstanden werden müsse. Er verstärkt diesen Wunsch durch die Akkumulation: Politik, Justiz und Polizei (Z. 55). Im weiteren Verlauf der Rede wendet sich Spiegel direkt an die Politiker, denen er mit einer sehr eingängigen Metapher vorwirft, sie würden „verbal zündeln" (Z. 58). Diese Metapher dient als Bild dafür, wie diese Politiker aus Machtinteressen heraus verantwortungslos und leichtfertig zu „Brandstiftern" würden, so wie sie ihre widersprüchlichen und sogar fremdenfeindlichen Reden formuliert haben. Er appelliert im Folgenden an ihr Verantwortungsbewusstsein, indem er sie auffordert, der Welt zu beweisen, dass Deutschland im Jahr 2000 eine demokratische Zukunft habe.	*Der appellative Charakter der Textsorte wird mit berücksichtigt, es wird klar gemacht, was der Redner erreichen möchte.*
Spiegel betont zum Schluss der Rede wiederholt seine Volkszugehörigkeit, indem er als Mitglied der jüdischen Gemeinschaft (Z. 63) Gedankengut aus dem Talmud zitiert: „Das Geheimnis der Erlösung heißt Erinnerung" (Z. 65) und alle Menschen dazu auffordert, die Opfer der Shoa niemals zu vergessen.	*Die Biografie des Redners wird in die Analyse mit einbezogen.*
Spiegels stärkstes Argument ist seine Mahnung, eine Wiederholung der Shoa zu verhindern. Aktuelle rechtsradikale Übergriffe und gefährliche Reden einiger Politiker lassen ihn fürchten, dass sich etwas Ähnliches wieder ereignen könnte. Seiner Intention, Volk und Politik auf den Ernst der Lage aufmerksam zu machen und sie zum couragierten und verantwortungsvollen Handeln aufzufordern, verleiht Spiegel Nachdruck durch die häufige Verwendung von Parallelismen, Akkumulationen, Klimaxen und rhetorischen Fragen. Als ein Jude, der die Shoa mit- und überlebt hat, erweckt er Mitgefühl und wirkt in seinen Befürchtungen sehr authentisch.	*Zum Schluss werden die wichtigsten Argumente und die Intention noch einmal zusammengefasst.*
Zusammenfassend lässt sich sagen, dass die Rede von Paul Spiegel auch heute noch aktuell ist. Tagtäglich liest oder hört man in den Medien von fremdenfeindlichen Übergriffen; dabei geht es längst nicht mehr nur um Beleidigungen, sondern um körperliche Gewalt. Sogar für Polizei und Feuerwehr sind manche „gleicher" als andere – durch die Presse sind Berichte gegangen, dass die „Retter in der Not" bei brennenden Asylheimen schon mal länger auf sich warten lassen.	*Abschließend wird die Aktualität des Themas anhand mehrerer Beispiele aufgezeigt.*
Mich überzeugen die Beispiele, an denen der Redner deutlich macht, dass jeder einen Beitrag leisten kann – wenn er den Mut dazu hat: den Mut, einen Konflikt einzugehen, den Mut, sich vielleicht unbeliebt zu machen.	*Es wird Stellung zur Rede genommen.*

Seite 71

Kompetenztest:
Aufgabe 1: Sachtexte und Diagramme auswerten

1 ***Richtig ist:*** *b).*

2 ***Durch den Text belegt sind:*** *d) und e).*
Durch den Text nicht belegt sind: *a), b) und c).*

3 ***These 1:*** *Den deutschen Konsumenten ist der Geiz näher als die Moral, die theoretischen Ansprüche der Menschen und ihr tatsächliches Verhalten klaffen in Geschäften eklatant auseinander.*
These 2: *Die Österreicher sind diesbezüglich einen Schritt weiter. Bio- und Fairtrade-Anteile erreichen in Österreich im Lebensmittelhandel Spitzenwerte.*

Seite 72

4 ***Die Bedeutung der Fremdwörter lautet:***

1. ökologisch	*h) den Naturhaushalt und die Umwelt der Lebewesen betreffend*
2. ethisch	*d) sittliche und moralische Grundsätze*
3. globale Dimension	*g) die ganze Welt betreffende Ausmaße*
4. Transparenz	*a) Durchsichtigkeit, Durchschaubarkeit*
5. Strategie	*b) umfassende Planung zur Verwirklichung von (Grund)Vorstellungen*
6. sozialverträglich	*e) in Übereinstimmung mit der Gesellschaft*
7. Kapazität	*c) hier: hervorragende Fachkraft*
8. kommerziell	*f) den Handel betreffend*

5 ***Die richtige Bezeichnung der Diagramme lautet:***
M3: Kurvendiagramm
M4: Balkendiagramm
M5: Säulendiagramm

6 ***Das Kurvendiagramm macht Angaben zu:***
a) Es informiert über die Endkundenpreise fair gehandelter Produkte in Deutschland.
b) Die x- und y-Achsen geben Auskunft über die Höhe der jährlichen Absätze.

Seite 73

7 ***Zutreffend sind:*** *b), c) und e).*
Nichtzutreffend sind: *a) und d).*

8 ***Richtig zugeordnet lauten die Sätze wie folgt:***

1. 45 % der Befragten sind eher weniger bereit, …	*e) … höhere Preise für Produkte zu bezahlen, die weniger umweltbelastend sind.*
2. Gar nicht bereit, höhere Steuern für einen verbesserten Umweltschutz zu bezahlen, …	*c) … sind 26 % der Befragten.*
3. Die stärkste Bereitschaft, mehr Geld auszugeben …	*b) … besteht für energiesparende Geräte.*
4. Insgesamt 52 % sind eher stark bis sehr stark bereit, mehr Geld auszugeben, …	*a) … wenn die Produkte aus Entwicklungsländern stammen und fair gehandelt werden.*
5. Höhere Preise und Steuern für einen verbesserten Umweltschutz …	*d) … sind für die meisten Konsumenten nicht akzeptabel.*

9 ***Deine Tabelle sollte so aussehen:***

Aussage	*M1*	*M2*	*M3*	*M4*	*M5*
a) Der Kunde findet fairen Handel zwar wichtig, entscheidet sich aber am Ende für den günstigeren Preis.	X				
b) Fairer Handel verbietet strikt Kinder- und Sklavenarbeit.	X	X			
c) Fairer Handel leistet einen Beitrag zu nachhaltiger Entwicklung.		X			
d) Viele Konsumenten legen beim Einkauf Wert darauf, dass die Produkte umweltverträglich sind.	X			X	X
e) 48 bis 60 % der Konsumenten sind eher weniger bis gar nicht bereit, für fair gehandelte oder weniger umweltbelastende Produkte mehr Geld auszugeben.	X				X
f) Verzicht auf Kinderarbeit ist ein wichtiges Kaufkriterium für fair gehandelte Produkte.	X			X	X
g) In den letzten fünf Jahren ist der Absatz fair gehandelter Produkte in Deutschland um mehr als das Dreifache gestiegen.			X		
h) In Deutschland werden Jahr für Jahr mehr fair gehandelte Produkte gekauft.			X		

Seite 75

Aufgabe 2: Eine Satire untersuchen

1 ***Richtig sind die Antworten:***
Eine Einteilung des Textes in viele kleine Abschnitte ist inhaltlich erkennbar.
Es gibt eine Zäsur, einen Wendepunkt auf der Inhaltsebene.

2 ***Richtig sind die Antworten:***
Der Text muss auf Schlüsselwörter hin gelesen werden.
Der Text muss in Bezug auf den Titel genau gelesen werden.
Schlüsselwörter müssen zu dem Titel in Bezug gesetzt werden.

3 ***Richtig ist:***
Vorgeschobene Solidarität.

4 ***Du solltest so zugeordnet haben:***

a) Es wird das Gegenteil von dem gesagt, was gemeint ist, mit einem klaren Hinweis auf die Bedeutung.	*Ironie*
b) stereotype Aussage, die auf Gemeinplätze zurückgreift	*Klischee*
c) Gedanken und/oder Begriffe werden einander gegenübergestellt.	*Antithese*
d) Etwas wird (über)betont und übertrieben dargestellt.	*Hyperbel*
e) Frage, auf welche die Antwort schon vorher klar ist (→ oft unbewusste Beeinflussung)	*rhetorische Frage*
f) Stärkung der Aussage durch stufenweise Steigerung von Begriffen oder Satzreihen	*Klimax*
g) Verknüpfung von zwei Ausdrücken durch ***wie*** *zur Veranschaulichung oder zur Hervorhebung der Gemeinsamkeit beider Ausdrücke*	*Vergleich*
h) Weglassung von Wörtern, die aus dem Sinnzusammenhang leicht ergänzt werden können	*Ellipse*

Seite 76

5 ***Folgende Zuordnung ist richtig:***

a) „Er trägt das Ersparte ins Spielkasino. Möglicherweise aus Solidarität mit den armen Ländern, weil es in Neu Delhi, Harare oder Pjöngjang auch Spielkasinos gibt." (Z. 48–51)	*Ironie*
b) „Tun wir's den Indern und Pakistani, den Chinesen und Laoten gleich: Reis und Gemüse. ‚Ist sowieso gesünder.'" (Z. 16–18)	*Klischee*
c) „‚Millionen Menschen in der Dritten Welt gehen hungrig schlafen. Da werden wir nicht länger in überteuerten Restaurants prassen.'" (Z. 10–12)	*Antithese*
d) „Fleisch in der Woche? Eine Todsünde." (Z. 15)	*Hyperbel* *auch: Ellipse* *auch: rhetorische Frage*
e) „Keine Rede. Nicht einen Cent." (Z. 5–6)	*Klimax*
f) „Neue Wintermäntel für mich und die Kinder? Welche Verschwendung, wo es die alten doch mindestens noch zwei Jahre tun." (Z. 13–15)	*rhetorische Frage* *auch: Ellipse*
g) „Mein Mann, ein Sparfuchs, wie er im Buche steht." (Z. 1)	*Vergleich*
h) „Familienurlaub im Ausland? Absurd." (Z. 9)	*Ellipse* *auch: rhetorische Frage*

6 ***Zutreffend sind:***
c) und d).
Nicht zutreffend sind:
a), b) und e).

Seite 77

Aufgabe 3: Rechtschreibung, Zeichensetzung und Grammatik

1 ***Du solltest die Kommas wie folgt gesetzt haben:***
(1) Schon 1668 hat sich der französische Schriftsteller Jean-Baptiste Poquelin, genannt Molière, mit dem Thema Geiz auseinandergesetzt, als er eine Komödie mit dem Titel „Der Geizige" verfasste. (2) Im Mittelpunkt seines Theaterstücks steht Harpagon, der verwitwet ist. (3) Bei ihm leben die beiden Kinder Elise und Cléante. (4) Harpagon ist so besessen von der Gier nach Geld und Reichtum, dass er keine anderen Werte kennt. (5) Weil das so ist, liebt er sein Geld mehr als die eigenen Kinder. (6) Indem Molière der Geldgier Liebe und Ehrlichkeit entgegensetzt, will er Kritik an einem übersteigerten Materialismus üben. (7) Sein Stück war Ende des 17. Jahrhunderts in Frankreich ein großer Erfolg, obwohl das französische Bürgertum in seinem Denken und Handeln kritisiert wurde.

2 ***Richtige Begründung der Kommasetzung:***

Kausalsatz (5),	*Relativsatz (1, 2),*
Konzessivsatz (7),	*Modalsatz (6),*
Temporalsatz (1),	*Konsekutivsatz (4).*

3 *a) und b):* ***Lückentext mit eingesetzten Kommas und das/dass:***
Hauptfigur des Stücks ist Harpagon, ein reicher Geizkragen, der seinen Mitmenschen gegenüber so misstrauisch ist, ***dass*** *er sein Geld in einer im Garten vergrabenen Kassette aufbewahrt. Seine beiden Kinder Elise und Cléante plant er so reich zu verheiraten,* ***dass*** *sie keine Kosten mehr verursachen. Allerdings gefällt* ***das*** *den Kindern nicht. Elise ist nämlich in den jungen Valère verliebt. Nun soll sie nach des Vaters Willen den wohlhabenden Witwer Anselme ehelichen. In Harpagons Augen ist* ***das*** *die perfekte Partie, denn dieser verlangt keine Mitgift. Cléante wiederum soll eine reiche Witwe heiraten.* ***Dass*** *der* ***das*** *wenig schätzt, liegt darin begründet,* ***dass*** *er die hübsche, aber leider mittellose Marianne liebt. Diese wiederum wird auch vom Vater verehrt.*

Seite 78

4 ***Die richtigen Schreibweisen sind:***
näherzukommen . gutstellen . abzubauen. das Ersparte . Konflikte . Zuhilfenahme . widersetzt.

5 ***Richtige Wiedergabe im Konjunktiv:***
In der Besprechung heißt es, Geiz mache arm, gefühlsarm. Geld verderbe den Charakter, wenn er nicht bereits – so wie bei dem Protagonisten Harpagon – verdorben sei. Harpagon, dieser gnadenlose Knauserkopf, dieser Geizkragen, der sein Geld horte und es Tag und Nacht bewache, damit es niemand stehle. Zerfressen sei er vom Misstrauen seinen Mitmenschen gegenüber, überall wittere er Verrat, selbst seinen Sohn und seine Tochter beobachte er argwöhnisch. Er gehe gar so weit, seine Kinder um der Mitgift willen zu verkaufen, zwangsweise zu verheiraten. Immer das eine Ziel vor Augen: Geld anzuhäufen.

A Die Aufgabenstellung verstehen

1 *Überlege, welche Arbeitsschritte zur Lösung der gesamten Aufgabe notwendig sind. Bringe dazu die folgenden Arbeitsschritte durch Nummerierung in die richtige Reihenfolge.*

a) ☐ Den Aufsatz verfassen.

b) ☐ Vergleichsansätze aufschreiben (Gemeinsamkeiten/Unterschiede im Hinblick auf „Liebe" und „Enttäuschung in der Liebe").

c) ☐ Einen Schreibplan erstellen.

d) ☐ Erste Gedanken und Fragen zu beiden Gedichten notieren.

e) ☐ Aufgabenstellung genau lesen und verstehen.

f) ☐ Das Thema beider Gedichte bestimmen.

g) ☐ Interpretationshypothesen formulieren.

h) ☐ Den eigenen Text prüfen und überarbeiten.

i) ☐ Das erste Gedicht in Bezug auf Inhalt, Form und Sprache analysieren.

2 *In der ersten Teilaufgabe wird verlangt, dass du das Gedicht „Der Kuss im Traume" von Karoline von Günderrode analysierst. Was genau ist damit gemeint? Kreuze an:*

Analysieren heißt …	richtig	falsch
a) die Aussage des Gedichts zu erschließen.	☐	☐
b) ein umfassendes Autorenporträt zu verfassen.	☐	☐
c) das Gedicht zu bewerten.	☐	☐
d) ausführlich und detailliert mein Wissen zur literarischen Epoche zu referieren.	☐	☐
e) formale Elemente des Gedichts zu untersuchen.	☐	☐
f) zahlreiche andere Gedichte zum Vergleich heranzuziehen.	☐	☐
g) meine Interpretationsthese mit Zitaten zu belegen und zu erläutern.	☐	☐

B Erstes Textverständnis/Ideen formulieren

1 *Lies noch einmal die beiden Gedichte, jedes für sich.*
a) Halte deine spontanen Leseeindrücke im Heft fest. Notiere dabei deine Assoziationen für jedes Gedicht getrennt.
b) Unterstreiche anschließend in beiden Ideensammlungen Gemeinsamkeiten rot, Unterschiede grün.

2 *Wie wirken die Gedichte auf dich? Kreuze an, wenn du zustimmen kannst:*

Wirkung	„Der Kuss im Traume"	„Liebe am Horizont"
beruhigend	☐	☐
aufwühlend	☐	☐
sehnsuchtsvoll	☐	☐
ernüchternd	☐	☐
desillusionierend	☐	☐
traurig stimmend	☐	☐
gehetzt	☐	☐

3 *Formuliere nach deiner ersten Beschäftigung mit den beiden Texten eine Deutungshypothese für die beiden Gedichte.*
Du kannst auch mit Hilfe des Wortspeichers den folgenden Lückentext füllen.

Wortspeicher
lieblosen täglichen Rituale
Romantik
Traum
Gegenwart
Liebe und Enttäuschung in der Liebe
„Der Kuss im Traume“
„Liebe am Horizont“
Feinfühligkeit

TIPP
In einer **Deutungshypothese** formulierst du dein erstes Textverständnis. Durch die anschließende Untersuchung einzelner Analyseaspekte wird diese These gestützt, erweitert oder widerlegt.

Beide Gedichte haben in verschiedener Ausformung ______________________________ ______________________________ zum Thema. Während im Gedicht ______________________________ unerfüllte Liebessehnsucht das lyrische Ich bedroht und gleichzeitig zu einer existentiellen Erfahrung gemacht wird, wirkt das Erlebte im Gedicht ______________________________ eher als fast alltägliches Beziehungsproblem, das durch die ______________________________ ______________________________ und die mangelnde ______________________________ des „Mann[es]“ (Vers 1) mit verursacht ist. Zudem spielt von Günderrodes Gedicht mit Wirklichkeit und ______________________________, denn das ersehnte Liebesglück ist nur im Traum vorstellbar und kann sich in der Realität nicht verwirklichen. Die inhaltliche Auseinandersetzung mit dem Thema erfolgt epochentypisch: sehnsüchtiges „Schmachten“ (Vers 2) in der Epoche der ______________________________, zeitlich befristete Liebe und Trennung in der Einbindung in Alltagsroutine in der ______________________________.

C Übungen

Inhaltliche Aspekte untersuchen

1 *Wovon handeln die beiden Gedichte?*
a) Notiere zu jeder Strophe des Gedichts „Der Kuss im Traume“ die thematischen Schwerpunkte:

Strophe 1: ______________________________

____

Strophe 2: ______________________________

____

Strophe 3: ______________________________

____

Strophe 4: ______________________________

____

b) Gib den Inhalt des Gedichts „Liebe am Horizont“ in wenigen Sätzen wieder. Beantworte dabei v.a. die beiden Fragen:

Was erfährst du über den „Mann“ (V.1)?

Welchen Verlauf nimmt die Liebe?

TIPP

Der **Schwerpunkt deiner schriftlichen Analyse** liegt entsprechend der Aufgabenstellung auf dem ersten Gedicht. Dieses sollst du inhaltlich und in Bezug auf die äußere Form und Sprache erschließen. Beim zweiten Gedicht ist eine solche ausführliche Beschreibung nicht notwendig. Hier steht der Vergleich der thematischen Aspekte im Vordergrund. Notiere aber dennoch alles, was dir an Form und Sprache auffällt.

C. D. Friedrich: Frau in der Morgensonne (1820), (Ausschnitt)

2 *Finde das gemeinsame Thema und mögliche gemeinsame Motive der beiden Gedichte. Kreuze dazu an, welche der folgenden Aussagen jeweils zutreffen.*

Thema/Motive	**„Der Kuss im Traume“**	**„Liebe am Horizont“**
a) unerfüllte Liebe	☐	☐
b) Erkalten der Gefühle	☐	☐
c) Liebessehnsucht	☐	☐
d) Gegensatz von Tag und Nacht	☐	☐
e) Leben nur im Traum	☐	☐
f) Der Tag ist der Feind der Liebe	☐	☐
g) Die Nacht stillt die Liebessehnsucht	☐	☐
h) Die Liebe setzt das Zeitgefüge außer Kraft	☐	☐
i) Das Tageslicht macht die Liebe klein	☐	☐
j) Die Liebe verleiht Flügel	☐	☐
k) Alltagsbanalität lässt die Liebe schrumpfen	☐	☐

Die äußere Form untersuchen

3 *Betrachte nun die äußere Form des Gedichts „Der Kuss im Traume“.*
a) Untersuche jeden der in der Tabelle genannten formalen Aspekte. Hilfe zum formalen Aufbau eines Gedichts findest du auf der Umschlagseite U3.
b) Trage dein Analyseergebnis in die entsprechende Spalte ein.
c) Notiere in der zweiten Spalte, was dir diesbezüglich beim zweiten Gedicht auffällt.

Analyse der äußeren Form	„Der Kuss im Traume“	„Liebe am Horizont“
Gedichtform	Sonett	
– Strophen		
– Verse		
Reimschema		
Metrum		
Verhältnis Vers/Satz		
lyrisches Ich		

TIPP
Bei der **Analyse der Form eines Gedichts** untersuchst du, wie die inhaltlichen Aussagen sich in der Form widerspiegeln und diese unterstreichen. **Beim Interpretieren** sollten formale Elemente nur dann benannt werden, wenn sie zur Deutung des Gedichts beitragen – es sei denn, die vollständige Beschreibung der Form wird in der Aufgabenstellung ausdrücklich gefordert.

4 *Luzia und Justine haben sich in ihrer Analyse der äußeren Form wie folgt geäußert. Bewerte ihre Darstellungen und begründe deine Einschätzung.*

Luzia schreibt:

> Das Gedicht „Der Kuss im Traume“ von Karoline von Günderrode besteht aus vier Strophen. Die ersten beiden Strophen sind Quartette, die beiden letzten Terzette. Es liegt also ein Sonett vor. Die Quartette sind durch den umarmenden Reim formal verbunden, die Terzette durch den verschränkten Reim. Hier zeigt sich die für das Sonett typische Zweiteilung.
> Diese formale Zweiteilung entspricht auch dem Inhalt: In den ersten beiden Strophen wird das Erleben von Nacht und Traum thematisiert, in den beiden Terzetten wird der Tag charakterisiert, der im krassen Gegensatz zum nächtlichen Empfinden steht.

Justine schreibt:

> Das Gedicht „Der Kuss im Traume“ ist ein Sonett, das sich aus vier Strophen, nämlich zwei Vierzeilern und zwei Dreizeilern, zusammensetzt. Die Form des Sonetts kam häufig zur Zeit des Barocks vor, auch Shakespeare hat viele Sonette geschrieben, allerdings in einer etwas anderen Zeilenaufteilung.
> In diesem Sonett wird der fünfhebige Jambus als Metrum verwendet. Da es sich um ein eher langsames und getragenes Metrum handelt, passt es gut zum Träumen des lyrischen Ichs.

Die Sprache untersuchen

Wortspeicher

Chiasmus · Parallelismus · Alliteration · Pars pro Toto · Hyperbel · Metapher · Antithese · Personifikation

5 *Untersuche das Gedicht „Der Kuss im Traume" hinsichtlich rhetorischer Mittel.*
a) Ordne die Begriffe aus dem Wortspeicher der jeweils richtigen Erklärung in der Tabelle zu. Hilfe findest du auf der Umschlagseite ▷ U3.
b) Suche für jedes Stilmittel ein oder mehrere Beispiele im Gedicht und trage diese mit Belegstellen in der rechten Spalte ein.

Rhetorische Stilmittel	Erklärungen	Beispiele
Neologismus	Wortneuschöpfung	umnachten (V. 3)
	„Vermenschlichung" von leblosen Gegenständen oder Begriffen	
	Gebrauch eines Wortes nicht in seiner wörtlichen, sondern in einer übertragenen Bedeutung	
	gleicher Anlaut von aufeinanderfolgenden Wörtern	
	Gegenüberstellung von gegensätzlichen Gedanken oder Begriffen	
	Wiederholung von Teilsätzen oder Sätzen	
	starke Übertreibung	
	Teilsätze oder Sätze werden über Kreuz gestellt	
	ein Teil steht für ein Ganzes	

c) Mache dir Stichpunkte zur Wirkung der Stilmittel. ***Hinweis:*** *Deine Gedanken zur Deutung der Stilmittel müssen noch nicht endgültig sein. Wichtig ist jedoch, dass du versuchst, den Textzusammenhang mit einzubeziehen.*

„umnachten" (V. 3): die Nacht ist dunkel, umhüllt das lyrische Ich, „traulich zu umnachten" (V. 3): wird als angenehm, besänftigend und beschützend wahrgenommen

6 *Welche Wortfelder fallen dir bei den Gedichten jeweils auf?*
a) Unterstreiche zunächst in beiden Texten Wörter, die mehrfach oder in Abwandlung vorkommen. Arbeite mit verschiedenfarbigen Stiften.
b) Notiere in der Tabelle unten alle Begriffe, die du einem Wortfeld zuordnen kannst.

Wortfeld	„Der Kuss im Traume"	„Liebe am Horizont"
Nacht		

7 *Prüfe das folgende Schülerbeispiel, in dem die Entwicklung der Liebe in Krechels Gedicht untersucht wird.*
a) An welchen Stellen wurden formale und sprachliche Beobachtungen sinnvoll für die Deutung genutzt? Wo ist dies weniger oder nicht gelungen?

> Das Gedicht „Liebe am Horizont“ von Ursula Krechel hat keine Reime und ist eher in Alltagssprache verfasst. Die Sprache unterstreicht, dass das Problem in der geschilderten Liebesbeziehung ein alltägliches ist, eines, das jeden betreffen könnte. Durch die Wahl einer distanzierten Sprecherin in der 3. Person Singular („sie“, V. 6; „ihr“, V. 2) wird deutlich, dass „sie“ austauschbar ist, ebenso wie „der Mann“ (V. 1). Es fällt auf, dass die Wortwahl nicht sehr poetisch ist. „Aschenbecher“, „Laken“, „Handtuch“ und „verschwitzt“ verleihen der Liebe einen eher trivialen Charakter. Dieser Eindruck wird verstärkt durch die Zeitangaben, die sich durchziehen: Zwar gehen die Uhren zu Beginn der Liebesbeziehung anders, d. h., die Liebe macht es möglich, „plötzlich“ und „einige Wochen lang“ aus der Alltagsroutine auszubrechen, „bald“ (V. 13) aber findet sie sich schon verschlossen in der „Schublade“ (V. 15) wieder.

Formulierungshilfen

die Autorin unterstreicht
bringt auf den Punkt
drückt aus

kann interpretiert werden als
legt nahe

Das Gedicht bekommt dadurch eine ... Wirkung

Die auffällige Verwendung von ... führt dazu, dass ...

b) Überarbeite den Schülertext und ergänze ihn in deinem Heft durch eigene Beobachtungen. Nutze dabei die Formulierungshilfen.

8 *Vergegenwärtige dir nun die Ergebnisse der einzelnen Analyseschritte. Beziehe dabei vor allem deine Lösungen zu den Aufgaben B1–3 und C7 ein.*
a) Vergleiche das Erleben von Liebe und Enttäuschung, wie es sich in den Gedichten darstellt. Berücksichtige dabei auch die jeweiligen Wortfelder.
b) Inwiefern unterstützt die Wahl des Sprechers im Gedicht die inhaltlichen Aussagen? Ergänze hierzu den Lückentext durch die Begriffe aus dem Wortspeicher.

Wortspeicher

Distanz | lyrisches Ich | in der 3. Person Singular | Personal- und Possessivpronomen

Die Dichterin Karoline von Günderrode wählt ein ____________________ in der 1. Person Singular, dadurch und durch die häufige Wiederholung von ____________________ wird eine sehr subjektive Sicht auf das Erlebte vermittelt. Im Gedicht „Liebe am Horizont“ von Ursula Krechel hingegen ist durch die Wahl einer Sprecherin ____________________ von Anfang an sehr viel mehr ____________________ gegeben. Die beschriebene Entfremdung wird dadurch eher sachlich vermittelt.

D Einen Schreibplan erstellen

1 *Welche Arbeitsschritte sind wichtig? Ordne Tätigkeiten und Inhalte richtig zu, indem du Verbindungslinien ziehst.*

Schritte	Tätigkeiten	Inhalte
	Vergleich beider Gedichte	Herausarbeiten von Gemeinsamkeiten und Unterschieden beider Gedichte entsprechend der in der Aufgabenstellung genannten Vergleichsaspekte
Schritt 1	Einleitung verfassen	knappe Wiedergabe des Inhalts von Gedicht 1; Beschreibung der äußeren Form: Strophen, Verse, Metrum, Reimschema, rhetorische Mittel und deren Wirkung
Schritt 2	kurze inhaltliche Darstellung des zweiten Gedichts	knappe Wiedergabe des Inhalts von Gedicht 2; Bezug zu Ergebnissen aus Analyse des ersten Gedichts
Schritt 3	inhaltliche und formale Analyse von Gedicht 1	Zusammenfassen der Ergebnisse des Vergleichs; einleitende Deutungshypothese wird bestätigt, widerlegt oder modifiziert
Schritt 4	Ergebnisse werden auf den Punkt gebracht, Rückbezug zur Deutungshypothese	Titel, Textsorte, Autorinnen, Entstehungszeit der Gedichte, Deutungshypothese
Schritt 5		

2 *Bringe die folgenden Auszüge aus der Klassenarbeit eines Schülers durch Nummerierung in die richtige Reihenfolge.*

☐ **A** Meine anfangs formulierte Deutungshypothese ist daher zu ergänzen. Auch in dem Gedicht „Liebe am Horizont“ bleibt die ursprüngliche Sehnsucht unerfüllt. Beide Gedichte sind Ausdruck des Lebensgefühls der jeweiligen Epoche. Während die Liebe und das damit verbundene Gefühl bei Karoline von Günderrode romantisch überhöht wird, erfährt sie bei Ursula Krechel eine Trivialisierung, eine Überführung ins tägliche Ritual.

☐ **B** Der nächste Unterschied macht es deutlich: Die Stellung von Nacht und Dunkelheit. Die nur im Traum gelebte Liebe erfordert Dunkelheit, fürchtet die Einschränkung durch die Tageshelligkeit. Die Dunkelheit vermag das lyrische Ich „traulich zu umnachten“ (V. 3). Der Neologismus weckt die Vorstellung der Ummantelung, des Schutzes durch die Nacht.

☐ **C** Karoline von Günderrodes Gedicht „Der Kuss im Traume“ handelt von der Sehnsucht, im Traum glücklich zu sein. Im ersten Quartett berichtet das lyrische Ich von einem lebensspendenden Kuss. Ob es sich dabei um einen „Kuss im Traum“ (siehe Titel) handelt oder um einen erträumten Kuss, bleibt offen.

☐ **D** Mit den Gedichten „Der Kuss im Traume“ von Karoline von Günderrode aus dem Jahr 1805 und „Liebe am Horizont“ von Ursula Krechel, erschienen 1977, liegen zwei Texte aus unterschiedlichen Epochen vor, die Liebe und Liebesenttäuschung thematisieren. Doch während der gelebten Liebesbeziehung bei Krechel die Enttäuschung folgt, bleibt bei der Günderrode die Liebessehnsucht unerfüllt. Zur Darlegung meiner Deutungshypothese werde ich zunächst …

☐ **E** Betrachtet man nun das Gedicht „Liebe am Horizont“ vor dem Hintergrund dieser Analyseergebnisse, so fällt auf, dass hier eine Liebesbeziehung tatsächlich gelebt wird. Im Gegensatz zu „Der Kuss im Traume“ bringt die Nacht hier wirkliche Liebeserfüllung, die jedoch nach wenigen Wochen schon „kleiner und kleiner“ (V. 9) wird.

3 *Sichte und ordne in Ruhe deine Untersuchungsergebnisse und gehe im Kopf noch einmal den Schreibplan durch. Formuliere dann einen zusammenhängenden Aufsatz in deinem Heft.*

E Den eigenen Text überarbeiten

1 *Überarbeite deinen Gedichtvergleich mit Hilfe der folgenden Checkliste.*

☑ Checkliste: (Liebes)Gedichte vergleichen

ja	nein	Hast du …
☐	☐	… deinen Gedichtvergleich klar in Einleitung, Hauptteil und Schluss gegliedert?
☐	☐	… in der Einleitung die Titel, Thema, Autorinnen, Entstehungsjahre und eine Deutungshypthese benannt?
☐	☐	… den Inhalt der Gedichte knapp wiedergegeben und das erste Gedicht ausführlich analysiert (formale, sprachliche und inhaltliche Aspekte untersucht und aufeinander bezogen)?
☐	☐	… die Gedichte entsprechend der vorgegebenen Vergleichsaspekte auf Unterschiede und Gemeinsamkeiten hin untersucht?
☐	☐	… deine Untersuchungsergebnisse zum Schluss zusammengefasst und einen Bezug zur Deutungshypothese hergestellt?
☐	☐	… Rechtschreibung und Zeichensetzung in deinem Text geprüft?

7 *Sophokles:* Antigone – Eine Dramenszene interpretieren

Aufgabenstellung

1 Ordne die Szene kurz in den Gesamtzusammenhang des Dramas ein.
2 Interpretiere die Textstelle: Stelle die Argumentation der beiden Figuren dar und beziehe dabei die sprachliche und szenische Gestaltung mit ein.

Achtung: Auch wenn du das Drama „Antigone" noch nicht kennst, kannst du hier üben, wie man eine Dramenszene interpretiert. Bearbeite dazu wie immer die Teilkapitel A bis D, bevor du mit der Aufgabenstellung der Klassenarbeit beginnst.

Sophokles

Antigone (442 v. Chr.) – Vers 441–525

Antigone steht als Angeklagte vor ihrem Onkel Kreon, dem König von Theben. Dieser hatte verboten, dass Antigones Bruder Polyneikes, der gegen Kreons Stadt gekämpft hatte und dabei getötet wurde, begraben würde. Als Antigone dies dennoch tat, wurde sie von einem Wächter ertappt. Zuvor hatte Kreon diesen Wächter verdächtigt, Polyneikes begraben zu haben.

KREON *(zu Antigone)*
Dich frag ich nun, du senkst den Blick zu Boden:
Gestehst du oder leugnest du die Tat?

ANTIGONE
Ich sage, dass ich's tat, und leugne nicht.

KREON *(zum Wächter)*
Du mach dich fort, wohin es dir beliebt,
Von einem schweren Vorwurf bist du frei!
(Wächter ab)
Du aber sag mir – ohne Umschweif, kurz:
Hast du gewusst, dass es verboten war?

ANTIGONE
Ich wusst es, allerdings, es war doch klar!

KREON
Und wagtest, mein Gesetz zu übertreten?

ANTIGONE
Der das verkündete, war ja nicht Zeus[1].
Auch Dike[2] in der Totengötter Rat
Gab solch Gesetz den Menschen nie. So groß
Schien dein Befehl mir nicht, der sterbliche,
Dass er die ungeschriebenen Gottgebote,
Die wandellosen, konnte übertreffen.
Sie stammen nicht von heute oder gestern,
Sie leben immer, keiner weiß, seit wann.
An ihnen wollt ich nicht, weil Menschenstolz
Mich schreckte, schuldig werden vor den Göttern.
Und sterben muss ich doch, das wusste ich

1 **Zeus:** oberster olympischer Gott in der griechischen Mythologie
2 **Dike:** Göttin des Rechts in der griechischen Mythologie

Auch ohne deinen Machtspruch. Sterbe ich
Vor meiner Zeit, nenn ich es noch Gewinn.
Wes Leben voller Unheil ist[3], wie meines,
Trägt der nicht, wenn er stirbt, Gewinn davon?
Drum schmerzt mich nicht, dass sich mein
Schicksal nun
Erfüllt. Ja, hätt ich meiner Mutter Sohn,
Den Toten, unbestattet liegen lassen,
Das schmerzte mich, doch dies tut mir nicht weh.
[Mag ich dir nun auch eine Törin scheinen –
Vielleicht zeiht mich der Torheit nur ein Tor.]

Chor
Des Vaters trotzige Art verrät das Kind,
Dem Unglück sich zu beugen weiß sie nicht.

Kreon
So merke dir: Der allzu starre Sinn
Zerbricht am ehsten, und der stärkste Stahl,
Wenn man ihn überhart im Feuer glühte,
Zersplittert und zerspringt zuallererst.
Ich weiß, mit kleinem Zügel bändigt man
Die wilden Rosse. Überheblichkeit
Ist nicht am Platz, wo man gehorchen muss.
Die war im Frevelmut[4] schon Meisterin,
Als sie erlassene Gesetze brach.
Und ihrem ersten Frevel folgt der zweite:
Hohnlachend prahlt sie noch mit ihrer Tat.
Wenn sie sich ungestraft das leisten darf,
Bin ich kein Mann mehr, dann ist sie der Mann!
Nein – sei sie meiner Schwester Kind und näher
Als alle Blutsverwandten mir verwandt –,
Sie wird der schwersten Buße nicht entgehn,
Samt ihrer Schwester! Die ist gleichfalls schuldig
An dem Begräbnis, hat es mitgeplant.
Ruft sie mir her! Noch eben sah ich sie
Wie eine Rasende im Hause toben.
Meist spielt das Herz schon vorher den Verräter,
Wenn einer krumme Wege geht im Dunkeln.
Erst recht verhasst ist mir, wer sein Verbrechen
Verschönern will, bei dem man ihn ertappt.

Antigone
Willst du noch mehr, als dass ich sterben muss?

Kreon
Sonst nichts. Damit hab ich vollauf genug.

Antigone
Was zögerst du? Wie alles, was du sagst,
Mir nicht gefällt und nie gefallen soll,
Muss meine Art auch dir zuwider sein.
Und doch, wie hätt ich rühmlicheren Ruhm
Gewonnen, als dass ich den eignen Bruder
Begrub? All diese sprächen freudig ja
Dazu, verschlösse Furcht nicht ihren Mund.
[Auch darin hat es herrlich der Tyrann:
Frei darf er tun und sagen, was er will.]

Kreon
Das siehst nur du von Kadmos'[5] ganzem Volk.

Antigone
Die sehen's auch, nur kneift ihr Mund vor dir.

Kreon
Schämst du dich nicht mit deinem Eigensinn?

Antigone
Die Blutsverwandten ehren schändet nicht.

Kreon
Den er erschlug, war er nicht auch dein Bruder?

Antigone
Ja, gleichen Vaters, gleicher Mutter Kind.

Kreon
Und kränkst ihn so mit deinem Liebesdienst!

Antigone
Das wird der Tote niemals dir bezeugen!

Kreon
Wo du ihn gleich wie diesen Frevler ehrst!

Antigone
Sein Bruder, nicht ein Sklave war's, der starb!

Kreon
Der schirmte Theben, der verheerte es.

Antigone
Und dennoch fordert Hades[6] gleiches Recht.

Kreon
Man ehrt nicht gleich den Edlen und
den Schlechten.

Antigone
Wer weiß, ob drunten das geheiligt ist?

Kreon
Nie, auch nicht wenn er starb, lieb ich den Feind.

Antigone
Mitlieben, nicht mithassen ist mein Teil.

Kreon
So geh, und muss geliebt sein, lieb die drunten!
Mich wird im Leben nie ein Weib regieren.

Ismene wird aus dem Haus geführt.

3 Antigone bezieht sich hier auf einen Fluch, der auf ihrer Familie lastet. Ihrem Vater Ödipus war vorhergesagt worden, dass er seinen Vater töten und seine Mutter ehelichen werde. Unwissentlich tat er dies tatsächlich und zeugte so Antigone und ihre Geschwister.

4 **Frevelmut:** vorsätzliches Begehen von Übeltaten

5 **Kadmos:** gilt in der griechischen Mythologie als Gründer Thebens. Er ist einer der Vorfahren des Ödipus.

6 **Hades:** in der griechischen Mythologie Herrscher der Unterwelt, d. h. des Reichs der Toten

A Die Aufgabe verstehen

1 *Mache dir klar, was bei dieser Aufgabe von dir verlangt wird. Kreuze die zutreffenden Aussagen an.*

a) ☐ Auch wenn zwei Aufgaben gestellt sind, schreibe ich einen zusammenhängenden Text mit Einleitung, Hauptteil und Schluss. Die Interpretation des Szenenausschnitts stellt dabei den Hauptteil dar.

b) ☐ Bei der Einordnung in den Dramenkontext achte ich darauf, möglichst ganz ausführlich nachzuerzählen.

c) ☐ Die Einordnung in den Dramenkontext kann recht knapp einen Teil der Einleitung darstellen.

d) ☐ Bei der Interpretation des Auszugs achte ich auf eine klare Gliederung. Eine Gliederungsmöglichkeit ist es, den Text in Abschnitte zu unterteilen.

e) ☐ Ich kann meinen Text auch gliedern, indem ich zunächst den Inhalt der Szene wiedergebe, dann aufschreibe, was die Figuren sagen, und in einem weiteren Abschnitt getrennt alle sprachlichen Mittel benenne.

f) ☐ Ich soll auch die Figuren betrachten und ihr Verhältnis zueinander herausarbeiten.

g) ☐ Nicht jede Drameninterpretation ist gleich, sondern hängt vom Inhalt der Szene oder von der jeweiligen Aufgabenstellung ab. Der Schwerpunkt der Analyse dieser Szene liegt somit auf der Argumentation Kreons und Antigones.

B Den Text verstehen – die Szene untersuchen

Einordnung in den Dramenzusammenhang

1 *a) In der folgenden Einleitung hat eine Schülerin versucht, die Szene in den Handlungsverlauf des Dramas einzuordnen. Inhaltlich ist ihr Text richtig, allerdings ist er viel zu ausführlich. Streiche die überflüssigen Textstellen.*

TIPP

Was bei der Einordnung in den Dramenzusammenhang genannt wird, hängt von dem jeweiligen Szenenausschnitt ab. Wichtig ist, dass nur die inhaltlichen Aspekte aufgegriffen werden, die für den Ausschnitt relevant sind.
Der Inhalt sollte außerdem nicht nacherzählt, sondern im Zusammenhang mit der Gesamtstruktur des Dramas betrachtet werden.

Sophokles' tragische Heldin, die Tochter des Ödipus namens Antigone aus dem gleichnamigen antiken Drama, sieht sich mit einem unausweichlichen Konflikt konfrontiert: Wenn sie das Recht der Götter respektiert, muss sie Menschenrecht verletzen und sich gegen das Gebot ihres Herrschers stellen. Da sie nach dem Verständnis der damaligen Zeit verpflichtet ist, beiden Geboten gleichermaßen Folge zu leisten, kann sie nur fehlen.
Um diesen Konflikt verstehen zu können, muss man über die Vorgeschichte informiert sein. Antigone ist eine Tochter des Ödipus, der auf Grund eines Fluches, der auf der Familie lastet, ein tragisches Ende fand. Ihm war vorausgesagt worden, dass er seinen Vater umbringen und seine Mutter heiraten werde. Genau dies tat er unwissend. Als es herauskam, brachte sich seine Frau bzw. Mutter um, Ödipus selbst blendete sich.
Der neue Herrscher über Theben, Kreon, forderte, dass von den beiden Brüdern Antigones, die einander im Kampf um Theben töteten, nur Eteokles, der für Theben gekämpft hatte, begraben werden dürfe, während Polyneikes unbegraben vor den Toren der Stadt verrotten sollte, da er Theben angegriffen habe. Antigone und Ismene sind die einzigen überlebenden Kinder des Ödipus. Antigone beschließt, ihren Bruder Polyneikes trotz des Bestattungsverbots des Kreon zu begraben, und möchte ihre Schwester Ismene überreden, ihr dabei behilflich zu sein. Ismene lehnt ab, weil sie als Frau den Männern keine Vorschriften machen möchte, und die Schwestern trennen sich im Streit. Antigone begräbt ihren Bruder daraufhin allein. Sie wird auf frischer Tat ertappt und von einem Wächter, der dabei jedoch ein sehr schlechtes Gewissen hat, vor Kreon geführt.

Autor wird genannt
____
____
____
____
____
____
____
____

In der vorliegenden Szene (2. Epeisodion, Verse 441–525) treffen die beiden Antagonisten, Kreon und Antigone, das einzige Mal im gesamten Drama aufeinander. Die beiden einander entgegengesetzten Standpunkte können somit noch einmal kontrastierend verhandelt werden. Der Schlagabtausch zwischen Antigone und Kreon stellt den Höhepunkt des Dramas dar.

b) Überprüfe, ob in dieser Einleitung (S. 52) weitere wichtige Informationen wie
- *Autor, Titel und Thema des Dramas genannt werden, ob*
- *Aussagen über die Funktion der Szene in der Dramenstruktur gemacht werden und ob auch*
- *eine Überleitung zum Hauptteil der Interpretation zu finden ist.*

Nutze die Randspalte für deine Notizen.

Analyse des Szenenausschnitts

2 *Verschaffe dir zunächst einen Gesamteindruck über Aufbau und Inhalt des Auszugs.*
a) Zeichne eine Spannungskurve des Szenenausschnitts in das unten abgedruckte Koordinatensystem.
b) Trage mit einer anderen Farbe eine Kurve für die Entwicklung des Verhältnisses zwischen Kreon und Antigone in das Koordinatensystem ein.

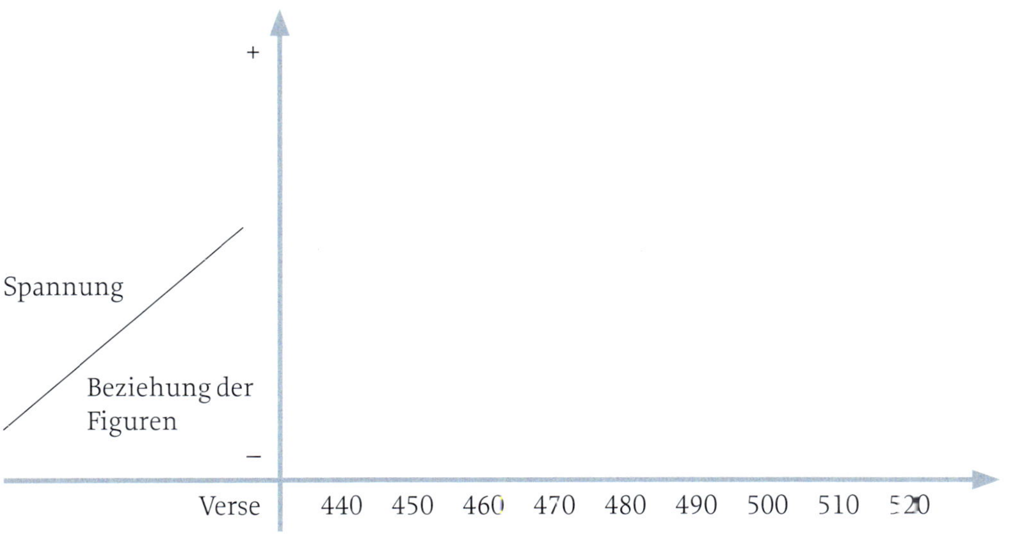

TIPP
Neben der Stellung der Szene im Handlungsverlauf sind weitere **Aspekte der Analyse einer Dramenszene** unter anderem
- der **Inhalt der Szene** (Wovon handelt die Szene? Was sind wichtige Abschnitte?) und
- die **Figuren** (z. B. ihre Eigenschaften, Gedanken und Absichten und ihre Beziehungen zueinander).

c) Unterteile die Dramenszene in Abschnitte.

TIPP
Oft werden Möglichkeiten, **eine Dramenszene in Abschnitte zu unterteilen,** schon beim recht oberflächlichen Lesen ersichtlich. Hinweise auf Einschnitte bieten z. B. Auftritte und Abgänge von Figuren. Auch wenn sich die Art der Gesprächsführung ändert, z. B. längere Monologe anstatt Dialoge zu finden sind, kann eine Unterteilung sinnvoll sein.

3 *Untersuche die Argumentation der beiden Hauptfiguren.*
a) Halte in einem Satz fest, welche Positionen Kreon und Antigone jeweils vertreten.

Kreon ist der Meinung, dass ...

Antigone vertritt die Position, dass ...

b) Markiere beim erneuten Durchlesen Textstellen, die Auskunft über Antigones und Kreons Argumente geben, in zwei Farben.

c) Fasse die Argumente der beiden Hauptfiguren knapp in eigenen Worten zusammen. Setze dazu die Tabelle fort.

Antigones Argumente	Kreons Argumente
Die zeitlosen Gebote der unsterblichen Götter sind eher zu beachten als die der sterblichen Menschen (V. 450 ff.).	Es ist unangebracht, dass Antigone überheblich oder stur ist (V. 473 ff.).

4 *Untersuche die sprachliche Gestaltung des Szenenausschnitts. Hilfe dazu findest du auf der ▷ Umschlagseite U3.*
a) Ordne die rhetorischen Mittel den Beispielen aus dem Text zu.

1. Parallelismus und Antithese
2. Neologismus und Antithese
3. Enjambement

a) „Mitlieben, nicht mithassen ist mein Teil." (Vers 523)
b) „Erst recht verhasst ist mir, wer sein Verbrechen/Verschönern will, bei dem man ihn ertappt." (Verse 495–496)
c) „Der schirmte Theben, der verheerte es." (Vers 518)

[1 is connected to c) by a drawn line]

b) Markiere weitere rhetorische Mittel im Text.
Tipp: *Beachte dabei auch die Satzzeichen.*

C Übungen

Inhalt in eigenen Worten wiedergeben

1 *In dem folgenden Textauszug aus einem Aufsatz wurde der Konjunktiv bei der Redewiedergabe nicht richtig verwendet. Korrigiere die Fehler.*

Kreon meint, dass Antigone mit der Bestattung Polyneikes' ein Verbrechen begangen ~~hat~~ habe. Dies ist umso schlimmer, als sie auch noch mit ihrer Tat angebe. Darüber hinaus findet Kreon, dass Frauen Männern nichts zu sagen haben. Als weiteres Argument dafür, dass Antigone Polyneikes nicht begraben darf, führt Kreon an, dass dieser ja einen Bruder Antigones getötet hat. Kreon findet auch, dass jemandem, der Theben angegriffen hat, nicht die gleiche Ehre erwiesen werden darf wie jemandem, der die Stadt verteidigt hat.

TIPP
Wenn du den Inhalt und nicht die Sprache untersuchst, solltest du das Gesagte **möglichst knapp in eigenen Worten** wiedergeben, also **paraphrasieren.** Dabei wird oft die **indirekte Rede** verwendet, um zu kennzeichnen, dass es sich um fremde Äußerungen handelt.

2 *a) Drei Schülerinnen und Schüler haben Antigones Begründungen für ihre Tat jeweils in unterschiedlicher Weise paraphrasiert. Vergleiche die drei Texte und entscheide, inwiefern sie gelungen sind. Nutze die Randspalte für Notizen und schreibe zum Schluss deine begründete Einschätzung auf.*

Anne schreibt:

Antigone führt an, dass derjenige, der das Bestattungsverbot verkündigt habe, ja nicht Zeus gewesen sei. Als weiteren Grund dafür, dass sie Kreons Bestattungsverbot übertreten habe, gibt sie an, dass sie doch sterben müsse und sie es einen Gewinn nenne, wenn sie vor ihrer Zeit sterbe. Ihr Leben sei schließlich voller Unheil. Außerdem sagt Antigone noch, dass sie ja ihrer Mutter Sohn nicht unbestattet habe liegen lassen können.

Costas schreibt:

Antigone führt an, dass das Recht der Götter über dem der Menschen stehe. Des Weiteren sagt sie, dass Kreons Strafe sie nicht schrecke, da jeder Mensch einmal sterben müsse. Das Einzige, was ihr passieren könne, sei, dass ihr Tod ein wenig früher eintrete. Antigone verweist dann noch einmal auf ihre Vergangenheit und indirekt auf den Fluch, der auf ihrer Familie laste (V. 463, 465). Dieser führe dazu, dass ihr Leben von Schmerz geprägt sei. Deshalb sei ihre Entscheidung, ihre Pflicht zu tun und ihren toten Bruder zu begraben, vernünftig, auch wenn Kreon dies anders sehe.

Ellen schreibt:

Als Argument gegen Kreons Bestattungsverbot führt Antigone an, dass die Gebote der Götter zeitlos seien. Sie erklärt genauer, dass Menschen keinerlei Wissen darüber hätten, wann genau diese Gesetze entstanden seien. Damit hat Antigone ganz sicher Recht. Auch ich habe mich schon oft gefragt, wie wohl die Welt entstanden ist. Zwar gehe ich nicht davon aus, dass griechische Götter Gebote erlassen haben, allerdings ist das menschliche Gewissen in der Tat etwas Geheimnisvolles und kann somit als göttlich angesehen werden.

Am gelungensten ist meiner Meinung nach ... , denn ...

b) Gib die folgenden Argumente Kreons und Antigones in eigenen Worten wieder.

1. Den er erschlug, war er nicht auch dein Bruder? (Vers 512)
   → Um sie davon zu überzeugen, dass es falsch sei, Polyneikes weiter in Schutz zu nehmen, weist Kreon Antigone darauf hin, dass Polyneikes immerhin ja ihren gemeinsamen Bruder erschlagen habe.
2. Das wird der Tote niemals dir bezeugen! (Vers 515)
3. Man ehrt nicht gleich den Edlen und den Schlechten (Vers 520).
4. Nie, auch nicht wenn er starb, lieb ich den Feind (Vers 522).

Richtig zitieren

3 *Die Schülerin Alina macht beim Zitieren noch Fehler.*
Halte jeweils fest, gegen welche Regel sie verstößt, und verbessere ihre Aussagen anschließend.

TIPP
Wenn du die Sprache eines Autors untersuchst, solltest du, um deine **Behauptungen** zu **belegen,** aus dem Text zitieren. Wichtige Regeln zum Zitieren findest du auf der ▷ Umschlagseite U3.

A Metaphern in Kreons Äußerungen sollen verdeutlichen, wie stur Antigone ist: „der stärkste Stahl, / Wenn man ihn überhart im Feuer glühte, / Zersplittert und zerspringt zuallererst. / Ich weiß, mit kleinem Zügel bändigt man / Die wilden Rosse." (V. 474–478).

Regel: Zitate werden in den Text eingebunden.

Korrektur: Metaphern in Kreons Äußerungen sollen verdeutlichen, wie stur Antigone ist (V. 474–478). Ein Beispiel hierfür sind die „wilden Rosse" (V. 478), die man an „kleinem Zügel bändig[e]" (V. 477).

B Kreon sagt, dass Antigones Tat bestraft werden müsse, und erläutert dies mit einem Paradoxon. Ansonsten sei „er kein Mann mehr, dann sei Antigone der Mann" (V. 485).

Regel: ______

Korrektur: ______

C Kreon betont die Ungeheuerlichkeit von Antigones Tat, indem er dreimal das Wort „Frevel" äußert.

Regel: ______

Korrektur: ______

D Um den Unterschied zwischen Eteokles und Polyneikes hervorzuheben, stellt Kreon den Edlen dem Schlechten antithetisch gegenüber. [V. 520]

Regel: ______

Korrektur: ______

Beobachtungen ausformulieren

4 *Hier findest du eine Tabelle mit sprachlichen Auffälligkeiten und deren jeweiliger Wirkung.*
a) Ergänze die Tabelle. Greife dazu auf deine Ergebnisse der Aufgabe 4 von Seite 54 zurück.

TIPP

Die sprachliche Gestaltung (z. B. der Gebrauch rhetorischer Mittel) ist nur dann erwähnenswert, wenn auch erklärt wird, in welchem Zusammenhang die rhetorischen Mittel mit inhaltlichen Aussagen stehen.

Sprachliche Auffälligkeiten	Wirkung
1. Antithese: „Totengötter" (V. 451) – „Menschen" (V. 452), „heute oder gestern" (V. 456) – „immer" (V. 457)	Betonung des Unterschieds zwischen Irdischem und Göttlichem
2. Periphrase: „meiner Mutter Sohn" (V. 466)	Hervorhebung der Nähe und der familiären Verpflichtung gegenüber Polyneikes
3.	
4.	

b) Formuliere aus den Stichworten ganze Sätze, um die Wirkung der sprachlichen Mittel zu beschreiben.

1. Um den Unterschied zwischen dem Göttlichen und dem Irdischen zu betonen und um zu bekräftigen, dass die „Gottgebote" (V. 454) wichtiger seien als die Befehle des Königs, werden in Antigones Rede die Begriffe „Menschen" und „heute oder gestern" den Ausdrücken „Totengötter" und „immer" antithetisch gegenübergestellt (V. 451–457).

2. ____________________

3. ____________________

4. ____________________

1 *a) Hier findest du Thesen zu verschiedenen Analyseaspekten des Auszugs. Halte jeweils in Stichworten fest, welche Beobachtungen die Thesen stützen könnten.*
b) Ergänze weitere Thesen und führe diese ebenfalls aus.
c) Bringe die Ergebnisse in eine sinnvolle Reihenfolge, indem du sie nummerierst.

TIPP

Wenn du den **Hauptteil** einer **Drameninterpretation gliederst,** kann es oft sinnvoll sein, den **Gesprächsverlauf chronologisch** zu **betrachten,** um zu zeigen, wie die Figuren aufeinander reagieren.
Vor allem aber bietet es sich an, **Beobachtungen zu einzelnen Analyseaspekten** (z. B. zum Aufbau, zur Entwicklung des Geschehens und zu den Figuren) **thesenartig zusammenzufassen.**
Die **Reihenfolge** der Aspekte solltest du so anlegen, dass die Informationen für die Leser übersichtlich und sinnvoll präsentiert werden. Außerdem kannst überlegen, welche Aspekte miteinander in Verbindung stehen. So lassen sich Überleitungen besser gestalten.

☐ Antigone lässt sich von Kreon nicht einschüchtern, sondern nutzt die Begegnung von Beginn an dazu, noch einmal darzulegen, warum sie Polyneikes begraben hat.

____
____
____

☐ Die Spannung steigt im Verlauf der Auseinandersetzung an, bis das Gespräch mit Antigones Ausspruch: „Mitlieben, nicht mithassen ist mein Teil" (V. 523) seinen Höhepunkt erreicht.

____
____
____

☐ Kreons Antwort auf Antigones Darstellung enthält nur wenige wirkliche, auf Fakten basierende Argumente.

____
____
____

☐ Kreons Einstellung gegenüber Antigones Tat verhärtet sich im Laufe der Auseinandersetzung.

____
____
____

☐ Antigone ist Kreon argumentativ überlegen.

____
____
____

☐ Der Auszug lässt sich in drei Teile gliedern.

____
____
____

☐ ______________________________________
____
____
____

☐ ______________________________________
____
____
____

2 *Mache dir klar, wie du den Schlussteil der Szenenanalyse gestalten könntest. Kreuze die zutreffenden Aussagen an.*

a) ☐ Ich sage, wie mir das Drama oder der Szenenausschnitt gefällt, und begründe meine Meinung.

b) ☐ Dabei lobe ich das Stück, denn dann freut sich mein Deutschlehrer und ich bekomme eine gute Note.

c) ☐ Ich zeige kurz, wie sich die Handlung weiterentwickelt. Dabei vermeide ich aber eine bloße Inhaltswiedergabe, sondern stelle nur die Stellen dar, welche mit der interpretierten Szene direkt zusammenhängen.

d) ☐ Ich gehe kurz darauf ein, inwieweit das Verhalten der Figuren für sie typisch ist und wie es zum Ausgang des Dramas beiträgt.

3 *Zwei Schüler haben beschrieben, wie das Drama „Antigone" endet. Inhaltlich stimmen beide Vorschläge, einer ist jedoch viel besser als Schlussteil geeignet als der andere. Wähle diesen aus und begründe deine Entscheidung.*

Helge schreibt:
Während sich Antigone in diesem Dialog mit Kreon vorwiegend von ihrer positiven Seite zeigt, wird in der darauf folgenden Auseinandersetzung mit Ismene der Beitrag zu ihrem Untergang deutlich. Gegenüber der Schwester erweist sich Antigone als halsstarrig und unversöhnlich. Ismenes großzügige Friedensangebote nimmt Antigone nicht an, sondern besteht darauf, allein zu sterben.
Auch die Gründe für Kreons Untergang sind im zweiten Epeisodion schon klar erkenntlich. Kreon überschätzt die eigene Person, wenn er seine Gebote höher stellt als die der Götter. Seine Argumente zeigen, wie wenig er bereit ist, das eigene Handeln rational zu hinterfragen. Diese Überheblichkeit führt schließlich auch zu seinem Untergang.

Gunnar schreibt:
In der folgenden Szene tritt Ismene auf, deren Behauptung, dass sie an der Bestattung von Polyneikes beteiligt gewesen sei, von Antigone als Lüge entlarvt wird. Antigone besteht auch darauf, alleine zu sterben, da sie findet, dass Ismene eines solchen Ehrentodes nicht würdig sei. Schließlich habe sich Ismene um ihre Verantwortung als Schwester gedrückt. Nachdem Kreon beide Schwestern angehört hat, verurteilt er nur Antigone zum Tode.
Das Todesurteil wird vollstreckt, obwohl Ismene, Kreons Sohn Haimon und der blinde Seher Teiresias Kreon bedränger, Antigone zu schonen. Schließlich stirbt Haimon, der mit Antigone verlobt gewesen ist, gemeinsam mit Antigone. Kreons Frau bringt sich aus Kummer darüber um und Kreon muss erschüttert feststellen, dass er völlig alleine auf der Welt steht. Er wünscht sich seinen Tod herbei.

Der Vorschlag von ______________ ist der bessere, denn hier ______________

____

4 *Verfasse die Interpretation der Dramenszene in deinem Heft. Greife für die Einleitung auf die Aufgabe B1 zurück. Den Schluss kannst du weitgehend aus der Aufgabe D3 übernehmen oder eine persönliche Stellungnahme schreiben.*

E Den eigenen Text überarbeiten

1 *Mache nach dem Schreiben eine kurze Pause, überarbeite dann deinen Text mit Hilfe der folgenden Checkliste.*

☑ Checkliste: „Eine Dramenszene interpretieren"

ja	nein	
☐	☐	In der Einleitung habe ich den Titel und den Autor des Stücks genannt sowie die Szene in den Handlungsverlauf des Dramas eingeordnet.
☐	☐	Im Hauptteil habe ich die Ergebnisse der Analyse des Aufbaus, des Inhalts und der sprachlichen Gestaltung der Szene zusammengefasst.
☐	☐	Ich habe darauf geachtet, den Inhalt nicht nachzuerzählen, sondern ihn knapp in eigenen Worten zu paraphrasieren, wenn ich auf wichtige inhaltliche Punkte eingehe.
☐	☐	Alle Behauptungen, die ich aufgestellt habe, werden durch Verweise auf konkrete Textstellen belegt. Dabei habe ich auf die korrekte Zitierweise geachtet.
☐	☐	Die Sprachanalyse habe ich immer mit inhaltlichen Beobachtungen verknüpft, also zum Beispiel die Wirkung rhetorischer Mittel im Kontext beschrieben.
☐	☐	Im Schlussteil habe ich die Bedeutung der Szene für die Entwicklung des Dramas gezeigt oder Stellung genommen.
☐	☐	Ich habe die Rechtschreibung und die Zeichensetzung meines Textes überprüft.

8 *Paul Spiegel:* Es geht um unser Land – Eine Rede analysieren

Aufgabenstellung

Analysiere die Rede „Es geht um unser Land" von Paul Spiegel.
Konzentriere dich bei deiner Analyse vor allem auf
a) den Argumentationsaufbau und
b) die sprachliche Gestaltung der Rede.
Nimm abschließend zur Aktualität dieser Rede Stellung.

Paul Spiegel[1]

Es geht um unser Land[2] (2000)

Heute vor 62 Jahren wurden in ganz Deutschland Synagogen und Gebetshäuser angezündet und geschändet, jüdische Geschäfte und Wohnungen geplündert, es gab zahlreiche Verhaftungen, mindestens 91 Menschen wurden ermordet. Diese Nacht war das offizielle Signal zum größten und schlimmsten Völkermord in der Geschichte der Menschheit. [...]

Die Erinnerungen an die Geschehnisse von damals werden spontan gegenwärtig, wenn wir die Bilder der letzten Wochen und Monate sehen: wenn Synagogen angegriffen und geschändet werden, wie etwa in Lübeck, Erfurt, in meiner Heimatstadt Düsseldorf und auch hier in Berlin. Wir sehen voll Zorn und Verbitterung die Bilder, wenn Menschen durch die Straßen gejagt werden, wenn sie öffentlich geschlagen, immer öfter auch getötet werden. Können Sie sich vorstellen, welche Erinnerungen diese Verbrechen in uns Juden auslösen, auslösen müssen? [...]

„Wehret den Anfängen" heißt es oft, wenn es um den Kampf gegen Rechtsextremismus geht. Doch wir sind längst über dieses Stadium hinaus. Was wir fast täglich erleben, hat nichts mehr mit „Anfängen" zu tun. Wir befinden uns bereits mittendrin im Kampf gegen Rechts. Bundeskanzler Schröder forderte vor einigen Wochen einen „Aufstand der Anständigen", er forderte mehr Zivilcourage – aber was bedeutet das konkret und für den Einzelnen? Was kann und muss jeder von uns tun?

Ich bin überzeugt, dass die Mehrheit in diesem Land Rechtsradikalismus, Antisemitismus und Fremdenfeindlichkeit ablehnt. Aber diese Mehrheit darf nicht länger schweigen, sie darf nicht länger wegschauen, sie darf nicht länger die Vorgänge in unserem Land verharmlosen. [...]

Wir erinnern uns heute an die Ereignisse am Abend des 9. November 1938, als die Nazis ihrem Hass auf die Juden für alle sichtbar freien Lauf ließen. Es war eine staatlich gesteuerte Aktion, die sich auf offener Straße abspielte, und das deutsche Volk wurde Zeuge, wie die Menschenrechte und die Menschenwürde im wahrsten Sinne des Wortes mit Füßen getreten wurden. [...] Nur wenige sind Helden. Nur wenige haben den Mut, einzugreifen, wenn sie Zeuge werden, wie Skinheads einen wehrlosen Mann, eine wehrlose Frau und – ja auch das mittlerweile – wehrlose Kinder auf offener Straße überfallen und zusammenschlagen. Aber jeder von uns ist in der Lage, die Polizei zu rufen. Und jeder von uns ist in der Lage, bereits im Kleinen einzu-

1 **Paul Spiegel (1937–2006):** Journalist und Unternehmer, Präsident des Zentralrats der Juden in Deutschland von 2000–2006

2 **Es geht um unser Land:** Anlass der Rede war die Kundgebung „Aufstehen gegen Gewalt" am 9. 11. 2000, auf der in Berlin 200 000 Teilnehmer friedlich gegen Rechtsradikalismus demonstrierten.

schreiten, in seinem Lebensumfeld. Wenn am Stammtisch abfällige Witze über Juden, Türken, Farbige oder Schwule erzählt werden. Wenn am Arbeitsplatz ein Fremder benachteiligt, schlecht behandelt wird. Reden Sie mit Ihren Freunden und Arbeitskollegen, wenn sie dies tun! Reden Sie mit dem Betriebsrat und demonstrieren Sie somit immer wieder Ihre Opposition! Straßen und Stammtische dürfen nicht dem braunen Pöbel überlassen werden.
Ich freue mich, dass es so viele sind, die der rechtsextremen Gewalt auf unseren Straßen mit dieser Demonstration sagen: „Schluss jetzt! Es ist genug! Wir lassen es uns nicht mehr gefallen, dass hier zu Lande Menschen wieder Angst haben müssen!" [...]
Machen Sie Ihre demokratisch gewählten Politiker mitverantwortlich für das, was hier geschieht. Was nützt es, in einer Sondersitzung des Deutschen Bundestages nach den Attentaten auf die Synagogen in Düsseldorf und Berlin in wohlklingenden Reden den Antisemitismus zu verdammen, wenn einige Politiker am nächsten Tag Worte wählen, die missverstanden werden können? Wenn sie die Zuwanderungsfrage heute aus taktischen Gründen zum Wahlkampfthema machen wollen, von so genannten „nützlichen" und „unnützen" Ausländern faseln. [...]
In Artikel 1 des Grundgesetzes heißt es: „Die Würde des Menschen ist unantastbar. Sie zu schützen, ist die Aufgabe staatlicher Gewalt." Die Würde des Menschen – aller Menschen – ist unantastbar, nicht nur die des mitteleuropäischen Christen!
Wenn dieses Prinzip als deutsche Leitkultur verstanden wird, dann kann ich das nur befürworten. Dann aber möchte ich alle Politiker in die Pflicht nehmen, sie auffordern, ihre populistische Sprache zu zügeln und zunächst einmal dafür zu sorgen, dass dieser Artikel 1 des Grundgesetzes auch umgesetzt und ernst genommen wird. Politik, Justiz und Polizei sind gefordert, alles – wirklich alles! – zu unternehmen, um die Würde aller Menschen in diesem Land zu schützen.
Meine Damen und Herren Politiker: Überlegen Sie, was Sie sagen, und hören Sie auf, verbal zu zündeln! Schützen Sie die Menschen in diesem Land und schaffen Sie Rahmenbedingungen, damit wir alle gemeinsam leben können. Nur so werden Sie allen Bürgern, nicht-jüdischen und jüdischen, sich selbst und der ganzen Welt beweisen können, dass dieses Deutschland im Jahr 2000 wirklich eine demokratische Zukunft hat. [...]
Gedenken heißt immer auch Erinnern. Wir in der jüdischen Gemeinschaft haben von Kindheit an gelernt, dass Erinnern ein wichtiger Bestandteil unserer Geschichte ist. Der Talmud[3] sagt: „Das Geheimnis der Erlösung heißt Erinnerung." Wir sind es den Opfern der Shoa[4] schuldig, sie und ihre Leiden niemals zu vergessen! Wer diese Opfer vergisst, tötet sie noch einmal! *Frankfurter Rundschau, 10. 11. 2000*

3 **Talmud:** Sammlung der Gesetze und religiösen Überlieferungen des Judentums
4 **Shoa:** die von den Nationalsozialisten betriebene, systematische Massenvernichtung der Juden

A Die Aufgabe verstehen

1 *Kreuze an, welche Aussagen stimmen.*

Ich soll ...

a) ☐ die Rede untersuchen und meine Ergebnisse zusammenfassen.
b) ☐ die Intention des Redners erfassen.
c) ☐ meine eigene Meinung zum Thema Rechtsradikalismus darstellen.
d) ☐ Thesen, Argumente und Beispiele aus der Rede herausarbeiten.
e) ☐ die Beeinflussungsstrategien des Redners untersuchen.
f) ☐ die Rede mit anderen Reden zum Thema vergleichen.
g) ☐ belegen, dass die Rede heute noch aktuell ist.
h) ☐ besonders auf rhetorische Mittel (Metaphern, Vergleiche ...) eingehen.
i) ☐ untersuchen, ob die Rede bei den Zuhörern gut angekommen ist.
j) ☐ zu jedem einzelnen Argument Paul Spiegels Stellung nehmen.

2 *a) Was weißt du über Reden? Welche der folgenden Aussagen ist* ***richtig?*** *Kreuze an.*

a) ☐ Reden sind Texte, die den Zuschauer vor allem mittels rhetorischer Figuren emotional ansprechen wollen.

b) ☐ Reden sind appellative Texte, die den Zuhörer auf vielfältige Weise beeinflussen möchten.

c) ☐ Reden sind rhetorisch ausgefeilte Texte, um den Zuhörer zu manipulieren.

b) Welche der Aussagen ist sicher ***falsch?***

a) ☐ Aufwertung, Dramatisierung und Beschwichtigung sind Beeinflussungsstrategien.

b) ☐ Reden sind appellative Texte, die den Zuhörer auf vielfältige Weise beeinflussen möchten.

c) ☐ Reden zeichnen sich vor allem durch Scheinargumente und unsachliche Angriffe aus.

B Textverständnis – Ideen sammeln

1 *Lies die Rede von Paul Spiegel einschließlich aller Fußnoten.*

2 *Verstehst du alle Begriffe aus dem Text? Dann grenze zunächst die Begriffe Rechtsextremismus, Antisemitismus und Fremdenfeindlichkeit voneinander ab. Was ist jeweils gemeint?*

Rechtsextremismus: ______________________________

____

____

Antisemitismus: ______________________________

____

____

Fremdenfeindlichkeit: ______________________________

____

____

3 *Überprüfe im Text, ob die folgenden Aussagen zutreffen oder nicht. Kreuze an.*

	richtig	falsch
a) Die Rede von Paul Spiegel appelliert an Bürger und Politiker, endlich gegen Rechtsextremismus, Antisemitismus und Fremdenfeindlichkeit aktiv zu werden.	☐	☐
b) Paul Spiegel betont mit der Aussage „Wehret den Anfängen" seine Auffassung, dass die heutige Fremdenfeindlichkeit sich in einem Anfangsstadium befindet.	☐	☐
c) In Spiegels Rede geht es hauptsächlich um die Opfer des Pogroms von 1938, einer von den Nationalsozialisten organisierten Ausschreitung gegen die Juden.	☐	☐
d) Paul Spiegel kritisiert unter anderem fremdenfeindliche Untertöne in öffentlichen Stellungnahmen von Politikern, die auf Wählerstimmen aus sind.	☐	☐
e) Unter der Umsetzung der deutschen Leitkultur versteht der Redner, dass die Würde des mitteleuropäischen Christen unantastbar ist (Grundgesetz, Artikel 1).	☐	☐

4 *Beantworte die folgenden Fragen. Lies dazu im Text nach und gib jeweils die Zeilen an. Achte dabei auf die korrekte Zitierweise (▷ Umschlagseite U5).*

a) „Bundeskanzler Schröder forderte vor einigen Wochen einen ‚Aufstand der Anständigen', er forderte mehr Zivilcourage" (vgl. Z. 16–17). Was bedeutet das Paul Spiegel zufolge für den Einzelnen?

b) „Gedenken heißt immer auch Erinnern" (Z. 63). Warum ist das für Spiegel so wichtig?

c) Markiere die Schlüsselbegriffe des Textes, die häufiger vorkommen. Welche sind es?

5 *Gliedere die Rede in Sinnabschnitte und gib ihnen passende Zwischenüberschriften. Erstelle auf einem DIN-A4-Blatt ein Flussdiagramm, das den Aufbau der Rede übersichtlich wiedergibt. Lege es großzügig an, damit du später weitere Analyseergebnisse ergänzen kannst.*

Überschrift
↓
1. Sinnabschnitt (Z. 1–5): Rückblick auf den Pogrom am 9. 11. 1938
↓
2. Sinnabschnitt (Z. 6–12) aktuelle rechtsradikale Zwischenfälle
↓
...

6 *Paul Spiegel verwendet häufig den Imperativ. Markiere die Stellen im Text. Liste sie auf und überlege, was Paul Spiegel mit dem Imperativ erreichen möchte.*

Reden Sie ... (Z. 34); ...

TIPP

Reden sind **appellative Texte,** die ihre Rezipienten auf vielfältige Weise zu beeinflussen versuchen. Ein wichtiger Aspekt der Redeanalyse ist daher, die Intention des Redners zu erfassen, z. B. anhand der Fragen:

- Welche Rolle nimmt der Redner ein?
- Welche Wirkung will er erzielen und woran kann man das erkennen?

7 *Welche Informationen zur Biografie des Redners (Fußnoten!) sind für diese Rede wichtig? Begründe deine Auswahl in einem Satz.*

TIPP

Der Gedankengang einer Argumentation erschließt sich leichter, wenn du die **Ausgangsposition des Redners,** also seine Grundhaltung und seine Einstellung zum Thema, mit bedenkst.

C Übungen

Den Argumentationsaufbau analysieren

1 *Worin besteht deiner Meinung nach Paul Spiegels zentrale These?*

2 *Wie überzeugend wirken die Argumente, mit denen Spiegel seine These stützt? Wähle drei wesentliche Argumente aus deinem Flussdiagramm. Bestimme jeweils, ob mit Fakten argumentiert wird, ob das Argument sich auf eine Autorität beruft oder ob Werte zitiert werden.*

1.

2.

3.

3 *Spiegel untermauert seine Argumente außerdem z. T. mit geeigneten Beispielen oder Zitaten.*
a) Kennzeichne Zitate (Z) und Beispiele (B) im Text und markiere durch Pfeile, zu welchen Argumenten sie gehören.
b) Erweitere dein Flussdiagramm (Seite 63, Aufgabe 5) um die Aspekte:
These/Argumente/Beispiele und Zitate.

4 *Verbessere den folgenden Auszug aus einer Redeanalyse in deinem Heft.*
Nutze dazu die Verben und Überleitungen aus dem Wortspeicher.

Im zweiten Absatz seiner Rede geht Spiegel auf die Aktualität der Thematik ein. Er zählt die Städte auf, in denen rechtsradikale Übergriffe stattgefunden haben. Er benutzt eine Klimax „[...] wenn Menschen durch die Straßen gejagt werden, wenn sie öffentlich geschlagen, immer öfter auch getötet werden". Er stellt die rhetorische Frage „Können Sie sich vorstellen [...]".
Er will seine Identifikation mit den Juden, „uns Juden", betonen. Dann zitiert Spiegel eine Redewendung: „Wehret den Anfängen ...". Er sagt, dass wir in Deutschland über dieses Stadium hinaus seien. Er sagt, dass Schröder einen „Aufstand der Anständigen" fordert. Dann stellt er wieder eine rhetorische Frage ...

TIPP

Im Hauptteil deiner Analyse ist entscheidend, dass du deine **Aussagen deutlich formulierst** und **logisch miteinander verknüpfst,** um deine Gedankenführung nachvollziehbar zum Ausdruck zu bringen.

Wortspeicher

verdeutlichen erklären hervorheben
anführen kritisieren abwerten
bestreiten widersprechen warnen
beeinflussen dramatisieren
zum einen ... zum anderen zunächst ferner
ergänzend im Folgenden
auf der einen Seite ... auf der anderen Seite ...
jedoch zwar ... aber während
zusammenfassend schlussfolgernd

Sprachliche Gestaltungsmittel untersuchen

5 *Kreuze zutreffende Antworten an. Zu den sprachlichen Gestaltungsmitteln dieser Rede gehören …*

a) ☐ Stilblüten	c) ☐ Anaphern	e) ☐ Fachbegriffe	g) ☐ Parallelismus
b) ☐ Ellipsen	d) ☐ rhetorische Fragen	f) ☐ Ironie	h) ☐ Euphemismus

6 *Benenne jeweils die rhetorische Figur, die in den Beispielen genutzt wird.*

Beispiel	Rhetorische Figur
a) Aber diese Mehrheit darf nicht länger schweigen, sie darf nicht länger wegschauen, sie darf nicht länger die Vorgänge in unserem Land verharmlosen. (Z. 20–22)	Parallelismus, Klimax
b) Reden Sie mit Ihren Freunden und Arbeitskollegen […]. Reden Sie mit dem Betriebsrat […]. (Z. 34–36)	
c) Was nützt es, […] wenn einige Politiker am nächsten Tag Worte wählen, die missverstanden werden können? (Z. 42–45)	
d) Wenn […] abfällige Witze über Juden, Türken, Farbige oder Schwule erzählt werden. (Z. 32–33)	
e) Überlegen Sie, was Sie sagen, und hören Sie auf, verbal zu zündeln! (Z. 57–58)	

7 *Finde jeweils ein (weiteres) Beispiel für diese rhetorischen Mittel aus der Rede und beschreibe die Wirkung im Kontext.*

A Klimax

B Rhetorische Frage

C Parallelismus

D Metapher

8 *Welche rhetorischen Mittel häufen sich in der Rede von Paul Spiegel und wie wirkt sich diese Häufung auf den Zuhörer aus?*

TIPP
Oft bevorzugt ein Redner bestimmte rhetorische Mittel. Du solltest dich bei der Beschreibung auf diese wesentlichen Mittel konzentrieren.

D Den Schreibplan erstellen

1 *Mache dir nun Gedanken zum Aufbau deiner Analyse: Welche Aspekte gehören in die Einleitung, welche in den Hauptteil, welche in den Schlussteil? Ordne zu und nummeriere sie gegebenenfalls.*

Einleitung: ______________________

____

____

Hauptteil: ______________________

____

____

Schluss: ______________________

____

____

Wortspeicher

Stellungnahme zur Aktualität

Darstellung des Argumentationsaufbaus

Redeabsicht Redesituation

Inhaltszusammenfassung

Inhalt und Struktur der Rede

Redner, Quelle, Titel und Thema der Rede

Analyse der rhetorischen Figuren

Adressat

2 *Erstelle dir auf einem DIN-A4-Blatt einen Schreibplan. Liste in Tabellenform stichpunktartig die wesentlichen Ergebnisse auf. Nutze dafür dein Flussdiagramm und die anderen Vorarbeiten.*

Die Einleitung formulieren

3 *Bewerte die folgende Einleitung. Was ist daran gelungen, was ist verbesserungswürdig?*

> In der Rede „Es geht um unser Land" appelliert der Redner an das Volk und an die Politiker, die Vorgänge in unserem Land nicht länger zu verharmlosen. Als Vorsitzender des Zentralrats der Juden in Deutschland beschreibt er seine Wahrnehmung und seine Empfindungen aus der Perspektive eines Juden, der sich durch aktuelle rechtsradikale Übergriffe bedroht fühlt.

gelungen: ______________________

verbesserungswürdig: ______________________

Eine Überleitung zum Hauptteil formulieren

4 *Damit der Leser weiß, worum es dir gehen wird, solltest du vor der eigentlichen Analyse knapp Struktur und wesentliche Aussagen der Rede mit eigenen Worten zusammenfassen. Setze fort:*

Die Rede von Paul Spiegel lässt sich in ... Sinnabschnitte unterteilen. Im ersten Abschnitt (Z. 1–5) gibt Spiegel einen Rückblick auf den 9. November 1938, ...

____

____

____

Den Schluss planen

5 *a) Fasse die wesentlichen Ergebnisse deiner Redeanalyse im Schlussteil zusammen. Notiere sie hier stichpunktartig. Überlege auch, wie du geschickt zu deiner eigenen Stellungnahme überleitest.*

____

____

____

b) Hat Paul Spiegel Recht? Erstelle für deine Stellungnahme einen Cluster zum Thema Fremdenfeindlichkeit mit Beobachtungen, aktuellen Ereignissen oder persönlichen Erfahrungen.

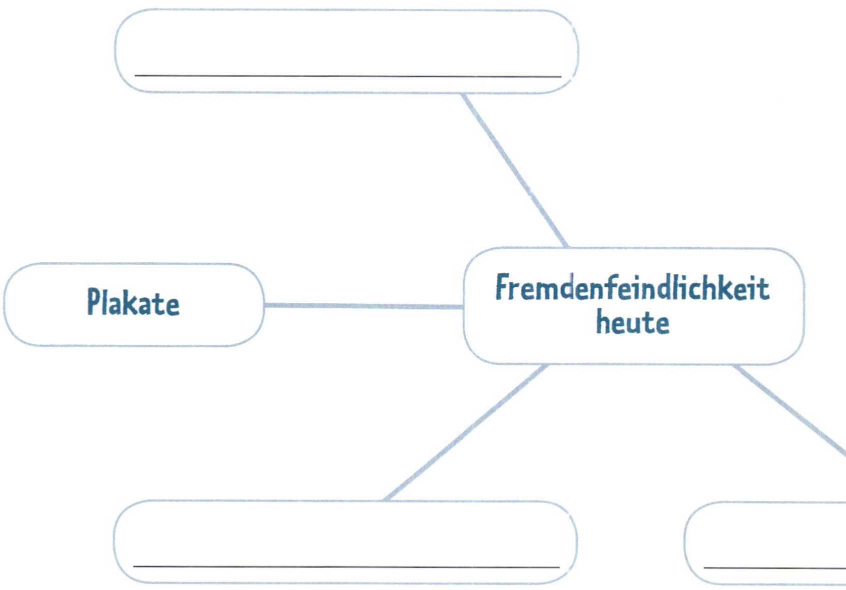

6 *Verfasse nun mit Hilfe deiner Vorarbeiten die Redeanalyse in deinem Heft.*

E Den eigenen Text überarbeiten

1 *Lies dir deinen Text nach einer kurzen Pause noch einmal durch und überarbeite ihn mit Hilfe der folgenden Checkliste.*

✔ Checkliste: „Eine Rede analysieren"

ja	nein	Vorgehensweise beim Analysieren
☐	☐	Ich habe die Schwerpunkte der Aufgabenstellung beachtet.
☐	☐	Ich habe das Thema der Rede benannt.
☐	☐	Ich habe den Kontext der Rede (Redesituation, Redner) berücksichtigt.
☐	☐	Ich habe die Rede sinnvoll gegliedert und zusammengefasst.
☐	☐	Ich habe den Argumentationsaufbau des Redners nachvollzogen.
☐	☐	Ich habe die rhetorischen Mittel der Rede beschrieben **und** gedeutet.
☐	☐	Ich habe die wesentlichen Ergebnisse im Schlussteil zusammengefasst.
☐	☐	Ich habe die Aktualität der Rede hinreichend gezeigt.
		Sprachlich-formale Aspekte
☐	☐	Ich habe korrekt zitiert und die Zeilen angegeben.
☐	☐	Ich habe abwechslungsreiche Formulierungen und logische Überleitungen gewählt.
☐	☐	Ich habe die Rechtschreibung und Zeichensetzung überprüft.

9 Geiz sticht Moral – Teste dein Wissen!

Aufgabe 1: Sachtexte und Diagramme auswerten

M1 Zeitungsartikel

Nachhaltiger Konsum? Geiz sticht Moral

Zwischen den hehren Idealen der Konsumenten und ihrem tatsächlichen Verhalten liegen Welten. Die Deutschen gelten als typische Billigkäufer, in Österreich erreicht der Fairtrade-Anteil im Handel Spitzenwerte.

KÖLN/WIEN (cim). Wer trägt gern Jeans, die ein Kind genäht hat, das irgendwo in Asien in einer Baracke haust, zehn Stunden am Tag arbeitet und dabei ungeschützt Chemikalien einatmet? Wohl niemand. Trotzdem schaffen es solche Produkte immer wieder in die Regale der Läden, die sich mit billigsten Preisen und Rekordwachstum brüsten. Trotz aller Kritik an Discountern und ihren Arbeitsmethoden ist den Konsumenten der Geiz wohl näher als die Moral, das besagt eine Studie des deutschen Instituts für Handelsforschung (IHF) in Köln. Demnach klaffen die theoretischen Ansprüche der Menschen und ihr tatsächliches Verhalten im Geschäft eklatant auseinander.

Mehr als drei Viertel der Konsumenten legen beim Einkaufen Wert darauf, dass die Produkte umweltverträglich hergestellt werden, dass die Arbeitsbedingungen in der Produktion und im Handel fair sind und soziale Mindeststandards eingehalten werden. Kinderarbeit? Ein absolutes Tabu. 54,5 Prozent der befragten Deutschen halten diese Aspekte für sehr wichtig, 23,9 Prozent immerhin für wichtig. Gekauft wird aber weiterhin im preiswerten Segment. „Im Grunde möchte der Kunde ein reines Gewissen beim Kauf haben, am Ende entscheidet er sich aber für den günstigeren Preis", meint IHF-Geschäftsführer Boris Hedde.

„Dass die Ideale und das tatsächliche Verhalten auseinanderklaffen, ist nicht neu", sagt Peter Schnedlitz, der Vorstand des Instituts für Handel und Marketing an der WU Wien. Allerdings sei die Einstellung der Konsumenten ein Wegbereiter. Wenn sie sozial- und umweltverträglich hergestellte Produkte wünschen, dauert es eine gewisse Zeit, bis sie diese auch tatsächlich kaufen. Die Österreicher, so Schnedlitz, seien da schon einen Schritt weiter als die Deutschen. Schließlich erreicht zum Beispiel der Bio- oder Fairtrade-Anteil im Lebensmittelhandel in Österreich Spitzenwerte, während die Deutschen als typische Billigkäufer gelten.

Im Supermarkt stecke der Konsument im Spannungsfeld aus den drei Polen Selbstverwirklichung, Convenience und Verantwortung, erklärt der Handelsexperte. Je nachdem, welcher Aspekt siegt, greift man – im Wissen, dass es auch umweltschonender ginge – zum Beispiel zur Verpackung aus Plastik, weil sie praktisch ist.

M2 Lexikonartikel

Nachhaltiger Konsum (auch *ökologischer* oder *ethischer Konsum*) ist Teil einer nachhaltigen Lebensweise und ein Verbraucherverhalten: Umwelt- und sozialverträglich hergestellte Produkte zu kaufen, kann politischen Einfluss auf globale Problemlagen ausüben, um die ökonomischen, ökologischen und sozialen Kosten zu minimieren. Bekanntes Beispiel für die globale Dimension von Kaufentscheidungen sind die Bemühungen zum fairen Handel. Verbraucher sollen etwas teurere Güter kleinerer Erzeuger aus Entwicklungsländern nehmen und so gerechte Arbeitsbedingungen unterstützen. Auch sonst ist die Kaufentscheidung ausschlaggebend, die vor allem die Betriebs- und Folgekosten eines Produktes beachtet. Das gilt für den späteren Energieverbrauch ebenso wie für die leichte Reparierbarkeit oder die Langlebigkeit der Produkte.

Fairer Handel ist eine Handelspartnerschaft, die auf Dialog, Transparenz und Respekt beruht und nach mehr Gerechtigkeit im internationalen Handel strebt. Durch bessere Handelsbedingungen und die Sicherung sozialer Rechte für benachteiligte Produzenten und Arbeiter – insbesondere in den Ländern des Südens – leistet der Faire Handel einen Beitrag zu nachhaltiger Entwicklung. Fairhandelsorganisationen (die von Verbrauchern unterstützt werden) sind aktiv damit beschäftigt, die Hersteller zu unterstützen, das Bewusstsein zu steigern und für Veränderungen bei den Regeln und dem Ausüben des konventionellen internationalen Handels zu kämpfen. Im Einzelnen unterstützen Befürworter des fairen Handels generell die folgenden Grundsätze:

- Chancen für wirtschaftlich benachteiligte Produzenten schaffen: Fairer Handel ist eine Strategie zur Linderung von Armut und zur Förderung einer nachhaltigen Entwicklung. Er soll Chancen für Hersteller schaffen, die wirtschaftlich benachteiligt oder vom bestehenden Handelssystem an den Rand gedrängt worden sind.
- Zahlung eines fairen Preises: Der Preis soll im Dialog zwischen den Handelspartnern festgelegt werden und unabhängig von den Schwankungen der Weltmarktpreise stets die Produktionskosten decken, die Existenz der Produzenten sichern, eine sozial gerechte und weltverträgliche Produktion ermöglichen.
- Sozialverträgliche Arbeitsbedingungen: Das Arbeitsumfeld muss sicher und gesundheitsverträglich sein. Ausbeutung, Kinder- und Sklavenarbeit sind verboten. Die Gewerkschaftsfreiheit muss gegeben sein.
- Gleichberechtigung von Frauen: Frauen werden immer für ihren Beitrag im Herstellungsprozess angemessen bezahlt und innerhalb ihrer jeweiligen Organisationen gestärkt.
- Aufbau von Kapazität und Know-how: Fairer Handel soll die Produzenten unabhängiger machen und sie befähigen, sich auf dem Markt zu behaupten.
- Transparenz und Verantwortung: Fairer Handel bedeutet transparente Geschäftsführung und kommerzielle Beziehungen, um fair und respektvoll mit Handelspartnern umzugehen.
- Umweltschutz: Ökologische Landwirtschaft ist nicht zwingend vorgeschrieben, wird jedoch gefördert. Bestimmte besonders umweltschädigende Pestizide sind im Anbau untersagt.

M3 Grafik

Absatz fair gehandelter Produkte zu Endkundenpreisen in Deutschland

M4 Grafik

Wie wichtig sind Ihnen welche Gründe, fair gehandelte Produkte zu kaufen? (Gestützte Frage)

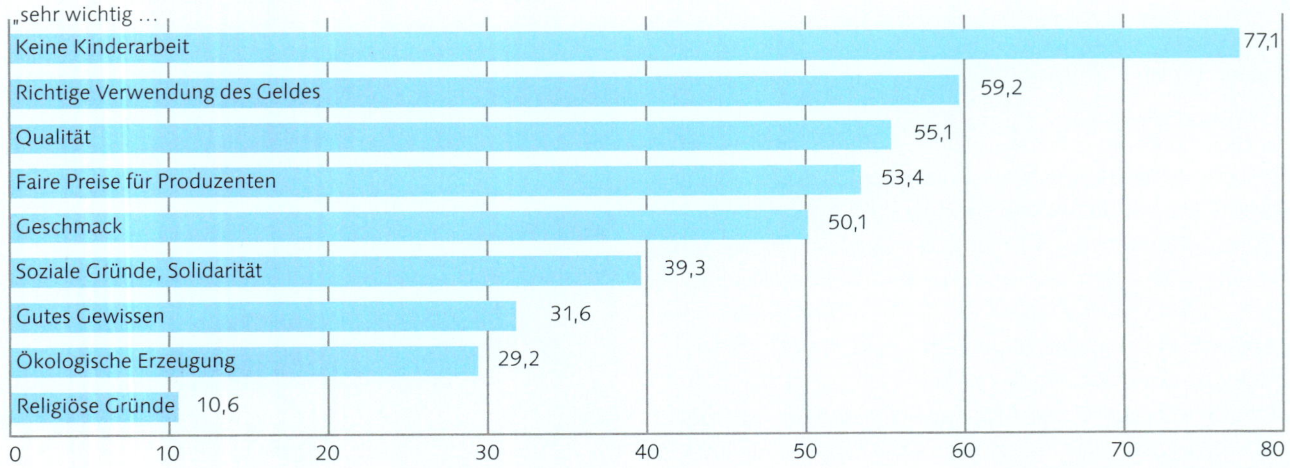

M5 Grafik

Zahlungsbereitschaft für nachhaltige und weniger umweltbelastende Produkte 2008

Frage: Inwieweit sind Sie persönlich bereit, …

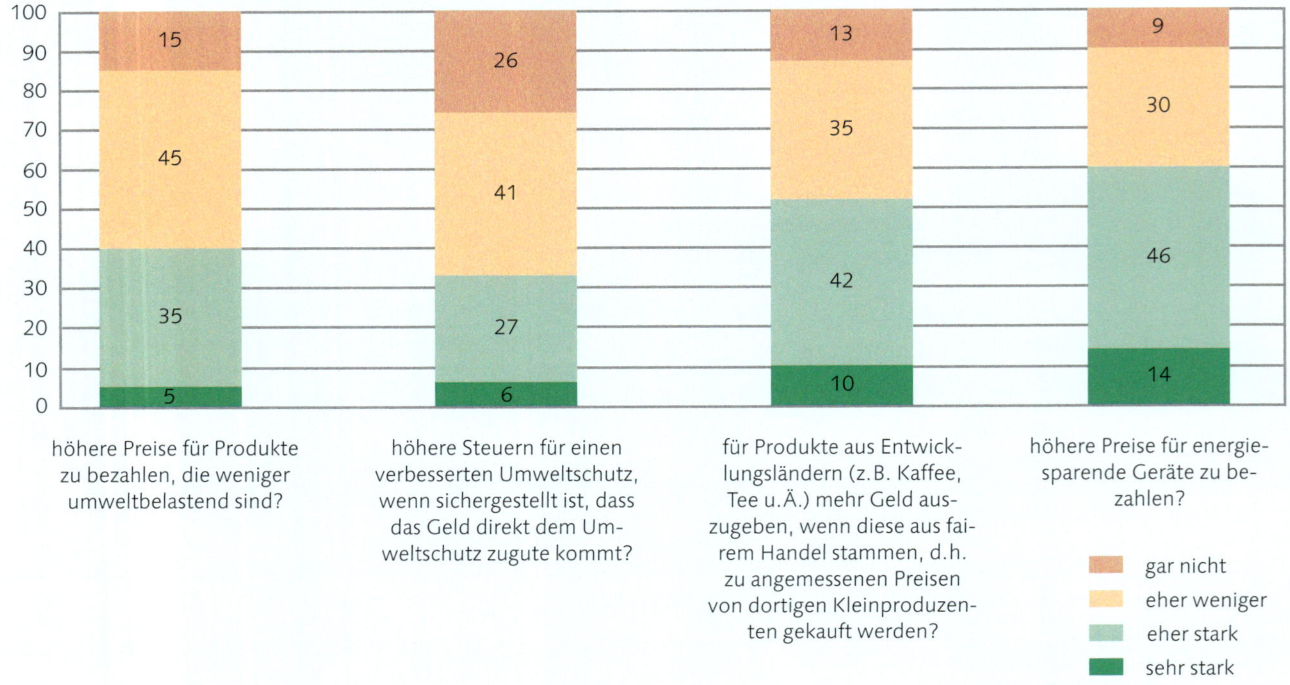

1 *Was ist das gemeinsame Thema der Texte und Grafiken M1 – M5? Kreuze die richtige Aussage an.*

In allen fünf Texten und Grafiken geht es um ...

a) ☐ ... die Frage, unter welchen Bedingungen die Menschen am liebsten einkaufen.

b) ☐ ... bewusstes Konsumieren mit Blick auf Produktions- und Handelsbedingungen.

c) ☐ ... Möglichkeiten, beim Konsumieren an der richtigen Stelle zu sparen.

d) ☐ ... den Anteil von Kinderarbeit und Pestiziden an den nach Deutschland und Österreich importierten Konsumgütern.

e) ☐ ... die Mehrkosten umwelt- und sozialverträglicher Produkte beim Endverbraucher.

TIPP

Um die **Texte und Grafiken miteinander** vergleichen zu können, solltest du ihre Gemeinsamkeiten herausfinden. Dazu bietet es sich an, zunächst alles einmal zu überfliegen.

2 *Lies nun M1 „Nachhaltiger Konsum? Geiz sticht Moral" noch einmal genau. Entscheide bei jeder der unten getroffenen Aussagen, ob diese durch den Text belegt werden oder nicht.*

	durch Text belegt	nicht belegt
a) Jeder trägt gern Jeans, unabhängig davon, ob diese ein Kind genäht hat oder nicht	☐	☐
b) In den Regalen der Billigläden finden sich nur Produkte, die durch Kinderarbeit entstanden sind.	☐	☐
c) Die Konsumenten stellen moralische Kaufabwägungen an erste Stelle vor Sparmöglichkeiten.	☐	☐
d) Obgleich Kinderarbeit verurteilt wird, entscheidet sich der Käufer für den günstigeren Preis.	☐	☐
e) Die Einstellung der Konsumenten bereitet den Weg für deren Kaufverhalten.	☐	☐

3 *Der Text „Nachhaltiger Konsum? Geiz sticht Moral" stellt zwei wesentliche Thesen auf. Formuliere diese Thesen.*

These 1: Die deutschen Konsumenten ...

These 2:

4 *Analysiere nun M2 „Nachhaltiger Konsum und fairer Handel". Der Text enthält eine Reihe von Fremdwörtern. Ordne den Fremdwörtern ihre korrekte Bedeutung zu, indem du sie mit Pfeilen verbindest.*

1. ökologisch	a) Durchsichtigkeit, Durchschaubarkeit
2. ethisch	b) umfassende Planung zur Verwirklichung von (Grund)Vorstellungen
3. globale Dimension	c) *hier:* hervorragende Fachkraft
4. Transparenz	d) sittliche und moralische Grundsätze
5. Strategie	e) in Übereinstimmung mit der Gesellschaft
6. sozialverträglich	f) den Handel betreffend
7. Kapazität	g) die ganze Welt betreffende Ausmaße
8. kommerziell	h) den Naturhaushalt und die Umwelt der Lebewesen betreffend

TIPP
In Sachtexten werden oft **Fachbegriffe** verwendet, z. B. um Sachverhalte präzise zu beschreiben. Um diese Begriffe klären zu können, solltest du zum einen den Textzusammenhang, in dem sie verwendet werden, genau ansehen oder auch ein Wörterbuch verwenden.

5 *Betrachte nun die drei auf S. 70 abgebildeten Diagramme genauer. Gehe zunächst auf die Form der Darstellung ein: Um welche Art Diagramm handelt es sich jeweils? Trage die Nummer des Materials (M3, M4 oder M5) in die Kästchen ein.*

☐ Kurvendiagramm
☐ Tortendiagramm
☐ Balkendiagramm
☐ Erklärgrafik
☐ Säulendiagramm
☐ Tabelle

6 *Welche Angaben macht das Diagramm M3? Kreuze jeweils die richtige Antwort an.*

a) Es informiert über ...

☐ ... den Absatz aller Produkte in Deutschland.
☐ ... den Absatz fair gehandelter Produkte in Deutschland.
☐ ... die Endkundenpreise fair gehandelter Produkte in Deutschland.
☐ ... in Deutschland fair gehandelte Produkte.

b) Die x- und y-Achsen geben Auskunft über ...

☐ ... die Höhe der jährlichen Absätze.
☐ ... die Anzahl der jährlich gehandelten Produkte.
☐ ... die jährliche Preisentwicklung der Produkte.
☐ ... den jährlichen Anteil fair gehandelter Produkte an den Gesamtprodukten.

TIPP
Die **Kernaussage einer Grafik oder eines Textes** fasst die wichtigsten Informationen zusammen und kann auch schon eine Deutung beinhalten. Oft lohnt es sich, genau hinzusehen, um einen Sachverhalt richtig zu verstehen.

7 *Das Diagramm M4 informiert über die Gründe, fair gehandelte Produkte zu kaufen. Kreuze bei den folgenden Aussagen an, ob sie zutreffen oder nicht.*

	trifft zu	trifft nicht zu
a) Wichtigster Grund ist die religiöse Einstellung.	☐	☐
b) Soziale Gründe sind weit wichtiger als die ökologische Erzeugung.	☐	☐
c) Die Qualität der Produkte spielt eine maßgebliche Rolle.	☐	☐
d) Das gute Gewissen stellt den zweitwichtigsten Kaufanreiz dar.	☐	☐
e) Keine Kinderarbeit ist sehr viel wichtiger als der persönliche Geschmack.	☐	☐

8 *Das Diagramm zur Zahlungsbereitschaft M5 geht durch gezielte und abgestufte Fragestellungen, die der Erhebung zu Grunde liegen, differenzierter vor. Ordne die Teilsätze unten so zu, dass du Aussagen erhältst, die für das Diagramm aussagekräftig sind.*

1. 45 % der Befragten sind eher weniger bereit, ...
2. Gar nicht bereit, höhere Steuern für einen verbesserten Umweltschutz zu bezahlen, ...
3. Die stärkste Bereitschaft, mehr Geld auszugeben, ...
4. Insgesamt 52 % sind eher stark bis sehr stark bereit, mehr Geld auszugeben, ...
5. Höhere Preise und Steuern für einen verbesserten Umweltschutz ...

a) ... wenn die Produkte aus Entwicklungsländern stammen und fair gehandelt werden.

b) ... besteht für energiesparende Geräte.

c) ... sind 26 % der Befragten.

d) ... sind für die meisten Konsumenten nicht akzeptabel.

e) ... höhere Preise für Produkte zu bezahlen, die weniger umweltbelastend sind.

9 *Kreuze nun an, welche der Aussagen auf ein oder auf mehrere Materialien zutreffen, um Übereinstimmungen oder Unterschiede in den Textaussagen feststellen zu können.*

Aussage	M1	M2	M3	M4	M5
a) Der Kunde findet fairen Handel zwar wichtig, entscheidet sich aber am Ende für den günstigeren Preis.	☐	☐	☐	☐	☐
b) Fairer Handel verbietet strikt Kinder- und Sklavenarbeit.	☐	☐	☐	☐	☐
c) Fairer Handel leistet einen Beitrag zu nachhaltiger Entwicklung.	☐	☐	☐	☐	☐
d) Viele Konsumenten legen beim Einkauf Wert darauf, dass die Produkte umweltverträglich sind.	☐	☐	☐	☐	☐
e) 48 bis 60 % der Konsumenten sind eher weniger bis gar nicht bereit, für fair gehandelte oder weniger umweltbelastende Produkte mehr Geld auszugeben.	☐	☐	☐	☐	☐
f) Verzicht auf Kinderarbeit ist ein wichtiges Kaufkriterium für fair gehandelte Produkte.	☐	☐	☐	☐	☐
g) In den letzten fünf Jahren ist der Absatz fair gehandelter Produkte in Deutschland um mehr als das Dreifache gestiegen.	☐	☐	☐	☐	☐
h) In Deutschland werden Jahr für Jahr mehr fair gehandelte Produkte gekauft.	☐	☐	☐	☐	☐

Aufgabe 2: Eine Satire untersuchen

Diethelm Reiner Kaminski

Solidarität (2010)

Mein Mann, ein Sparfuchs, wie er im Buche steht, hat sich eine neue Masche ausgedacht, um seinen Geiz moralisch zu verbrämen: Er hat sich mit den Armen dieser Welt solidarisch erklärt. Nicht etwa, dass er für Hilfsorganisationen spendet. Keine Rede. Nicht einen Cent. Da redet er sich damit heraus, dass die Spendengelder doch nur zweckentfremdet würden. Nein, seine Solidarität bekundet sich darin, dass wir Konsumverzicht leisten. Restaurantbesuche? Gestrichen.
„Millionen Menschen in der Dritten Welt gehen hungrig schlafen. Da werden wir nicht länger in überteuerten Restaurants prassen."
Neue Wintermäntel für mich und die Kinder? Welche Verschwendung, wo es die alten doch mindestens noch zwei Jahre tun. Fleisch in der Woche? Eine Todsünde. Tun wir's den Indern und Pakistani, den Chinesen und Laoten gleich: Reis und Gemüse.
„Ist sowieso gesünder."
Familienurlaub im Ausland? „Absurd. Wo ihr noch nicht einmal die nähere Umgebung eurer schönen Heimatstadt kennt."
Ein halbes Dutzend Mal im Jahr führen ihn Dienstreisen ins Ausland, da hat er dann keinen weiteren Bedarf und ist froh, sich zu Hause von der Familie bedienen zu lassen. Außerdem kann er meine Ausgaben aus der Ferne nur unter größten Mühen überwachen.
Der Herr der Schöpfung leidet – wie nicht anders zu erwarten – selbst am allerwenigsten unter den rigiden Einschränkungen.
Er frisst sich regelmäßig bei opulenten Geschäftsessen eine dicke Wampe an. Am liebsten würde er sich die Reste für seine Lieben daheim einpacken lassen, um gute Argumente für eine erneute Kürzung des Haushaltsbudgets zu haben.
Neue Anzüge, Krawatten, Laptops, Aktentaschen – für ihn selbst alles eine Notwendigkeit, damit er in seiner Position mit den Geschäftspartnern mithalten kann.
„Das sieht doch selbst ein Blinder ein."
Unser Bankkonto, über das mein Mann mit dem fadenscheinigen Vorwand, Frauen könnten, genetisch bedingt, mit Geld nicht umgehen, weil sie zu Kaufräuschen und sinnloser Verschwendung neigten, sich die alleinige Verfügungsgewalt vorbehalten hat, müsste in den letzten Jahren kräftig angewachsen sein. Ist es aber nicht. Im Gegenteil. Wir kommen aus den Miesen nicht heraus.
Nun bin ich dem Heuchler aber auf die Schliche gekommen. Er trägt das Ersparte ins Spielkasino. Möglicherweise aus Solidarität mit den armen Ländern, weil es in Neu Delhi, Harare oder Pjöngjang auch Spielkasinos gibt.
Am Samstag, mein Mann ist gerade aufgestanden, hält ein Möbeltransporter vor dem Haus, in dem wir wohnen.
„Der ist für uns", sage ich wie beiläufig zu meinem Mann. „Erhebe dich und fass mit an. Es hat mich schon lange gequält, dass wir mit vier Personen eine Wohnung von 120 m² belegen, während sich in Simbabwe und Kambodscha acht Menschen im Durchschnitt zehn m² Wohnraum teilen. Da wollte ich Solidarität üben. Ich habe eine Drei-Zimmer-Altbauwohnung von 60 m² angemietet. Immer noch sehr üppig, bis auf die sanitären Anlagen, aber im Vergleich zu denen in der Dritten Welt der reinste Luxus. Den Mietvertrag habe ich schon unterschrieben. Den alten bereits gekündigt."
„Ohne meine Einwilligung, ohne mich vorher zu fragen?", braust mein Mann auf.
„Das konnte ich nicht. Du warst ja im Ausland. Sonst wäre die Wohnung weg gewesen. Außerdem dachte ich, in deinem schönen Geist der Solidarität mit den Armen zu handeln. Nun, steh nicht rum. Pack an."

1 *Wie ist die Satire „Solidarität" aufgebaut? Kreuze richtige Antworten an.*

☐ Eine Einteilung des Textes in viele kleine Abschnitte ist inhaltlich erkennbar.
☐ Jeder größere Abschnitt ist mit einer Unterüberschrift gekennzeichnet.
☐ Es gibt eine Zäsur, einen Wendepunkt auf der Inhaltsebene.
☐ Die Satire gliedert sich in drei große Abschnitte.

2 *Woran kannst du das Thema einer Satire erkennen? Kreuze richtige Antworten an.*

☐ Der Text muss auf Schlüsselwörter hin gelesen werden.
☐ Der Text muss in Bezug auf den Titel genau gelesen werden.
☐ Schlüsselwörter müssen zu dem Titel in Bezug gesetzt werden.
☐ Das Thema wird immer im ersten Satz des Textes genannt.

3 *Welche Formulierung gibt das Thema der Satire am besten wieder? Eine Antwort ist richtig. Setze dein Kreuz.*

☐ Konsumverzicht steht uns allen zu Gebote.
☐ Mit gutem Beispiel vorangehen.
☐ Der Zweck heiligt die Mittel.
☐ Vorgeschobene Solidarität.

4 *Rufe dir wichtige sprachliche Gestaltungsmittel ins Gedächtnis, indem du richtig zuordnest. Ziehe dazu Verbindungslinien.*

TIPP

Für die Satire ist es wichtig, dass der Autor mit **sprachlichen Mitteln** arbeitet, um sein Urteil überzeugend und gleichzeitig erheiternd an seine Leserinnen und Leser weiterzugeben.

a) Es wird das Gegenteil von dem gesagt, was gemeint ist, mit einem klaren Hinweis auf die Bedeutung.	rhetorische Frage
b) stereotype Aussage, die auf Gemeinplätze zurückgreift	Ironie
c) Gedanken und/oder Begriffe werden einander gegenübergestellt.	Ellipse
d) Etwas wird (über)betont und übertrieben dargestellt.	Hyperbel
e) Frage, auf welche die Antwort schon vorher klar ist (→ oft unbewusste Beeinflussung)	Vergleich
f) Stärkung der Aussage durch stufenweise Steigerung von Begriffen oder Satzreihen	Klimax
g) Verknüpfung von zwei Ausdrücken durch *wie* zur Veranschaulichung oder zur Hervorhebung der Gemeinsamkeit beider Ausdrücke	Antithese
h) Weglassung von Wörtern, die aus dem Sinnzusammenhang leicht ergänzt werden können	Klischee

5 *Finde nun für die sprachlichen Mittel die richtigen Beispiele. Verbind*
Hinweis: *Auf einige Sätze treffen mehrere Stilmittel zu.*

a) „Er trägt das Ersparte ins Spielkasino. Möglicherweise aus Solidarität mit den armen Ländern, weil es in Neu Delhi, Harare oder Pjöngjang auch Spielkasinos gibt“ (Z. 48–51).	
b) „Tun wir's den Indern und Pakistani, den Chinesen und Laoten gleich: Reis und Gemüse. ‚Ist sowieso gesünder.‘“ (Z. 16–18).	Klimax
c) „„Millionen Menschen in der Dritten Welt gehen hungrig schlafen. Da werden wir nicht länger in überteuerten Restaurants prassen.‘“ (Z. 10–12).	Ellipse
d) „Fleisch in der Woche? Eine Todsünde“ (Z. 15).	Vergleich
e) „Keine Rede. Nicht einen Cent“ (Z. 5–6).	rhetorische Frage
f) „Neue Wintermäntel für mich und die Kinder? Welche Verschwendung, wo es die alten doch mindestens noch zwei Jahre tun“ (Z. 13–15).	Klischee
g) „Mein Mann, ein Sparfuchs, wie er im Buche steht“ (Z. 1).	Ironie
h) „Familienurlaub im Ausland? Absurd“ (Z. 19).	Hyperbel

6 *Was könnte die Intention des satirischen Textes „Solidarität“ sein? Entscheide bei den folgenden Aussagen, ob sie zutreffend sind oder nicht.*

TIPP

Die **Satire ist eine literarische Form der Kritik** an gesellschaftlichen Missständen und allgemein menschlichen Schwächen und Lastern. Ziel ist es häufig dabei auch, falsche Denkmuster zu entlarven. Die Satire soll den Leser zum Lachen bringen, aber auch bewirken, dass er auf kritische Distanz zum Dargestellten geht.

	trifft zu	trifft nicht zu
a) Der Autor will die Leserinnen und Leser dazu anhalten, mehr zu sparen.	☐	☐
b) Die satirischen Mittel sollen lediglich bewirken, dass sich die Leserinnen und Leser bei der Textlektüre gut unterhalten.	☐	☐
c) Die sprachlichen Mittel tragen dazu bei, die Aufmerksamkeit der Leserinnen und Leser zu gewinnen, um sie dadurch auf die Doppelmoral des Familienvaters aufmerksam zu machen.	☐	☐
d) Dem Autor Diethelm Reiner Kaminski geht es darum, auf die Probleme der Menschen in der so genannten „Dritten Welt“ hinzuweisen.	☐	☐
e) Durch die vielen rhetorischen Fragen hat der Text die Intention, die Augen der Konsumenten für Verschwendung zu öffnen.	☐	☐

Aufgabe 3: Rechtschreibung, Zeichensetzung und Grammatik

Rezension zu Molières: Der Geizige

(1) Schon 1668 hat sich der französische Schriftsteller Jean-Baptiste Poquelin genannt Molière mit dem Thema Geiz auseinandergesetzt als er eine Komödie mit dem Titel „Der Geizige“ verfasste. (2) Im Mittelpunkt seines Theaterstücks steht Harpagon der verwitwet ist. (3) Bei ihm leben die beiden Kinder Elise und Cléante. (4) Harpagon ist so besessen von der Gier nach Geld und Reichtum dass er keine anderen Werte kennt. (5) Weil das so ist liebt er sein Geld mehr als die eigenen Kinder. (6) Indem Molière der Geldgier Liebe und Ehrlichkeit entgegensetzt will er Kritik an einem übersteigerten Materialismus üben. (7) Sein Stück war Ende des 17. Jahrhunderts in Frankreich ein großer Erfolg obwohl das französische Bürgertum in seinem Denken und Handeln kritisiert wurde.

1 *Setze in der Rezension zu Molières Theaterstück „Der Geizige“ die fehlenden Kommas.*

2 *Begründe die von dir gesetzten Kommas. Gib dazu an, um welche Art Nebensatz es sich jeweils handelt. Schreibe dazu die richtige(n) Satznummer(n) in die Kästchen.*

☐	Kausalsatz	☐	Relativsatz
☐	Konzessivsatz	☐	Modalsatz
☐	Temporalsatz	☐	Konsekutivsatz

TIPP

Adverbialsätze sind Gliedsätze, die adverbiale Bestimmungen ersetzen können. Sie werden mit unterordnenden Konjunktionen eingeleitet, z. B. *weil, dass, damit …*
Je nach Beziehung zum Hauptsatz unterscheidet man:

- ☐ Konditionalsatz (Bedingung: *wenn, falls …*),
- ☐ Kausalsatz (Grund: *weil, da …*),
- ☐ Finalsatz (Absicht, Zweck: *damit, auf dass …*)
- ☐ Konsekutivsatz (Folge: *sodass*, auch: *so dass …*),
- ☐ Modalsatz (Art und Weise: *indem, als ob …*),
- ☐ Konzessivsatz (Einräumung: *obwohl, wenngleich …*),
- ☐ Adversativsatz (Gegensatz: *statt dass, wohingegen …*),
- ☐ Temporalsatz (Zeit: *als, während …*).

Beginn der Handlung: Der Geizige

Hauptfigur des Stücks ist Harpagon, ein reicher Geizkragen, der seinen Mitmenschen gegenüber so misstrauisch ist, ________ er sein Geld in einer im Garten vergrabenen Kassette aufbewahrt. Seine beiden Kinder Elise und Cléante plant er so reich zu verheiraten ________ sie keine Kosten mehr verursachen. Allerdings gefällt ________ den Kindern nicht. Elise ist nämlich in den jungen Valère verliebt. Nun soll sie nach des Vaters Willen den wohlhabenden Witwer Anselme ehelichen. In Harpagons Augen ist ________ die perfekte Partie, denn dieser verlangt keine Mitgift. Cléante wiederum soll eine reiche Witwe heiraten. ________ der ________ wenig schätzt liegt darin begründet ________ er die hübsche aber leider mittellose Mariane liebt. Diese wiederum wird auch vom Vater verehrt.

3 *Ergänze den Lückentext oben, der den Beginn der Handlung von Molières „Der Geizige“ wiedergibt.*
a) Setze zunächst alle fehlenden Kommas.
b) Schreibe in die Lücken den Artikel, das Relativpronomen „das“ oder die Konjunktion „dass“.

4 *Streiche im Fortgang der Inhaltswiedergabe zu „Der Geizige" die falschen Schreibweisen durch.*

Fortgang der Handlung: Der Geizige

Elises Geliebter Valère hat sich bereits in das Haus Harpagons als Diener eingeschlichen, um seiner Geliebten näher zu kommen/näherzukommen. Gleichzeitig will er sich mit dem strengen Vater gut stellen/gutstellen.

Cléante hat Schulden und hofft auf die Hilfe des Vaters, diese ab zu bauen/abzubauen. Harpagon aber weigert sich und versteckt das Ersparte/ersparte heimlich im Garten. Für weitere Konflikte/Konflickte sorgt die Wahl der Geliebten. Vater und Sohn lieben Mariane. Harpagon versucht, durch zu Hilfe nahme/Zuhilfenahme einer Kupplerin sein Ziel zu erreichen. Mariane widersetzt/wiedersetzt sich jedoch dem Bestreben.

5 *Fred soll eine Buchempfehlung über das Molière-Stück schreiben.*
Leider sind in seiner ersten Fassung v. a. bei den Fremdwörtern noch viele Fehler.
a) Lies den Text zunächst einmal geschlossen.
b) Schau bei einem zweiten Lesedurchgang auf die Rechtschreibfehler.
Schreibe die richtige Schreibweise jeweils in das Feld unter die fehlerhaften Wörter.

Buchempfehlung zu Molière: Der Geizige

Bevor	ich	die	erste	Seite	aufschlage,	rescherschiere	ich	noch	einmal
						recherchiere			

schnell	im	Internett	und	finde	auch	tatsächlich	in	der	Enzyklopedie

Wikipedia	ein	paar	Infomazionen.	„Der	Geizige"	(Originaltitel:	„L'Avare	ou

l'École	du	mensonge")	ist	eine	Kommödie	von	Molière	in	fünf	Ackten	und	in

Prohsaform.	In	„l'Avare"	wird	der	Typ	des	arivierten,	aber	engstirnig	und

geizig	gebliebenen	Bürgers	karrikiert,	der	seine	lebensfrohen	und	konsum-

freudigen	Kinder	fast	erstickt.	Der	Text	gehört	sicher	zu	den	Bestsällern

der	Literaturgeschichte.	Daher	verzichte	ich	auf	eine	tiefgreifende	Analiese

Mir	ist	eine	andere	Messisch	wichtig:	Hier	liegt	ein	gut	lesbares	Theaterstück

vor,	das	modern	übersetzt	wurde.	Wer	für	klassische	Literatur	ein	Faibel

hat,	der	sollte	zu	dem	vergleichsweise	dünnen	Heftchen	greifen.

Aufführungsbesprechung

Molières Meisterstück „Der Geizige" begeistert die Zuschauer

Geiz macht arm, gefühlsarm. Geld verdirbt den Charakter, wenn er nicht bereits – so wie bei dem Protagonisten Harpagon – verdorben ist. Harpagon, dieser gnadenlose Knauserkopf, dieser Geizkragen, der sein Geld hortet und es Tag und Nacht bewacht, damit es niemand stiehlt. Zerfressen ist er vom Misstrauen seinen Mitmenschen gegenüber, überall wittert er Verrat, selbst seinen Sohn und seine Tochter beobachtet er argwöhnisch. Er geht gar so weit, seine Kinder um der Mitgift willen zu verkaufen, zwangsweise zu verheiraten. Immer das eine Ziel vor Augen: Geld anhäufen.

6 *Gib die Sätze, die einer Aufführungsbesprechung entnommen sind, im Konjunktiv wieder. Achte dabei auf die richtige Form (Konjunktiv I oder II).*

In der Besprechung heißt es, Geiz mache arm, gefühlsarm.

Textquellenverzeichnis

S. 12/13: Mitchell, Margaret: Vom Winde verweht. Aus: Vom Winde verweht. Roman. Übersetzt von Martin Beheim-Schwarzbach. Hamburg: Claassen Verlag. 1995. S. 29–30; **S. 20/21:** Borchert, Wolfgang: Die Kirschen. Aus: Die traurigen Geranien und andere Geschichten aus dem Nachlass. Hg. von Peter Rühmkorf. Reinbek bei Hamburg: Rowohlt 1967. S. 13–15; **S. 26/27:** Oates, Joyce Carol: Unter Verdacht. Übersetzt von Birgitt Kollmann. München/Wien: Carl Hanser Verlag 2003 (gekürzt und leicht verändert); **S. 34:** Gryphius, Andreas: Ebenbild unseres Lebens. Aus: Freuden und Trauer-Spiele auch Oden und Sonette sampt Herr Peter Squentz Schimpfff-Spiel. Sonette. Das erste Buch. Breßlau: Johann Lischke Verlag: 1658. S. 22.; **S. 42:** Günderrode, Karoline von: Der Kuss im Traume: Der Schatten eines Traumes. Gedichte, Prosa, Zeugnisse von Zeitgenossen. Hg. und mit einem Essay von Christa Wolf. Darmstadt und Neuwied: Luchterhand Verlag 1979. S. 68; **S. 42:** Krechel, Ursula: Liebe am Horizont. Aus: Nach Mainz! Gedichte. Darmstadt, Neuwied: Luchterhand 1977. S. 372; **S. 50/51:** aus: Sophokles: Antigone. Übersetzt von Wilhelm Kuchenmüller. Stuttgart: Reclam Verlag 2000. S. 22–25; **S. 60/61:** Spiegel, Paul: Es geht um unser Land. Aus: Frankfurter Rundschau vom 10. 11. 2000 (gekürzt); **S. 68:** Nachhaltiger Konsum? Geiz sticht Moral. Aus: http://diepresse.com/home/wirtschaft/economist/586075/index.do vom 07. 08. 2010; **S. 69 oben:** nachhaltiger Konsum. Aus: http://de.wikipedia.org/wiki/nachhaltiger Konsum (gekürzt); **S. 69 unten:** Fairer Handel. Aus: http://de.wikipedia.org/wiki/fairerHandel (gekürzt); **S. 70: Grafiken M 3 und M 4:** © by Forum Fairer Handel, aus: Fact-Sheet: Trends und Entwicklungen im Fairen Handel 2010. Das Forum Fairer Handel berichtet anhand aktueller Branchenzahlen und Ergebnisse der Marktforschung über Entwicklungen und Trends im Fairen Handel (http://www.forum-fairer-handel.de/webelements/filepool/site/Presse/Factsheet%20Fairer%20Handel%202010.pdf); **Grafik M 5:** © Bundesministerium für Umwelt, Naturschutz und Reaktorsicherheit, Umweltbewusstsein in Deutschland 2008. Ergebnisse einer repressentativen Bevölkerungsumfrage. Berlin, Dezember 2008 (http://www.umweltbundesamt.de/umweltbewusstsein); **S. 74:** Kaminski, Diethelm Reiner: Solidarität. Aus: http://www.e-stories.de/view-kurzgeschichte.phtml?30260 vom 16. 10. 2010.

Bildquellen

S. 4 links, S. 6 rechts Mitte, unten: picture-alliance/ZB; **S. 4 Mitte, S. 42 links unten, S. 67, S. 68 links oben, S. 69 oben:** picture-alliance/dpa; **S. 4 rechts:** picture-alliance/Lehtikuva; **S. 6 links oben:** © Imago/INSADCO; **S. 12, 18:** Cinetext Bildarchiv Frankfurt a. M; **S. 16:** © Robert Gernhardt, Bernd Eilert, Peter Knorr: Es ist ein Has' entsprungen. Und andere Geschichten zum Fest, Fischer Taschenbuch Verlag, Frankfurt a.M. 2004; **S. 26:** © Joyce Carol Oates: Unter Verdacht. Die Geschichte von Big Mouth & Ugly Girl, Übersetzt von Birgitt Kollmann, Reihe Hanser, Deutscher Taschenbuch Verlag, München 2005; **S. 34:** aus: „Emblemata. Handbuch zur Sinnbildkunst des XVI. und XVII. Jh.", Hg. von Arthur Henkel und Albrecht Schöne, Stuttgart. Metzler Verlag, 1996, Spalte 1305; **S. 39 links, S. 45:** akg-images; **S. 39 rechts:** aus: Emblemata. Handbuch zur Sinnbildkunst des XVI und XVII Jh. Hg. von Arthur Henkel und Albrecht Schöne. Stuttgart: Metzler Verlag 1996 Spalte 997; **S. 42 rechts oben:** ullstein bild – Meller Marcovicz; **S. 50, 57:** © Iko Freese/Agentur Drama; **S. 60:** ullstein-bild – caro/Meyerbroeker; **S. 68 rechts unten:** © Flower Label Program e. V., Köln; **S. 68 Mitte** (Rosen, Fußball, Fisch): picture-alliance/dpa, (Schokolade): picture-alliance/BSIP/CARDOSO (Schokolade); **S. 69 unten:** TransFair e. V./C. Nusch; **S. 78:** ullstein bild – Roger Viollet

Impressum

Redaktion: Birgit Wernz
Bildrecherche: Eireen Junge

Illustrationen:
Jutta Melsheimer und Kai Hofmann, Berlin (S. 14, 25, 29, 30, 31, 72, 74)
Uta Bettzieche, Leipzig (S. 20)
Mone Schliephack, Niedernhausen (S. 62)
Layout und technische Umsetzung: werkstatt für gebrauchsgrafik, Berlin

www.cornelsen.de

Dieses Werk berücksichtigt die Regeln der reformierten Rechtschreibung und Zeichensetzung.
Bei den mit [R] gekennzeichneten Texten haben die Rechteinhaber einer Anpassung widersprochen.

1. Auflage, 1. Druck 2011

Druck: Himmer AG, Augsburg

ISBN 978-3-06-060856-0

Inhalt gedruckt auf säurefreiem Papier aus nachhaltiger Forstwirtschaft.